Franziska Lang, Andreas Sidler (Hg.):
Psychodynamische Organisationsanalyse und Beratung

»edition psychosozial«

Franziska Lang, Andreas Sidler (Hg.):

Psychodynamische Organisationsanalyse und Beratung

Einblicke in eine neue Disziplin

Psychosozial-Verlag

Bibliografische Information der Deutschen Nationalbibliothek
Die Deutsche Nationalbibliothek verzeichnet diese Publikation in der Deutschen Nationalbibliografie; detaillierte bibliografische Daten sind im Internet über <http://dnb.d-nb.de> abrufbar.

Originalausgabe

E-Mail: info@psychosozial-verlag.de
www.psychosozial-verlag.de

Umschlagabbildung: Max Ernst: »Zweideutige Figur«, um 1919/20

Umschlaggestaltung nach Entwürfen des Ateliers Warminski, Büdingen.
Printed in Germany
ISBN 978-3-89806-580-1

Inhalt

Vorwort

Im Wintersemester 2005/06 fand am Psychoanalytischen Seminar Zürich PSZ eine Veranstaltungsreihe zum Thema »Psychoanalyse – Organisation – Beratung« statt. Ziel war es, verschiedene Facetten von psychoanalytisch bzw. psychodynamisch orientierter Organisationsbetrachtung und -beratung aufzuzeigen. Der vorliegende Band versammelt die sechs Vorträge dieses Zyklus.

Die Lektüre zeigt eine große Vielfalt und Unterschiedlichkeit nicht nur in der Verwendung von Begriffen, sondern auch in den Ebenen der Betrachtung und Bearbeitung. Von grundsätzlichen Prinzipien (Haubl) und einem Handlungsmodell (West-Leuer) bis zu einer – neu entwickelten – Methode, die in ihrer Anwendung dargestellt wird (Sievers); von historischen Bezügen (Khaleelee) bis zu neusten Ansätzen, die noch der Theoretisierung bedürfen (Lazar, Buchinger).

Rolf Haubl nimmt die (begriffliche) Vielfalt auf, wenn er den Titel setzt: »›Die Unterwelt bewegen…‹ Zum Selbstverständnis einer psychoanalytisch bzw. gruppenanalytisch konzipierten Organisationsanalyse und Organisationsberatung«. Er erinnert zu Beginn seines Beitrages an die Wurzeln psychoanalytisch orientierter Organisationsberatung, indem er sich auf die Untersuchung bei »General Electric« von Mayo und auf Erfahrungen von Jacques bezieht. Es geht dem Autor um ein Offenlegen der Prinzipien, nach denen der Berater arbeitet und um die Anerkennung und Berücksichtigung unterschiedlicher Denkstile, entlang dem Konzept des Denkstils von Ludwik Fleck. Haubl problematisiert solche Denkgemeinschaften – in diesem Fall beziehen sie sich auf Theorien und Praxeologien psychoanalytischer und gruppenanalytischer Provenienz –, wenn er zu bedenken gibt, dass die Ansätze breit variieren und längst fruchtbare Anleihen bei anderen Theorie-

und Praxeologie-Traditionen gemacht werden (z.B. Systemtheorie). Die Überlegungen des Autors führen zu einer Aufzählung grundlegender Prinzipien und zur Forderung nach differenzierten Beratungskonzeptionen.

Konzepte rund um Organisationsmetaphern – darunter die prominenteste, die Vorstellung, Organisationen seien Kulturen – kommen einer psychoanalytisch bzw. gruppenanalytisch orientierten Beratung entgegen. Sie bergen jedoch auch Gefahren; der Autor zeigt dies u.a. am Beispiel der »Familialisierung« auf. Klinisch-psychotherapeutisch orientierte Metaphern wiederum – »neurotische« bzw. »psychotische« Organisationen – können zwar aktuelle Tendenzen beschreiben, doch besteht die Gefahr einer Psycho(patho)logisierung der Organisation anstelle einer sorgfältigen Analyse des gesamten Kontextes.

Unverzichtbar scheint dem Autor das Konzept der primären Aufgabe (primary task) nach Miller. Der Autor sieht solche auch für den Berater. Primäre Aufgabe ist vorerst die Errichtung eines (adaptiv gestaltbaren) Settings. Primäre Aufgabe des Beraters ist es auch, für eine Beratung einzustehen, die einerseits mit der primären Aufgabe der Organisation und seiner Mitglieder identifiziert ist und andererseits immer wieder einen (Beratungs-)Ort im Spannungsfeld von Qualität, Ökonomisierung und Ansprüchen an Professionalität aushandelt.

Die theoretischen Grundlagen eines Konzepts psychodynamisch-systemischen Coachings bilden den Ausgangspunkt im Beitrag von *Beate West-Leuer*. Grundannahme ist das Vorhandensein eines persönlichen und dynamischen Unbewussten. Weitere Elemente des Konzepts sind Abwehrkonstellationen und Übertragungsphänomene, die ermöglichen, dass sich das Unbewusste im Arbeitsalltag zeigt und auch in der Beziehung zum Coach reinszeniert wird. Neben diesen Elementen aus der Psychoanalyse zeigt die Autorin die Einflüsse aus Soziologie und Systemtheorie auf: Die Wechselwirkung zwischen Organisation und Person und die Organisation als autonomes, in sich operativ geschlossenes soziales System.

Mit vier Beispielen aus der Beratungspraxis führt die Autorin vor, wie psychodynamisch-systemisches Coaching als spiralförmigen, intersubjektiven und diagnostischen Prozess verstanden und gelebt werden kann. »Charakteristisch für die psychodynamische Beratung ist, dass es gerade die klischeehaften ›neurotischen‹ Verwicklungen zwischen Coach und Klient sind, die als diagnostische Kriterien Impulse zur Entwicklung konstruktiver Lösungsansätze bieten«.

Neben den dargestellten Konzeptelementen stellt die Autorin ein idealtypischer Phasenplan in sieben Schritten vor, welcher der Gestaltung des Coachingprozesses und dem Entwickeln von konstruktiven Lösungsansätzen dient. »Vom Kontakt über Annäherung zur Begegnung und weiter zur Beziehung. Grundannahme ist, dass den meisten Beratungsanliegen unbewusste strukturelle Abhängigkeiten von Person und Organisation zugrunde liegen, die es notwenig erscheinen lassen, einen ›objektiven‹ Dritten einzuschalten.

Burkard Sievers führt in die Methode der Sozialen Photo-Matrix ein, die sich an der Methode der Matrix Sozialer Träume nach Lawrence anlehnt. Er verbindet die von ihm kreierte Methode mit der Organisatorischen Rollenanalyse. Anhand eines Beispiels aus einem Seminar, das er an der Bergischen Universität Wuppertal zusammen mit Studierenden realisierte, legt er dar, wie »dieser erste Versuch der Sozialen Photo-Matrix davon überzeugt hat, dass es möglich ist, über Photos von Rolleninhabern in Organisationen einen Zugang zum ungedacht Gewussten und damit zum Unbewussten in Organisationen zu finden«. Die Soziale Photo-Matrix wird damit zu einer geeigneten Methode, um im Rahmen einer psychoanalytischen bzw. sozioanalytischen Organisationsberatung einen Zugang zum Unbewussten zu finden.

Olya Khaleelee erzählt zunächst die Geschichte des Tavistock Institute und die Geschichte der vergangenen 50 Jahre der Theoriebildung der Gruppenbeziehungen (group relations). Speziell geht sie auf die Arbeiten von Gosling ein, der sich mit den very small groups (sehr kleine Gruppen) beschäftigte. Danach schildert Khaleelee drei Beispiele aus der Praxis. Beim ersten geht es um einen Beratungsauftrag im Rahmen einer Fusion zweier Unternehmen; ein Fokus der Beratung lag auf dem Thema Grenzziehung, ein anderer auf der Frage nach der Autorität. Das zweite Beispiel beschreibt eine Teamentwicklung mit dem Management eines multinationalen Konzerns. Hier ermöglicht die Beraterin durch die Wahl unterschiedlicher Gruppensettings die Dynamisierung von latenten Ängsten, welche die Effektivität des Managements beeinträchtigten. Mit dem dritten Beispiel macht die Autorin deutlich, »wie Aspekte des Familienlebens unbewusst in Organisationen bedeutsam werden können«. Zunächst werden die Rahmenbedingungen und den Prozessablauf bei einem Outplacement geschildert. Am konkreten Beispiel legt die Autorin dar, wie sich die »innere Familie« des Klienten mit den

Strukturen, den Rollenverteilungen und auch mit der Dynamik im Beratungssetting während des Outplacementprozesses reinszenieren.

Ausgehend von verschiedenen historischen wie aktuellen Beispielen von Führerschaft und Folgschaft versucht *Ross A. Lazar* in seinem Beitrag, die unbewussten Wurzeln zu erforschen, die dazu betragen, ob bzw. wie geführt und gefolgt wird. Als theoretischen Rahmen bezieht sich der Autor auf Theorien von Klein und Bion sowie auf verschiedene Ideen und Begriffe, die aus dem Group Relations-Ansatz des Tavistock Institute in London stammen. Der Autor interessiert sich für die von der (Management-)Literatur in den letzten paar Jahren vernachlässigte andere Seite der Führerschaft – der Folgschaft. Mit Kelley und in Abwandlung von Bion zeigt er Facetten von »Führende schaffen Folgende schaffen Führende« auf.

Im Beitrag wird Bions Theorie der Grundannahmen kurz erläutert. Die drei Grundformen von unbewussten, protomentalen Gruppenformationen (Abhängigkeit, Kampf/Flucht und Paarbildung) stehen der Arbeitsgruppe – der Gruppe, in der Arbeitsfähigkeit und Produktivität möglich sind – gegenüber. Besondere Aufmerksamkeit schenkt Lazar den (unterschiedlich weit entwickelten) Versuchen, die drei Grundannahmen von Bion zu ergänzen. Turquet liefert eine vierte Grundanannahme, One-ness. Bei ihr versuchen die Mitglieder der Gruppe, »sich mit einer mächtigen Einheit, die eine allmächtige, unendlich hohe Kraft besitzt, zu vereinen, sich selbst in passive Partizipation zu begeben und sich dadurch existent, wohlauf und ›ganz‹ zu fühlen«. Eine fünfte Grundannahme wird von Lawrence, Bain und Gould eingeführt: »Me-ness«. Auf dem Hintergrund einer fortgeschrittenen Industriegesellschaft und einer Entwicklung Richtung »Kultur des Narzissmus« wird damit ein Gruppenverhalten bezeichnet, das »Getrenntheit« (separateness) in den Vordergrund stellt und ein »Wir-Gefühl« ablehnt. Eine weitere Variante von Grundannahme – von Cano entwickelt und »Grouping« genannt – beschreibt ein ständiges Oszillieren zwischen »One-ness« und »Me-ness« und eine übermäßige Beschäftigung mit Gruppenbildung und -zerfall.

Mit »Überlegungen zur unkritischen Rede von der Entinstitutionalisierung« steigt *Kurt Buchinger* in seinen Beitrag ein. Er beleuchtet verschiedene Facetten der so genannten Entinstitutionalisierung und zeigt auf, dass damit nicht die ersatzlose Auflösung von Institution gemeint sein kann. Über dieses Nachdenken gelangt er zum »möglichen Sinn der Rede von der Entinstitutionalisierung« und zur Illusion der Widerspruchsfreiheit, wie sie mit Institutionen häufig in Verbindung gebracht wird.

Am Beispiel einer öffentlichen sozialen Einrichtung – einer psychotherapeutischen Klinik – zeigt der Autor auf, wie es zum Prozess der Entinstitutionalisierung kommen kann und was an die Stelle der alten Institutionen tritt.

Der Autor fasst zusammen, indem er eine Gegenüberstellung macht: Auf der einen Seite die Forderungen der traditionellen hierarchischen Institutionen, auf der anderen Seite Merkmale der Entinstitutionalisierung. So wird dem »So geht es und nicht anders« der traditionellen Institution der Leitsatz »Es geht auch anders« gegenübergestellt. Oder: »Stellt traditionelle Institution daher die Stabilität und Dauerhaftigkeit einer (für sie der einzigen) Form der sozialen und psychischen Realität und der Integration in diese dar, so verlangt Entinstitutionalisierung die Bewältigung von Veränderung und Entwicklung und das Aushalten von Instabilität, bzw. das Auffinden einer Basis der Stabilität in der Instabilität«.

Buchinger plädiert schließlich für eine Verwendung des Begriffs Entinstitutionalisierung, der einen Prozess bezeichnet, während welchem sich traditionelle Institutionen auflösen oder verändern, da sie nicht mehr ausreichend funktionsfähig sind – zugunsten von neuen veränderten Institutionen, die den veränderten Ansprüchen der Gesellschaft angemessen sind. Somit scheint paradox, dass es gerade die Fähigkeiten, Qualitäten und Haltungen sind, welche die Entinstitutionalisierung herkömmlicher Institutionen vorantreiben, die zugleich die Grundlage neuer Formen von Institutionalisierung darstellen.

Zur eingangs erwähnten Vielfalt der vorliegenden Texte. Die Vielfalt bezieht sich auf verschiedene Aspekte. Da ist einerseits eine unterschiedliche Verwendung von Begriffen, die übergeordnet die Richtung der Beratung zu benennen versuchen. Dies fällt auch auf bei einem Blick auf neuere Publikationen: »Gruppenanalytische Supervision und Organisationsberatung« (bei Haubl, Heltzel und Barthel-Rösing 2005), »psychoanalytisch orientierte Supervision« (im Titel von Steinhardt 2005), »psychodynamische Beratung« (bei West-Leuer und Sies 2003) oder allgemeiner formuliert »Das Unbewusste in Organisationen. Freie Assoziationen zur psychosozialen Dynamik von Organisationen« (bei Sievers, Ohlmeier, Oberhoff und Beumer 2003). Die Frage stellt sich, ob es sich lediglich um unterschiedliche Bezeichnungen handelt, oder ob sich dahinter auch unterschiedliche Basistheorien und Praxeologien zeigen.

Andererseits fällt auf, dass die Themen auf unterschiedlichen Ebenen bearbeitet, dargestellt werden: Grundlegende Prinzipien, Handlungsmodelle, eine einzelne Methode, Anregungen zur Theoriebildung.

Um die vielfältigen Ansätze, Ebenen und Betrachtungsweisen ordnen und in den Dienst einer sich entwickelnden und zunehmend systematischen psychodynamischen Beratung zu stellen, ist ein Orientierungsrahmen notwendig. Ein mögliches Modell stellen Fröhlich Luini und Thomann (2004) vor. Dieses »integrative Konzept für Beratung« unterscheidet vier Ebenen:

1. *Metamodell.* Anthropologische, erkenntnistheoretische und ethische Annahmen;
2. *Basistheorien.* Theoretische Sichtweisen, mit Hilfe derer Phänomene in der Beratung strukturiert und gedeutet werden können;
3. *Beratungsprinzipien*, welche das professionelle Handeln leiten;
4. *Praxeologie.* Beratungsmethoden und ihr Einsatz.

Ein solcher Rahmen ermöglicht die Zuweisung von Aussagen innerhalb eines Beratungsansatzes zu den verschiedenen Ebenen. Die Arbeit an einer Wissens- und Handlungsstruktur ist angebracht, um klarere Vorstellungen zu erhalten, was psychodynamisch orientierte Beratung beinhaltet, worauf sie sich bezieht und um einer psychodynamisch orientierten Beratung in einer Beratungspraxis, die sich durch zunehmend komplexere Spannungsfelder auszeichnet, eine Rahmung und ein klareres Profil zu geben.

Zürich, im November 2006
Franziska Lang und Andreas Sidler

Literatur

Fröhlich Luini, E. und Thomann, G. (2004): Supervision und Organisationsberatung im Bildungsbereich. Bern (h.e.p.).

Haubl, R., Heltzel, R. und Barthel-Rösing, M. (Hg.) (2005): Gruppenanalytische Supervision und Organisationsberatung. Eine Einführung. Giessen (Psychosozial-Verlag).

Sievers, B., Ohlmeier, D., Oberhoff, B. und Beumer, U. (Hg.) (2003). Das Unbewusste in Organisationen. Freie Assoziationen zur psychosozialen Dynamik von Organisationen. Giessen (Psychosozial-Verlag).

Steinhardt, K. (2005). Psychoanalytisch orientierte Supervision. Auf dem Weg zu einer Profession? Giessen (Psychosozial-Verlag).

West-Leuer, B. und Sies, C. (2003): Coaching – Ein Kursbuch für die Psychodynamische Beratung. Stuttgart (Pfeiffer bei Klett-Cotta).

»Die Unterwelt bewegen ...«

Zum Selbstverständnis einer psychoanalytisch bzw. gruppenanalytisch konzipierten Organisationsanalyse und Organisationsberatung

Rolf Haubl

Sucht man nach historischen Vorläufern einer Organisationsanalyse und Organisationsberatung, die theoretisch und praxeologisch der Psychoanalyse verpflichtet ist, so stößt man früher oder später auf Elton Mayo, der in den 1920er Jahren bei »General Electric« eine Untersuchung im Stil der Aktionsforschung durchführte. In der Untersuchung wurden Arbeiterinnen des Unternehmens zu ihrer Arbeitszufriedenheit befragt. Dabei ergaben sich bemerkenswerte Befunde. Zum Beispiel erzählte eine der Arbeiterinnen, die ständig mit ihrem Abteilungsleiter im Konflikt lag, dass sie ihn »nicht leiden mochte, weil er ihrem verhassten Stiefvater merkwürdig ähnlich sah« (Mayo 1949, S. 122). Folge davon war ein wenig produktiver Einsatz ihrer Arbeitskraft. Ähnlich unproduktiv blieb eine andere Arbeiterin, nachdem ihre Mutter sie bedrängt hatte, eine Lohnerhöhung einzufordern. Wie sich herausstellte, wagte sie ihrer Mutter nicht zu sagen, »dass für sie eine Lohnerhöhung [den Wechsel des Arbeitsplatzes und damit] die Trennung von ihren täglichen Arbeitskameradinnen und Mitarbeiterinnen bedeuten würde« (Mayo 1949, S. 127), was sie zu verhindern suchte, indem sie ihre Beförderung durch schlechte Leistungen hintertrieb.

Um die Produktivität beider Arbeiterinnen zu steigern, wurden sie dabei unterstützt, sich ihre latenten Konflikte bewusst zu machen und sie konstruktiver zu lösen – Konflikte, die das Resultat einer bis dato unerkannten Übertragung von unbewältigten Beziehungsmustern aus den Herkunftsfamilien der Arbeiterinnen waren. In Anbetracht solcher Fälle musste es einer Erfolg versprechenden Interventionspraxis darum gehen, »emotionale Blockaden« (Mayo 1949, S. 127) der Arbeiterinnen aufzuheben. Um solche Blockaden überhaupt aufspüren zu können, bedurfte es einer neuen Art des Redens: »Die Arbeiter[innen] wollten selbst reden, und zwar ganz ohne Hemmungen unter dem Siegel der Verschwiegenheit« (Mayo 1949, S. 115).

Damit war die »freie Aussprache« (ebd.) im Zentrum kapitalistischer Verwertung von Arbeitskraft platziert.

Zur Erinnerung: Die Geburtsstunde der Psychoanalyse war jener historische Augenblick, in dem der Arzt Sigmund Freud beschloss, dem Wunsch seiner Patientin Anna O. zu folgen, sie frei sprechen zu lassen, ihr zuzuhören und zu erraten zu versuchen, was sie ihm wie unverständlich zunächst auch immer zu verstehen gab (vgl. Lorenzer 1984). Indem die Arbeiterinnen von »General Electric« ermutigt wurden, sich geschulten Interviewern vorbehaltlos anzuvertrauen, war der Grundstein zu einer neuen Form der Organisationsanalyse und Organisationsberatung gelegt.

Dass sich die Interviewer nicht mit dem manifesten Sinn dessen begnügen sollten, was sie zu hören bekamen, belegen die Richtlinien der Gesprächsführung, die ihrer Schulung zugrunde lagen. So findet sich als Punkt 4 der Hinweis: »Passen Sie darauf auf: a) was er [der Arbeitnehmer] sagen will, b) was er nicht sagen will, c) was er nicht ohne Hilfe sagen kann« (Mayo 1949, S. 116).

Vorsicht vor überhöhten Ansprüchen

Bis heute gehört die Gestaltung von – minimal strukturierten – Settings, in denen die Mitglieder einer Organisation unter Vertrauensschutz alleine oder gemeinsam mit Hilfe eines Beraters ihr Erleben und Handeln in der Organisation reflektieren können, um dadurch ihre Situation zu verbessern und die Organisation voran zubringen, zu den konstitutiven Elementen einer psychoanalytisch bzw. gruppenanalytisch konzipierten Organisationsanalyse und Organisationsberatung. Allerdings stößt die Förderung einer »freien Aussprache« in Organisationen nicht zwangsläufig auf Entgegenkommen, selbst dann nicht, wenn es auf den ersten Blick so scheint, als sei nichts anderes gewollt, als unvoreingenommen miteinander zu sprechen.

Diese enttäuschende Realität veranlasste Elliot Jaques (1995) dazu, den Anspruch, die Psychoanalyse könne einen konstruktiven Beitrag zur Organisationsentwicklung leisten, vehement zurückzuweisen, obwohl er einst selbst mit diesem Anspruch angetreten war. Zum Umdenken brachte ihn eine konkrete Beratungserfahrung: In einem Metall verarbeitenden Unternehmen beriet er ein betriebliches Gremium, das aus acht Abteilungsleitern und dem leitenden Direktor bestand. Ziel war es, die Gremienarbeit zu verbessern. Konkret sollten Prozesse der Entscheidungsfindung durch Partizipation aller Entscheidungsträger optimiert werden. Im Verlauf der »freien Aussprache« begannen die Abteilungsleiter, sich zunehmend über den autoritären Leitungsstil des Direktors zu beklagen – allerdings ohne Erfolg. Der Direktor hatte eine autoritäre Persönlichkeitsstruktur, die ihn beratungsresistent machte. Und so unterlief er alle Ansätze, die Gremienarbeit zu verbessern, indem er letztlich seine formale Macht nutzte, um die Entscheidungen zu fällen, die er alleine für richtig hielt, zumal er auch dem Vorstand des Unternehmens gegenüber alleine verantwortlich war.

Schmerzlich musste Jaques die Grenzen von Beratung erkennen. Berater sind nicht omnipotent: Der Einfluss, den sie haben, wird durch die herrschenden Machtverhältnisse in einer Organisation begrenzt. Und das besonders dann, wenn es, wie bei dem Bestreben, Organisationen mittels »freier Aussprache« zu demokratisieren, um eine politische Einflussnahme geht. Aufgrund seiner überhöhten Erwartungen war Jaques so tief enttäuscht, dass er überzogen reagierte (vgl. Amado 1995). Sein Schluss, die Psychoanalyse sei für die Analyse und Beratung von Organisationen, insbesondere von Wirtschaftsunternehmen, ungeeignet, ist nicht zwingend. Dagegen zwingt die Anerkennung der Realität zu einer selbstkritischen Reflexion des Bedürfnisses, die eigene Theorie und Praxeologie zu idealisieren.

Nicht wenige der Berater mit einer psychoanalytischen bzw. gruppenanalytischen Orientierung verfolgen das erklärte Ziel, zu menschenfreundlicheren Organisationen beizutragen, in denen die Organisationsmitglieder nicht krank werden, vor Mobbing geschützt sind, ihre Kräfte nicht in Dauerkonflikten verausgaben, sondern gerne arbeiten, weil sie sich verwirklichen können. Sie glauben, dass sich eine solche Arbeitssituation zumindest langfristig auch für die Organisationen auszahlt. Jedoch ist das Wohlergehen der Belegschaft einer Organisation nicht identisch mit dem Wohlergehen der Organisation, vor allem dann nicht, wenn deren Wohlergehen lediglich monetär bewertet wird. Denn eine Organisation kann gerade dadurch »schwarze Zahlen« schreiben, dass sie ihrer Belegschaft »bluten« lässt. Yiannis Gabriel (zit. n. Driver 2003, S. 46) ist deshalb zuzustimmen, wenn er seine Beratungserfahrungen resümiert:

> »Ich bin davon überzeugt, dass […] Organisationen mit einem hohen Level an Angst, Bitterkeit und auch Täuschung, über einen langen Zeitraum effektiv sein können, nicht trotz, sondern aufgrund dieser unerfreulichen Umstände […] Ich habe immer fest daran geglaubt, dass Organisationen auf dem Rücken individueller Neurosen, Täuschungen und Leid prosperieren können. Das

> heißt freilich nicht, dass nur Organisationen, die ihren Mitgliedern eine Menge Leid zufügen, erfolgreich sind, aber auch nicht das Gegenteil.«

Eine psychoanalytisch bzw. gruppenanalytisch konzipierte Organisationsanalyse und Organisationsberatung ist nicht per se human und emanzipativ. Zu glauben, sie ließe sich nicht für die verschiedensten Zwecke gebrauchen (oder missbrauchen), wäre naiv. Unter Beratern mit einer psychoanalytischen bzw. gruppenanalytischen Orientierung gibt es dasselbe Spektrum von Personen wie unter Beratern anderer Orientierungen. Für welche Ziele ein Berater sein Wissen und seine Kompetenzen einsetzt, bleibt weitgehend seiner ethischen Selbstverpflichtung überlassen:

> »Falls mich ein Unternehmen auffordert, ihm bei einem bestimmten Problem zu helfen, sagen wir zum Beispiel, sie glauben, wegen einer einzelnen Person nicht produktiv genug zu sein, und wollen, dass ich die Diagnose und Intervention nur auf dieses Problem oder diese Person fokussiere, würde ich antworten, dass wir eine Systemdiagnose brauchen und uns die ganze Organisation ansehen müssen. Ich möchte, dass sie das System betrachten. Etwas anderes wäre kein verantwortungsvoller Zugang. Wir geben uns nicht für wilde Analysen her.«

Ist der ethische Standard, den Michael Diamond (zit. n. Driver 2003, S. 51) hier formuliert, auch zustimmungsfähig, so dürfte es unter psychoanalytisch bzw. gruppenanalytisch orientierten Beratern dennoch unterschiedliche Vorstellungen darüber geben, was »wilde Analysen« sind.

Wissen, was man tut

Betrachtet man die Entwicklung in der psychoanalytisch bzw. gruppenanalytisch konzipierten Organisationsanalyse und Organisationsberatung, so ist die radikale Position von Jaques die Ausnahme geblieben. Im Gegenteil: Unter Psychoanalytikern und Gruppenanalytikern lässt sich ein zunehmendes Interesse feststellen, ihr angestammtes klinisch-psychotherapeutisches Arbeitsfeld auf Organisationsanalysen und Organisationsberatungen hin zu erweitern (unter anderem: Kets de Vries 1984; Diamond 1993; Kernberg 1998, Kap. 4–9; Gabriel 1999; Lohmer 2000; Sievers u.a.2003; Haubl u.a. 2005b).

Auf diesem Weg ist Supervision – von einzelnen Organisationsmitgliedern, insbesondere Leitungskräften, aber auch von Teams sowie anderen Organisationseinheiten unterschiedlicher Größe – eine Vorstufe. Faktisch trägt aber bereits jede Supervision immer auch zur Organisationsentwicklung bei, selbst wenn ihr Fokus nicht im selben Maß die Organisation ist, wie es eine Bezeichnung wie »Organisationsanalyse und Organisationsberatung« nahelegt.

Supervisoren neigen dazu, diesen Zusammenhang herunterzuspielen, was mit einer uneingestandenen organisationsfeindlichen Einstellung zu tun haben kann: Sie glauben, ihr Angebot diene den Organisationsmitgliedern und nicht der Organisation, da sie ja keine Organisationsanalyse und Organisationsberatung anböten. Jedoch haben alle Formen von Beratung, die im Kontext einer Organisation oder auf diesen Kontext bezogen stattfinden, mehr oder weniger große Auswirkungen auf die Organisation und müssen deshalb auch in dieser Perspektive reflektiert werden. Wenn dann zwangsläufig die Frage aufkommt, mit welchen der verschiedenen Interessen in einer Organisation der Berater identifiziert ist, kann dies nur hilfreich sein, weil es ihn drängt, seine Beratungsaufträge zu klären, bevor er sie übernimmt (»Nachfrageanalyse«, vgl. Wellendorf 2000). Organisationsanalyse und Organisationsberatung von vornherein unter Verdacht zu stellen, mit den Interessen der Organisation gegen die Interessen der Organisationsmitglieder identifiziert zu sein, und sich deshalb von einer entsprechenden Bezeichnung zu distanzieren, verschleiert lediglich, dass Berater niemals die volle Kontrolle über die Wirkungen ihrer Interventionen haben. Indirekt kommen auf diese Weise freilich ihre – berechtigten – Befürchtungen zum Vorschein, unversehens mit Mächten zu paktieren, denen sie eigentlich aus dem Wege gehen wollten. Wer »Gutes« anstrebt, ist aber nicht davor gefeit, »Böses« zu bewirken.

Aus diesem Dilemma befreit auch die Entgegensetzung von Supervision und Coaching nicht, bei der Coaching als eine Maßnahme der Personalentwicklung und Supervision als eine Maßnahme der Personenentwicklung begriffen wird (Schreyögg 2004). Durch eine derart starke Betonung der Personenentwicklung weicht zum einen die notwendige Grenzziehung zwischen Supervision und Psychotherapie auf. Zum anderen wird suggeriert, dass die Arbeitsbeziehungen, die Gegenstand von Supervisionen sind, lediglich als Medium der Selbsterfahrung dienen. Besteht dieser Verdacht, ist es nachvollziehbar, wenn Organisationen den Nutzen einer solchen Beratung für ihre Entwicklung bezweifeln und deshalb schnell bereit sind, deren Finanzierung einzustellen. Oder sie finanzieren sie mit dem Gestus, ihren Mitgliedern die Vergünstigung einer Persönlichkeit bildenden innerbetrieblichen Selbsterfahrung zu gewähren. Wo Supervision als Gratifikation betrachtet wird, nehmen Organisationen sie letztlich aber nicht ernst. Sie erkennen in ihr keinen Beitrag zu Prozessen organisationalen Lernens. Der Rückzug von Supervision auf Personenentwicklung ist so gesehen eine Falle. Im Kontext von Organisationen wird von Supervision nicht anders als von Coaching erwartet, dass sie zu der Transformation von Personen in Personal beiträgt, was zugleich die Transformation von Arbeitskraftpotenzial in Arbeitsleistung bedeutet.

So wie sich eine psychoanalytisch bzw. gruppenanalytisch konzipierte Organisationsanalyse und Organisationsberatung dem Verdacht ausgesetzt sieht, vorab mit der Organisation gegen die Organisationsmitglieder identifiziert zu sein, treffen psychoanalytisch bzw. gruppenanalytisch orientierte Berater bei ihren Auftraggebern nicht selten auf einen komplementären Verdacht. Dann herrscht, vor allem in Wirtschaftsunternehmen, die Vorstellung, die Berater seien von vornherein mit den Organisationsmitgliedern gegen die Organisation, vor allem gegen deren Profitstreben, identifiziert. Ein solcher Verdacht kommt umso leichter auf, je weniger die Berater bereit sind, bei der Auftragsverhandlung zu erklären, nach welchen Prinzipien sie arbeiten. Um einem solchen Verdacht entgegen zu wirken, sind die Prinzipien offen zu legen: »Wir müssen den Personen, mit denen wir arbeiten, erklären, was wir tun […] Wenn ich in eine Organisation komme, möchte ich alle [die von einem Beratungsprojekt betroffen sind] treffen und meinen Ansatz erklären«, so Howard Stein (zit. n. Driver 2003, S. 52). Desgleichen Michael Diamond: »Das Verständnis des Klienten von den Besonderheiten der Methodologie ist für unser Arbeitsbündnis entscheidend« (ebd.). Ein verlässliches Arbeitsbündnis schließt ein, dass ein Berater niemanden über seine bewussten Absichten täuscht.

Um die Prinzipien, nach denen ein psychoanalytisch bzw. gruppenanalytisch orientierter Berater arbeitet, offen zu legen, muss er sie benennen können. Das ist keineswegs trivial, da Theorie und Praxeologie psychoanalytisch bzw. gruppenanalytisch konzipierter Organisationsanalyse und Organisationsberatung noch längst nicht den Grad an Systematisierung erreicht haben, wie es im klinisch-psychotherapeutischen Arbeitsfeld der Fall ist. Zwar besitzen erfahrene Berater ein bewährtes »Tacit Knowledge«, das auf einem Learning by Doing beruht. Der Großteil dieser Erfahrungen wartet aber noch darauf, theoretisch und praxeologisch expliziert zu werden. Eine solche Explikation ist unverzichtbar, damit sich die Berater vergegenwärtigen können, dass sie einen spezifischen »Denkstil« haben, der für Auftraggeber und Klienten nicht selbstverständlich und womöglich auch nicht (für alle) anschlussfähig ist.

Den eigenen Denkstil bedenken

Das Konzept des Denkstils geht auf den polnischen Mikrobiologen und Mediziner Ludwik Fleck zurück, der in den 1920er Jahren Ansätze zu einer »Soziologie des Denkens« (Fleck 1983b, S. 179) entwickelt hat, die auf den Sozialkonstruktivismus unserer Tage (vgl. Hacking 1999) voraus weist. Sein Grundsatz lautet: »Jede Erkenntnis ist eine soziale Tätigkeit« (Fleck 1983b, S. 176). Deshalb muss das Zwei-Komponenten-Modell des Erkennens, das lediglich zwischen Erkenntnissubjekt und Erkenntnisobjekt unterscheidet, um eine dritte Komponente ergänzt werden: Erkenntnis ist »eine Relation zwischen dem individuellen [Erkenntnis-]Subjekt und dem bestimmten [Erkenntnis-]Objekt und der gegebenen Denkgemeinschaft (Denkkollektiv), in dem das Subjekt handelt; sie gelingt nur, wenn ein bestimmter, in der gegebenen Gemeinschaft entstandener Denkstil angewendet wird« (Fleck 1983b, S. 177). Solche Denkgemeinschaften, die einen eigenen Denkstil ausbilden, lassen sich auch als »epistemische Kulturen« (vgl. Knorr-Cetina 1984) bezeichnen.

Sie stören das Erkennen nicht, sondern machen es überhaupt erst möglich. Freilich liefern sie kein absolutes Wissen, weil es das gar nicht geben kann. Denn jeder Denkstil ist eine bestimmte »gemeinschaftliche Tendenz zu selektiver Wahrnehmung und zu entsprechender geistiger und praktischer Verwendung des Wahrgenommenen« (Fleck 1983b, S. 178). Mithin ist das Wissen, das er liefert, relativ, weil perspektivisch. Denkstile werden von Denkgemeinschaften historisch-kulturell-gesellschaftlich entwickelt und tradiert. Sie reproduzieren sich, indem sie neue Mitglieder in ihrem Denkstil sozialisieren und dadurch integrieren. Jedem Denkstil »entspricht eine eigene Wirklichkeit« (Fleck 1983a, S. 48), die leicht verabsolutiert wird, wenn das Erkenntnissubjekt die Entstehungsbedingungen seines Wissens verkennt.

Wer einer bestimmten Denkgemeinschaft angehört, in deren Denkstil er sozialisiert worden ist, wird dadurch tief greifend geprägt: »Erkenntnisse werden von Menschen gebildet, aber auch umgekehrt: sie bilden ihre Menschen« (Fleck 1983a, S. 49). Deshalb ist wechselseitiges Unverständnis wahrscheinlich, wenn Menschen bei der Lösung eines Problems aufeinander treffen, die unterschiedlichen Denkgemeinschaften angehören. Wahrscheinlich werden sie bei der Suche nach einer Lösung des Problems nicht nur unterschiedliche Aspekte des Problems für wichtig halten, sondern noch nicht einmal dasselbe Problem wahrnehmen. Und das um so mehr, je selbstverständlicher ihnen ihre gewohnte Art ist, Wirklichkeit zu konstruieren. Eine absolute Identifikation mit dem Denkstil einer Denkgemeinschaft erzeugt die Selbsttäuschung, über absolutes Wissen zu verfügen. Andersdenkende werden dann schnell bezichtigt, falsch zu denken, und deshalb bekämpft.

Um das zu verhindern, bedarf es der Entwicklung einer toleranten Haltung gegenüber anderen Denkstilen: »Verfechter verschiedener Stile können einander schätzen, ja sogar bis zu einem gewissen Grad ohne gegenseitiges Verstehen zusammenarbeiten, wenn sie wissen, dass Ursache der Unterschiede eine andere Denkweise und nicht böser Wille ist« (Fleck 1983b, S. 180). Eine solche Toleranz setzt bei den Mitgliedern einer Denkgemeinschaft eine »postkonventionelle Identität« (Habermas 1976) voraus, die auf ihren eigenen Denkstil vertraut, wohl wissend, dass es andere Denkstile gibt, die über eine eigene Problemlösungskompetenz verfügen.

Die Anerkennung der Perspektivität jedes Denkstils legt eine Vermehrung der Perspektiven nahe. Menschen mit unterschiedlichen Denkstilen werden aber nur dann erfolgreich kooperieren, wenn sie die Relativierung ihres eigenen Denkstils nicht nur ertragen, sondern als Herausforderung annehmen: »Jeder geistige Verkehr innerhalb der Gemeinschaft (intrakollektiver Austausch) stärkt ihre Ideen und stattet sie mit Merkmalen objektiver Wirklichkeit aus. Jede Kommunikation über die Gemeinschaft hinaus (inter-kollektiver Austausch) verändert den Sinn der Begriffe, gibt ihnen eine mehr oder weniger neue Bedeutung und kann Quelle neuer Ideen sein« (Fleck 1983b, S. 178).

Denkgemeinschaften, die – aus welchen Gründen auch immer – nicht auf ihren eigenen Denkstil vertrauen, erleben sich durch die Existenz anderer Denkstile nicht herausgefordert, sondern in ihrer Identität verunsichert. Eine solche Verunsicherung begünstigt »Gruppendenken« (Janis 1982), das alle Mitglieder der Illoyalität verdächtigt und mit Ausschluss bedroht, die den eigenen Denkstil kritisch zu reflektieren beginnen, um ein Umdenken zu bewirken. Sie betreiben dann nicht länger »Wissensanschauung«, sondern »Weltanschauung« (Fleck 1983a, S. 57). Um Kritik zu verhindern, dogmatisiert die Gemeinschaft oftmals gerade die Stil bildenden Merkmale ihres Denkens, deren sie sich am wenigsten sicher ist. Denkgemeinschaften, die gegenüber anderen Denkgemeinschaften tolerant sind, tolerieren in der Regel auch Abweichungen in den eigenen Reihen. Denn keine Denkgemeinschaft ist homogen. Vielmehr sind immer irgendwelche Stil bildenden Merkmale nicht nur extern, sondern auch intern strittig. Die Kreativität einer Denkgemeinschaft hängt nicht zuletzt davon ab, ob und wie weit sie diese Heterogenität synergetisch fruchtbar machen kann.

Psychoanalytisch bzw. gruppenanalytisch orientierte Berater

Flecks Überlegungen lassen sich auf das Feld der Organisationsanalyse und Organisationsberatung übertragen. Auch dort gibt es Denkgemeinschaften, die einen bestimmten Denkstil haben: Sie analysieren und beraten Organisationen auf ihre eigene Weise, in der sie sich von anderen – konkurrierenden – Gemeinschaften unterscheiden. Wie weit diese Gemeinschaften selbst organisatorisch gegeneinander abgegrenzt sind, sei hier dahingestellt. Sie lassen sich auch als virtuelle Gemeinschaften beschreiben, die durch die Bezugnahme von Organisationsanalytikern und Organisationsberatern auf einen gemeinsamen Fundus von Theorien und Praxeologien existieren. Die Gemeinschaft, die hier Thema ist, bezieht sich auf Theorien und Praxeologien psychoanalytischer bzw. gruppenanalytischer Provenienz. Sie besteht vor allem aus Psychoanalytikern und Gruppenanalytikern, ist aber nicht auf diese Berufsgruppe beschränkt. Es sind überwiegend Ein-Personen-Selbständige, die ihre Aufträge vor allem in sozialen Dienstleistungssystemen (Kliniken, Heimen, Schulen, Kirchen), aber auch in Organisationen der öffentlichen Verwaltung und zunehmend häufiger in Wirtschaftsunternehmen akquirieren.

Wenn ich hier für deren Angebote die Sammelbezeichnung »Psychoanalytisch bzw. gruppenanalytisch konzipierte Organisationsanalyse und Organisationsberatung« gebrauche, dann wohl wissend, dass die einzelnen Ansätze, die darunter fallen, breit variieren. Diese Variation gilt bereits für die Psychoanalyse und die Gruppenanalyse selbst. Zu definieren, was Psychoanalyse und Gruppenanalyse ist, fällt äußerst schwer, weil es sich spätestens heute um einen Verbund von Theorien und Praxeologien handelt, die untereinander allenfalls – um einen treffenden Begriff von Ludwig Wittgenstein ([1945] 1971, S. 48) zu gebrauchen – »Familienähnlichkeiten« besitzen. Insofern ist es fraglich, ob triebtheoretische, ich-psychologische, objektbeziehungstheoretische, bindungstheoretische, selbstpsychologische oder interpersonale Ansätze einen gemeinsamen Denkstil haben. Bzw. wie groß die im Zuge der Ausdifferenzierung verbliebenen Gemeinsamkeiten sind.

Hinzu kommt, dass es längst fruchtbare Anleihen bei anderen Theorie- und Praxeologie-Traditionen gibt, z.B. bei der Systemtheorie (vgl. Gould u.a. 2001). Anleihen zu machen, heißt dabei nicht, psychoanalytisches bzw. gruppenanalytisches Denken in systemisches Denken zu überführen, sondern es sich nach Maßgabe der eigenen Tradition anzueignen. Gleiches gilt für organisationssoziologisches, betriebswirtschaftliches und arbeitspsychologisches Denken, deren Aneignung den Realitätsgehalt von psychoanalytisch bzw. gruppenanalytisch konzipierten Organisationsanalysen und Organisationsberatungen verbessern kann. Gleichzeitig wird dadurch die Entwicklung hybrider Denkstile begünstigt, die allerdings meist idiosynkratisch bleiben. Zwar gibt es Fortbildungsveranstaltungen, Fachtagungen und Zeitschriften, die sich dezidiert an psychoanalytisch bzw. gruppenanalytisch orientierte Berater wenden, um den Erwerb interdisziplinären Mehr-Wissens zu fördern. Die Berater nutzen sie aber vor allem, um ihre individuellen Kompetenzen zu erweitern, in der Hoffnung, ihre Auftragslage zu sichern oder zu verbessern. Nach wie vor ist diese Strategie sehr viel häufiger anzutreffen als die Gründung von psychoanalytisch bzw. gruppenanalytisch orientierten Beraterteams, die interdisziplinär besetzt sind und dadurch ihr Mehr-Wissen arbeitsteilig erzeugen.

Prinzipien psychoanalytisch bzw. gruppenanalytisch konzipierter Organisationsanalyse und Organisationsberatung

Wie zustimmungsfähig die folgenden Prinzipien sind, vermag ich nicht definitiv zu sagen. Ich kenne zahlreichen Kollegen, die ähnlich denken. Es mag aber auch sein, dass ich hier ein Stück weit nur meine eigene Position wiedergebe:

➢ Im Zentrum von Arbeitsbeziehungen, die Organisationen einrichten, steht die arbeitsteilige Erfüllung primärer Aufgaben. Der Berater ist weder mit der Organisation noch mit Organisationsmitgliedern identifiziert, sondern mit der Erfüllung dieser Aufgaben. Dabei sind die Aufgaben nicht sakrosankt, sondern Gegenstand der Reflexion, weil die Aufgabenstellung selbst das Problem sein kann.

➢ Störungen in Arbeitsbeziehungen haben eine Geschichte. Der Berater trägt dazu bei, diese Geschichte zu rekonstruieren, um in der Gegenwart herauszufinden, was zu tun ist, damit sich diese Störungen in Zukunft nicht fortsetzen.

- Arbeitsbeziehungen sind keine völlig versachlichten Beziehungen, sondern von (libidinösen, aggressiven, narzisstischen) Emotionen grundiert. Der Berater trägt zu einer Gestaltung von Arbeitsbeziehungen bei, welche die emotionalen Bedürfnisse der Organisationsmitglieder befriedigen, ohne die Erfüllung ihrer primären Aufgaben zu stören. Wenn es zu einer destruktiven Emotionalisierung kommt, fördert er Versachlichung.

- Wie alle Menschen neigen Organisationsmitglieder dazu, ihre Mit- und Umwelt tendenziös wahrzunehmen und zu beurteilen sowie aufgrund dieser Tendenzen zu handeln. Folglich greifen in ihre Selbst- und Fremdwahrnehmung Abwehr- und Anpassungsmechanismen ein, die vorrangig für den Abbau ihrer Ängste oder die Erhöhung ihres Selbstwertes, nicht aber vorrangig für Realitätsprüfung sorgen. Der Berater trägt zu einer Stärkung der Realitätsprüfung bei, ohne die Organisationsmitglieder psychosozial zu destabilisieren.

- Konflikte sind in Arbeitsbeziehungen an der Tagesordnung. Das Problem ist nicht, dass sie auftreten, sondern wie die Organisationsmitglieder mit ihnen umgehen. Der Berater trägt dazu bei, ihre Konfliktbereitschaft zu erhöhen, was nicht heißt, Streit zu suchen, sondern Konflikte zeitnah zu ihrer Entstehung auszutragen, damit sie nicht verschoben werden.

- Widerstände in Arbeitsbeziehungen sind per se nicht illegitim, sondern haben die konstruktive Funktion, die aktuell zu bewältigenden Arbeitsanforderungen mit den aktuell verfügbaren Bewältigungskapazitäten abzugleichen. Der Berater trägt dazu bei, eine faire Abgleichung vorzunehmen, was insbesondere die Auflösung von Widerständen einschließt, mit denen sich die Organisationsmitglieder selbst schaden.

- Alle Prozesse, die auf eine Veränderung der Arbeitsbeziehungen zielen – und seien es Arbeitsbeziehungen, die als unerträglich erlebt werden – rufen bei den Organisationsmitgliedern Ambivalenzen und Ambitendenzen hervor. Der Berater trägt dazu bei, die Chancen auszuloten, die eine Veränderung bietet, ohne deren Risiken zu verleugnen.

- Die Entschleunigung von Veränderungsprozessen erhöht deren Rationalität, da sich Lernprozesse nicht beliebig beschleunigen lassen, ohne folgenreiche Irrtümer zu begehen. Der Berater trägt dazu bei, ein angemessenes Tempo der Organisationsentwicklung zu finden und dadurch nachhaltig wirksame Verbesserungen zu fördern.

- Was Organisationsmitglieder für rational halten, kann eine Rationalisierung sein. Was ihnen irrational zu sein scheint, folgt einer noch unverstandenen Psycho-Logik. Der Berater ist konsequent auf Sinnverstehen eingestellt und führt dies den Organisationsmitgliedern mit seiner eigenen Haltung vor. Dadurch fördert er deren Bereitschaft, Prozesse des Verstehens nicht vorschnell als sinnlos abzubrechen oder sich vorschnell der Zuschreibung eines Sinns sicher zu sein, dessen Gültigkeit sich erst nachträglich erweist.

- Containing. Nur Organisationsmitglieder, die sich in der Organisation sicher gehalten fühlen, bringen ihre volle Arbeitsleistung. Deshalb trägt der Berater dazu bei, die Haltefunktion der Organisation zu verbessern.

- Connecting. Funktionierende Arbeitsbeziehungen verlangen einen permanenten Austausch von Unterstützungsleistungen, die für eine arbeitsteilige Erfüllung der primären Aufgaben relevant sind. Deshalb trägt der Berater dazu bei, diesen Austausch gerade zwischen denjenigen Teilen einer Organisation (wieder) in Gang zu bringen, die (aufgrund schwelender oder eskalierter Konflikte) unverbunden oder gar abgespalten sind.

- Organisationen lassen sich als Kulturen begreifen, in denen die Organisationsmitglieder gehalten sind, bestimmte Gedanken, Gefühle und Handlungsimpulse zu de-thematisieren, weil dadurch der Bestand der Organisation, einschließlich der herrschenden Machtverhältnisse, gesichert wird. Der Berater trägt dazu bei, diese Produktion von Unbewusstheit zu reflektieren und gegebenenfalls Unbewusstes bewusst zu machen, ohne gleichzeitig zu suggerieren, es könne jemals eine volle Bewusstheit erreicht werden. Vielmehr fördert er das Bewusstsein der

Organisationsmitglieder, bei sich selbst und bei anderen mit »blinden Flecken« zu rechnen.

- Was die Organisationsmitglieder in ihren Arbeitsbeziehungen an Unbewusstheit produzieren, ist erkennbar. Es zeigt sich in Inszenierungen, die vorwiegend nonverbal kommuniziert werden. Der Berater kann ihren Sinn erschließen, indem er eine besondere Form seines professionellen Verstehens einsetzt: szenisches Verstehen. Dadurch trägt er gleichzeitig dazu bei, dass die Organisationsmitglieder für ihre eigenen Inszenierungen sensibilisiert werden.

- Bewusstheit ist nicht identisch mit der Fähigkeit zu verbalisieren. Dennoch trägt der Berater zu einer Verbalisierung bei, vor allem, wenn es darum geht, Gedanken, Gefühlen und Handlungsimpulse zur Sprache zu bringen, die bislang de-thematisiert bzw. de-symbolisiert worden sind. Nur so werden Beobachtungen öffentlich und können gemeinsam auf ihren Realitätsgehalt und Konsequenzen hin diskutiert werden.

- In Organisationen finden laufend Übertragungs- und Gegenübertragungsprozesse statt. Durch diese Prozesse werden Arbeitsbeziehungen als Neuauflagen lebensgeschichtlich vertrauter (infantiler) Beziehungen erlebt und gestaltet. Diese Regression kann die Arbeitsbeziehungen unterstützen (positive Übertragung), aber auch zu einer Wiederholung unbewältigter Konflikte führen (negative Übertragung). In dieser Perspektive beobachtet der Berater sowohl die Arbeitsbeziehungen der Organisationsmitglieder untereinander als auch die Arbeitsbeziehung, die sich im Verlauf der Beratung zwischen ihnen und ihm entwickelt. Er nutzt diese Beobachtungen, um irritierende Situationen besser zu verstehen, unterlässt es aber in der Regel, Übertragungs- und Gegenübertragungsdeutungen zu geben.

- Organisationsmitglieder neigen in der Übertragung dazu, die Organisation als Familie zu re-inszenieren. Meist ist eine solche »Familiarisierung« ein Übertragungswiderstand, der sich gegen eine Versachlichung der Arbeitsbeziehungen richtet. Deshalb trägt der Berater zu deren Entfamiliarisierung bei.

- So wie Organisationsmitglieder den Berater behandeln, so fühlen sie sich von der Organisation behandelt. Der Berater thematisiert sich selbst als exemplarisches Organisationsmitglied auf Zeit, um auf diese Weise ein szenisches Verständnis für die unbewussten Dimensionen der Organisationskultur zu gewinnen.

- Die Arbeitsbeziehungen in Organisationen sind derart komplex, dass niemand die Macht besitzt, sie dauerhaft zu kontrollieren. Stattdessen sind die Organisationsmitglieder ständig genötigt, konvergierende und divergierende Interessen zu verhandeln. Der Berater trägt zu einer Triangulierung der Arbeitsbeziehungen bei, indem er die Interessen, die verschiedene Parteien in der Organisation verfolgen, transparent macht, ohne selbst Partei zu ergreifen. Mehr noch: Er fördert den wechselseitigen Respekt, den die Parteien füreinander benötigen, um in Anerkennung ihrer je eigenen unterschiedlichen Interessen miteinander zu kooperieren.

- Was in Organisationen geschieht, lässt sich auf verschiedene Weise erklären. Alle Erklärungen haben ihre eigene Berechtigung. Mithin schließen psychoanalytische bzw. gruppenanalytische Erklärungen andere Erklärungen nicht aus. Der Berater ist sich bewusst, dass er Arbeitsbeziehungen vom »Seelenende« her begreift, was ihn zu einer Psychologisierung verführen kann. Er bemüht sich, diese Verengung des Blicks selbst zu vermeiden und seinerseits auch nicht dazu beizutragen, dass die Organisationsmitglieder ihren Blick auf diese Weise verengen.

- Oftmals erwarten Organisationen eine Beratung, in der Arbeitsbeziehungen mit der Autorität einer ausgewiesenen Expertise erfolgreich restrukturiert werden, um ihren Organisationsmitgliedern langwierige Lernprozesse zu ersparen, die meist nicht ohne Ent-Täuschungen verlaufen. Psychoanalytisch bzw. gruppenanalytisch orientierte Berater weisen dagegen die Erwartung zurück, einen solchen Master-Mind zu besitzen. Stattdessen bieten sie Organisationsmitgliedern ihre Unterstützung als Hilfe an, sich selbst zu organisieren.

Die Liste der Prinzipien ist sicherlich nicht vollständig. Zudem wäre es erforderlich, jedes einzelne Prinzip ausführlich zu diskutieren, was aber den begrenzten Umfang eines Aufsatzes sprengen würde. Schließlich fehlen Beispiele aus der Praxis psychoanalytischer bzw. gruppenanalytischer Organisationsanalyse und Organisationsberatung, die veranschaulichen könnten, welche empirische Relevanz die Prinzipien haben. Auch dafür ist hier kein Platz, weshalb die meisten Überlegungen abstrakt bleiben. Zum Ausgleich kann ich hier nur auf andere meiner Veröffentlichungen zu den angesprochenen Themen verweisen (vgl. Haubl 1994b, 1997, 2002, 2005b).

Anschluss finden

Zu fordern, die Prinzipien psychoanalytisch bzw. gruppenanalytisch konzipierter Organisationsanalyse und Organisationsberatung auszuweisen, dient – wie bereits angedeutet – nicht allein der Identität stiftenden Unterscheidung von anderen – konkurrierenden – Konzeptionen. Ebenso wichtig ist deren Explikation, um abschätzen zu können, ob und wieweit sie in einer bestimmten Organisation anschlussfähig sind. Denn jede Organisation (oder Organisationseinheit) kann ihrerseits als eine Denkgemeinschaft mit einem bestimmten Denkstil beschrieben werden. Eine Erfolg versprechende Beratungskonzeption, so die These, muss zwar nicht über denselben Denkstil verfügen, aber zu ihm passen. Je nach Passung kann die Organisation ein Beratungsangebot besser oder schlechter nutzen. Je geringer sie ist, desto größer wird der Widerstand sein, den die Organisation und ihre Mitglieder leisten. Sie zeigen sich beratungsresistent und schließen den Berater aus.

So wie es eine zu geringe Passung gibt, darf man wohl auch eine zu große Passung vermuten. Dann sind sich die Denkstile des Beraters und der Organisationsmitglieder so ähnlich, dass beide »betriebsblind« werden, mithin auf die immer gleichen, weil vertrauten Routinen zurückgreifen, um Probleme zu lösen. Dagegen setzen innovative(re) Lösungen eine »hinreichende Fremdheit« des Denkstils des Beraters voraus. Ein solcher Stil kann nicht sofort assimiliert werden, sondern bietet Gelegenheit, die Organisation und ihre Mitglieder anzuregen, sich zu akkom modieren.

Um die Passung abschätzen zu können, muss der Berater nicht nur seinen eigenen Denkstil kennen, sondern auch den Denkstil der Organisation, der er die Prinzipien seiner Konzeption vermitteln möchte. Als Einstieg reicht es zu wissen, wie in dem Typus von Organisationen gedacht wird, zu dem Auftraggeber und Klientel gehören.

Vergleichbare Überlegungen finden sich in der Psychotherapieforschung. So geht das psychoanalytische Konzept der »Behandlungsphantasien«

(Abend 1979) davon aus, dass jeder Patient eine mehr oder weniger bewusste Vorstellung davon hat, warum seine psychische Störung entstanden ist, was sie aufrecht erhält und wie sie gebessert oder behoben werden kann. Zwar sind diese Vorstellungen ihrerseits Teil seiner psychischen Störung und reichen deshalb nicht aus, um sich selbst helfen zu können. Gelingt es dem Psychotherapeuten aber, seine Interventionen an diese Phantasien anzuschließen, gewinnen sie an kurativer Wirkung.

Es ist anzunehmen, dass solche Behandlungsphantasien nicht nur individuelle Vorstellungen, sondern Varianten soziokultureller Vorstellungen sind, die sich in einer Gesellschaft auf verschiedene Bevölkerungsgruppen verteilen, wobei deren Verteilung im Laufe der Zeit variieren kann. Die einzelnen »Psychotherapie-Schulen« lassen sich in diesem Sinne verstehen. Sie bedienen unterschiedliche soziokulturelle Behandlungsphantasien.

Organisationsmetaphern bzw. Organisationsphantasien

In Organisationen findet ein permanenter Prozess der Selbstdeutung statt. Organisationen und deren Einheiten sind »Interpretationssysteme« (vgl. Daft und Weick 1984): Wo kommen wir her? In welcher Situation befinden wir uns aktuell? Was wird die Zukunft bringen? Wie nehmen uns andere wahr? Wer sind wir im Vergleich mit ihnen? Wer wollen wir sein? An diesem Selbstdeutungsprozess nehmen alle Organisationsmitglieder teil, wobei sie sich je nach formaler und informeller Macht Gehör verschaffen – oder schweigen und sich lediglich ihren Teil denken. Als kognitives Zentrum solcher Selbstdeutungen lassen sich Metaphern ausmachen, die den »Denkstil« einer Organisation prägen.

Sichtet man Organisationstheorien, so stellt man fest, dass diese Theorien auf ganz unterschiedliche Weise beschreiben, was eine Organisation ist. Es sind metaphorische Beschreibungsweisen: Organisationsmetaphern (vgl. Grant und Oswick 1996; Morgan 1997). Solche Metaphern bzw. Organisationsphantasien wirken konstitutiv und generativ: Sie erzeugen einen bestimmten Blick auf Organisationen, der manche Phänomene sichtbar macht, gleichzeitig aber auch andere Phänomene im Unsichtbaren belässt oder sogar verdunkelt. Eine empirische Bestandesaufnahme der gebräuchlichsten organisationstheoretischen Metaphern (Cornelissen u.a. 2005) listet gut zwei Dutzend auf. Zu manchen Zeiten wird die eine Metapher akzentuiert, zu anderen Zeiten eine andere. Das hängt von realen Problemen in den Organisationen ab, die angemessen beschrieben werden müssen, um sie zu lösen. Es gibt aber auch regelrechte Moden, die sich zumindest vorübergehend von den realen Problemen lösen können. Metaphern sind weder wahr noch falsch, sondern mehr oder weniger hilfreich, um Probleme zu beschreiben und Problemlösungen zu finden. Dabei tendiert ihr Gebrauch aber jederzeit dazu, Realität zu schaffen. Eine Organisation auf eine bestimmte Weise zu beschreiben, kann dazu führen, dass die Organisation erst zu dem wird, von dem die Beschreibung behauptet, sie sei es bereits.

Die historisch einflussreichste Metapher ist sicher die Metapher der »Organisation als Maschine« gewesen, in der alle Abläufe »ohne Ansehen der Person« (Weber 1922, S. 661) vollzogen werden. Und das heißt auch: »ohne Hass und Leidenschaft, daher ohne ›Liebe‹ und ›Enthusiasmus‹« (Weber 1922, S. 129). Folglich gilt es, Emotionen aus Organisationen fern zu halten, da sie die Reibungslosigkeit der Abläufe stören. Organisationsmitgliedern die Emotionen auszutreiben, um sie berechenbar zu machen, führt aber zu einem Motivationsproblem: »Denn nichts ist für den Menschen als Menschen etwas wert, was er nicht aus Leidenschaft tun kann« (Weber [1919] 1967, S. 12). Ohne sich emotional zu engagieren, tut kein Organisationsmitglied mehr, als es unbedingt muss. Unter dieser Gleichgültigkeit aber leidet die Erfüllung der primären Aufgabe einer Organisation. Ganz in diesem Sinne hat Sigmund Freud ([1921] 1960a, S. 100) betont, dass Menschen nach »Gefühlsbindungen« streben; »die Notwendigkeit allein, die Vorteile der Arbeitsgemeinschaft werden sie nicht zusammenhalten« (Freud [1930] 1960b, S. 481). Demnach braucht es nicht zu verwundern, wenn Organisationen im Zuge der Kritik an der Maschinen-Metapher als »emotionale Arena« (vgl. Fineman 2000) in den Blick geraten.

Trotz Kritik ist die Maschinen-Metapher nicht verschwunden. Aber sie hat vielfache Konkurrenz bekommen. Ihre einflussreichsten Konkurrenten beschreiben Organisationen als »Organismen« und als »Kulturen«. Betrachtet man die aktuelle Entwicklung von Organisationen, darf man vermuten, dass die Markt-Metapher zu einer Leitmetapher aufsteigt, die hilft, Organisationen tatsächlich als »Märkte« zu re-strukturieren: Organisationen werden in Einheiten zerlegt, die untereinander ihre Leistungen gegen Geld anbieten. Die einzelnen Einheiten können die Leistungen, die sie benötigen, entweder bei einem organisationsinternen oder einem organisationsexternen Anbieter einkaufen. Organisationsinterne Anbieter, die keinen Profit machen, werden aufgelöst bzw. an interessierte organisationsexterne Anbieter verkauft (Outsourcing: vgl. Daser im Druck).

Die praktische Wirksamkeit von Organisationsmetaphern beruht darauf, dass sie nicht nur der organisationswissenschaftlichen Theorieproduktion zugrunde liegen, sondern von Organisationen und ihren Mitgliedern tagtäglich – weitgehend prä-reflexiv – gebraucht werden, um sich ein »Bild« von ihrer primären Aufgabe und deren arbeitsteiliger Erfüllung zu machen. Insofern sind die Organisationsmetaphern der Organisationsmitglieder »Organization-in-the-mind« (Sanderlands und Stablein 1987; Armstrong 1991; Hutton u.a. 1997). Zweifellos gibt es in jeder Organisation nicht nur ein »Bild«. Man darf jedoch vermuten, dass nicht alle »Bilder« kompatibel sind, weshalb es Organisationsmitglieder mit stark abweichenden »Bildern« und geringer Definitionsmacht schwer haben, sich in der Organisation zu halten.

In einer modernen Gesellschaft entwickeln alle Gesellschaftsmitglieder im Laufe ihres Lebens bestimmte Phantasien über Organisationen, die auf ihren Erfahrungen als Organisationsmitglieder beruhen, vermutlich aber nicht minder von ihren »psychologischen Wünschen« beeinflusst sind: »Einige Individuen erleben Organisationen als Gruppen, andere als Theater für heroische Taten, wieder andere als politische Arenen für Abmachungen und Kompromisse. Wesentlich ist, dass die verschiedenen psychologischen Charaktere Organisationen gemäß ihrer vorherrschenden psychologischen Wünsche wahrnehmen, wobei sie sich im Rahmen der Wunsch erfüllenden Phantasien darüber, was Organisationen sein sollen, selbst als zentrale Charaktere platzieren« (Gabriel und Schwartz 1998, S. 4).

Dies gilt freilich nicht nur für die Mitglieder einer Organisation, sondern ebenso für den Organisationsanalytiker und Organisationsberater, der mit diesen Organisationsmitgliedern arbeitet. Wenn es um die Frage geht, über welche Selbsterfahrung ein psychoanalytisch bzw. gruppenanalytisch orientierter Berater verfügen sollte, dann ist eine Antwort zwingend: Er sollte seine Organisationsphantasien kennen, weil sie seine Gegenübertragung bestimmen. Dazu reichen die üblichen Angebote für Selbsterfahrung nicht aus. Es bedarf der Entwicklung von Angeboten, die auf die Organisationsphantasien der Berater fokussieren. Das schließt eine Aufklärung über die Fallstricke ein, die von einer bestimmten Beratungskonzeption her ausgelegt sind. Für psychoanalytisch bzw. gruppenanalytisch orientierte Berater seien einige davon kurz skizziert:

So lässt sich eine dezidierte Ablehnung antreffen, Organisationen als »politische Arena« (vgl. Minzberg 1985) wahrzunehmen. Diese Ablehnung birgt die Gefahr, dass der Berater die authentische Selbstenthüllung der

Organisationsmitglieder, mit denen er in einem bestimmten Setting arbeitet, einseitig zum Reifekriterium erhebt. Damit ignoriert er, dass »Tarnen und Täuschen« in Organisationen einem notwendigen Selbstschutz dienen. Indem er die Organisationsmitglieder auf mehr oder weniger subtile Weise unter Druck setzt, diesen Selbstschutz zu lockern oder gar aufzugeben, fördert er die Bildung der Illusion, in der Organisation gebe es keine Herrschaftsverhältnisse oder Herrschaftsverhältnisse seien per se »inhuman« und müssten deshalb in herrschaftsfreie Beziehungen überführt werden. Ist der Berater derart eingestellt, versäumt er es, die »mikropolitische Kompetenz« (Haubl 2005b) von Organisationsmitgliedern zu fördern, ohne die sie aber kaum Chancen haben, ihre Interessen wirksam durchzusetzen.

Ein weiterer Fallstrick ist es, Organisationen als »Großfamilien« wahrzunehmen. Zwar entspricht die Familien-Metapher der Sehnsucht vieler Organisationsmitglieder nach »warmen« Arbeitsbeziehungen, aber diese Sehnsucht »lockt Arbeitnehmer in familienähnliche Identifikationen mit dem Unternehmen und [emotionale] Abhängigkeiten vom Unternehmen« (McKenna und Wright 1992, S. 946), die eine ausgeglichene Work-Life-Balance sehr erschweren kann (vgl. Hanks und Sussman 1990; Orthner u.a. 1990), was sich an Familienunternehmen, in denen »echte« Familienmitglieder zusammen arbeiten, besonders gut beobachten lässt (z.B. Flemons und Cole 1992). Die »Familiarisierung« (vgl. Haubl 1994a, S. 3 ff.) einer Organisation erhöht die Bereitschaft der Organisationsmitglieder, die eigene Arbeitskraft im Interesse der Organisation auszubeuten (vgl. Casey 1999), ohne ihnen in der Regel den Schutz zukommen zu lassen, den Familien ihren Mitgliedern bieten: »Die Säuberung der Organisation von Leistungsschwachen sowie massenhafter Stellenabbau widersprechen der Idee der Familie« (Atchinson 1991, S. 53). Insofern tut der Berater gut daran, die Sehnsüchte der Organisationsmitglieder nach Geborgenheit in einer Organisationsfamilie (vgl. Baum 1991) ernst zu nehmen, gleichzeitig aber anzuregen, entsprechende Übertragungsangebote der Organisation kritisch zu reflektieren, um Verhaltensweisen zu vermeiden, mit denen sie sich selbst – und oft auch der Organisation (vgl. Dukerich u.a. 1998) – schaden. Davon unberührt bleibt die Einsicht, dass produktive Arbeitsbeziehungen in der Regel auch gute Beziehungen sind, weshalb die Organisation von Arbeitsabläufen nicht ohne Beziehungsarbeit auskommt.

Eine Besonderheit einer psychoanalytisch bzw. gruppenanalytisch konzipierten Organisationsanalyse und Beratung ist ihre Verwendung klinisch-psychotherapeutischer Metaphern, um Organisationen zu beschreiben.

Dabei fällt auf, dass in früheren Zeiten die Metapher der »neurotischen Organisation« (vgl. Kets de Vries und Miller 1984) leitend war, während inzwischen, wenn man so will, eine Regression stattgefunden hat: Aktuelle Beschreibungen gebrauchen die Metapher einer »psychotischen Organisation« (Sievers 2003). Unterstellt, die veränderte Metaphernwahl reagiert auf veränderte Probleme in und von Organisationen, dann haben es Organisationsanalytiker und Organisationsberater immer weniger mit unbewältigten Konflikten zu tun, stattdessen mit anomischen Zuständen, die zu einem Zerfall belastbarer Wirklichkeitskonstruktionen und damit zu einer Entbindung frei flottierender Angst führen (vgl. Gröning 2004, S. 69 ff.). So erkenntnisproduktiv diese Metaphern sein können, um die Auswirkungen turbulenter gesellschaftlicher Transformationen auf Organisationen und ihre Mitglieder zu beschreiben, sind sie es doch nur solange, wie sie eine Psycho(patho)logisierung vermeiden, die für »Heilung« im Turbokapitalismus eintritt, statt ihn selbst als eine »Krankheit« zu bekämpfen, an deren »Chronifizierung« immer weniger, dafür aber immer mehr verdienen.

Beratung ist keine Psychotherapie

Da viele der Berater, die sich für eine psychoanalytisch bzw. gruppenanalytisch konzipierte Organisationsanalyse und Organisationsberatung engagieren, ursprünglich eine klinisch-psychotherapeutische Identität haben, müssen sie sich klarmachen, dass Beratung und Psychotherapie paradigmatisch unterschiedliche Interventionsformen sind. Dennoch gibt es empirisch gemeinsame Wirkfaktoren. Das ist ebenso selbstverständlich, wie sich verschiedene »Psychotherapie-Schulen« erst oberhalb gemeinsamer Wirkfaktoren differenzieren. Gleiches gilt für die Wertbindung: Weder Psychotherapie noch Beratung sind ausschließlich zweckrational. Stets bedürfen sie auch einer wertrationalen Begründung, wobei es in Anbetracht der gesellschaftlich begrenzten Menge von Werten nicht ausbleiben kann, dass sich bestimmte Formen der Beratung und Psychotherapie über eine gemeinsame Wertbindung ähneln und sich darin von Beratungsformen und Psychotherapieformen mit anderen Wertbindungen unterscheiden.

Eine paradigmatische Unterscheidung von Psychotherapie und Beratung ist deshalb notwendig, weil »Psychotherapie« stets auf das Gesundheitssystem verweist, das mit der Leitdifferenz von »gesund« und »krank« arbeitet. Mit dieser Leitdifferenz würde Beratung zu einer Medizinalisierung sozialer

Probleme beitragen. In der Regel sind die Organisationsmitglieder, mit denen sie arbeiten, aber nicht »krank«. Zudem wird die Leitdifferenz des Gesundheitssystems dem breiten Spektrum von Beratungsanlässen nicht gerecht (vgl. Schützeichel und Brüsemeister 2004). Denn sie impliziert die Vorrangstellung kurativer Aufträge auf Kosten präventiver Aufträge. Beratung bietet aber die Chance, nicht nur Krisen bewältigen zu helfen, die bereits eingetreten sind, sondern dem Eintreten von Krisen bereits im Vorfeld entgegen zu wirken.

Allerdings lauern auf dem Weg einer Emanzipation der Beratung von der Psychotherapie auch Größenphantasien, denen es zu begegnen gilt: Dazu gehört die Vorstellung eines »universalen Beraters«, der glaubt, für jeden nur denkbaren Anlass kompetent zu sein. Diese Vorstellung verkennt, dass der Erfolg von Beratungsprozessen an Fachwissen gebunden ist, das der Ausdruck »Feldkompetenz« erst dann zutreffend bezeichnet, wenn er nicht nur persönliche Erfahrungen, sondern wissenschaftliches Wissen meint, ohne damit zu unterstellen, dass eine Verwissenschaftlichung von Beratung persönliche Erfahrungen überflüssig machen könnte, wie es die Formel »Angewandte Wissenschaft« suggeriert. Weiterhin erschwert die Vorstellung eines »universalen Beraters« ein komplexes (kuratives oder präventives) Krisen»management«, das auf eine reflektierte Arbeitsteilung setzt. In Zukunft wird es aber gerade auch für psychoanalytisch bzw. gruppenanalytisch orientierte Berater mehr denn je darauf ankommen, sich selbstbewusst in multiprofessionellen und interdisziplinären Kompetenzteams zu positionieren.

Trotz der paradigmatischen Trennung von Beratung und Psychotherapie sollten Berater darauf vorbereitet sein, dass es immer wieder Konstellationen gibt, in denen sie von Organisationsmitgliedern – meist vor- oder unbewusst – dazu gedrängt werden, die Psychotherapeutenrolle zu übernehmen. Vor allem Berater mit einer klinisch-psychotherapeutischen Herkunft sind dann versucht, dieses Rollenangebot auch anzunehmen, zumal dann, wenn sie der Organisationsphantasie anhängen, Organisationen seien »psychische Gefängnisse«, die ihren Mitgliedern zwangsläufig abverlangen, sich zu »verbiegen«, weshalb nur eine Stärkung des »subjektiven Faktors« – mithin mehr Achtsamkeit für die zwischenmenschlichen Beziehungen – sie »humaner« machen könnten.

Eine solche Organisationsphantasie lenkt Berater und Organisationsmitglieder gleichermaßen von Ohnmachtgefühlen ab, auf der entscheidenden Ebene der Organisationsstruktur nichts bewirken zu können. Sie verschieben das Problem auf eine Ebene, auf der sie glauben, noch die Kontrolle zu haben. Sich die Ohnmacht einzugestehen, unbefriedigende oder gar selbst schädigende Arbeitsbeziehungen strukturell zu verändern, führt zu Abwanderungsplänen. Die Arbeit gebende Organisation nicht verlassen zu können, verstärkt die Ohnmachtgefühle. Der aufkommende Wunsch nach »Psychotherapie« ist dann der Wunsch, die drohende Resignation durch »Streicheleinheiten« eines Beraters, der sich den Organisationsmitgliedern persönlich annimmt, so lange wie möglich hinauszuschieben.

Organisationen, die kein Interesse an der Veränderung von Strukturen haben, können »psychotherapeutische« Aufträge vergeben, um Mitarbeiter dadurch zu binden: Veränderungsdruck zu reduzieren, damit sich nichts ändert. Damit wird in der Beratung eine »Klagemauer« institutionalisiert, die zwar kurzzeitig kathartisch wirkt, aber letztlich folgenlos bleibt, weil sie dysfunktionale organisationsstrukturelle Arbeitsbedingungen unangetastet lassen muss. Nur dann, wenn es dem Berater in solchen Fällen gelingt, Psychotherapiewünsche zu enttäuschen und die dahinter liegenden Sehnsüchte zu reflektieren, wird verhindert, notwendiges politisches Handeln auf Psychologie zu reduzieren.

Organisationen als Kulturen – Produktion von Unbewusstheit

Zu den prominentesten Organisationsmetaphern der letzten Jahre gehört die Vorstellung, Organisationen seien Kulturen. Die Metapher der »Organisationskultur« kommt einer psychoanalytisch bzw. gruppenanalytisch konzipierten Organisationsanalyse und Organisationsberatung sehr entgegen, da die psychoanalytische Sozialpsychologie über einen eigenen Kulturbegriff verfügt, dessen Mittelpunkt die »Produktion von Unbewusstheit« (Erdheim 1982) durch Zensurierung und Tabuisierung unerwünschter Gedanken, Gefühle und Handlungsimpulse bilden.

Jede Organisationskultur besteht aus Interaktions- und Kommunikationsregeln, welche Gedanken, Gefühle und Handlungen den Mitgliedern der Organisation geboten, welche erlaubt und welche verboten sind. Manche dieser Regeln resultieren aus einer prä-reflexiven Praxis, andere aus reflektierten Entscheidungen. Organisationen verfolgen das Ziel, eine Organisationskultur zu etablieren, die der Erfüllung ihrer primären Aufgabe dient (vgl. Franzpötter 1997). Wie weit lassen sich Organisationskulturen aber tatsächlich derart zielgerichtet herstellen? Oft finden Eingriffe von oben schnell ihre

Grenzen. Sie stoßen auf den Eigensinn der organisationalen Lebenswelt, der Widerstand hervorruft, wenn er nicht hinreichend respektiert wird. So entstehen aus Regeln, die verordnet werden, bestenfalls »Fassaden« einer offiziellen Kultur. Die Organisationsmitglieder halten sie aufrecht, ohne von den Traditionen zu lassen, aus denen die inoffizielle Kultur der Organisation besteht. Zudem ist die organisationale Lebenswelt keine Monokultur, sondern eine Mehrzahl von eigensinnigen Sub- und Gegenkulturen (vgl. Martin und Siehl 1983). Ist von Organisationskultur nur im Singular die Rede, weckt dies deshalb auch den berechtigten Verdacht, dass Interessenkonflikte verschleiert werden sollen.

Vor allem die Regeln, die für eine Organisation Identität stiftend sind, haben normative Geltung. Sie sind durch Sanktionen stabilisiert und damit vor leichten Veränderungen geschützt. Mithin hat es für die Organisationsmitglieder Konsequenzen, ob sie sich an die Regeln halten oder nicht. Wer sich an sie hält, wird belohnt. Nicht belohnt oder sogar bestraft, wer sich nicht an sie hält. Dadurch entsteht Orientierungssicherheit: Jedes Organisationsmitglied denkt, fühlt und handelt so, dass die anderen Organisationsmitglieder ein bestimmtes Denken, Fühlen und Handeln von ihm erwarten können und dürfen. Diese Konvergenz ist das Ergebnis einer Abstimmung untereinander. Das heißt nicht, dass die Organisationsmitglieder nicht prinzipiell anders denken, fühlen und handeln könnten, sondern nur, dass sie es nicht tun, weil es ihrer sozialen Integration nützt. Folglich auch nur so lange, wie es diesen Nutzen hat. Insofern gelten Regeln immer nur so lange, bis es hinreichende Gründe für eine Neuabstimmung gibt.

Durch Abstimmung entstehen gemeinsam befolgte Regeln, was aber keinen Konsens impliziert. Individuelle Orientierungen müssen nicht mit kollektiven Orientierungen verschmelzen, sondern nur anschlussfähig sein: Berücksichtigung finden. Fortbestehende interindividuelle Differenzen erzeugen Spannungen. Je größer sie sind, desto größer wird auch der Druck, eine still gestellte Abstimmung, wieder in Gang zu bringen.

Psychoanalytisch bzw. gruppenanalytisch orientierte Berater tragen zur Kultivierung einer Organisation bei, indem sie die Organisationsmitglieder anregen, sich die Regeln zu vergegenwärtigen, die ihrem Denken, Fühlen und Handeln zugrunde liegen, um die Rationalität dieser Regeln zu prüfen, was die Frage impliziert, in wessen Interesse welche der Regeln ist. Seine besondere Aufmerksamkeit richtet der Berater auf jene Regeln, die Organisationsmitglieder dazu nötigen, bestimmte Gedanken, Gefühle und Handlungsimpulse zu de-thematisieren. Denn ihr Ausschluss aus dem gemeinsamen

Verständigungsprozess ist ein erster Schritt, sie unbewusst zu machen.

Die Gesamtheit der Gedanken, Gefühle und Handlungsimpulse, die auf diese Weise der Reflexion oder sogar der Äußerung entzogen werden, lässt sich in Anlehnung an das Konzept des »ethnischen Unbewussten« (Devereux 1974, S. 23 f.) als »organisationales Unbewusstes« bezeichnen, auf dessen Wahrung die Organisation jedes neue Mitglied zu verpflichten sucht (vgl. Becker 1998). Auch der Berater soll sich einreihen. Genauer: Die Organisationsmitglieder begegnen ihm ambivalent und ambitendent. Einerseits erhoffen sie, dass er stellvertretend für sie Zensur und Tabus zur Sprache bringt, andererseits leisten sie ihm Widerstand, weil sie Angst haben, er könnte dabei auch diejenigen ihrer eigenen Gedanken, Gefühle und Handlungsimpulse enthüllen, die sie verborgen halten möchten. Der Berater nutzt solche Widerstände als Erkenntnisquelle: Sie weisen ihm den Weg zu den »wunden Punkten«.

Nimmt man ein Kontinuum unterschiedlicher Bewusstseinsgrade an, so greifen die Interaktions- und Kommunikationsregeln unterschiedlich »tief« in das Denken, Fühlen und Handeln der Organisationsmitglieder ein. Hindern sich die Organisationsmitglieder durch eine wechselseitige soziale Kontrolle daran, auf bestimmte Weise zu denken, zu fühlen und zu handeln, wobei sie sich diese Zensurierung und Tabuisierung ohne grundsätzliche Schwierigkeiten bewusst machen können, entsteht Vorbewusstheit. Die organisationskulturelle Produktion von Unbewusstheit geht darüber hinaus: Nunmehr hindern sich die Organisationsmitglieder durch eine wechselseitige soziale Kontrolle zudem daran, dass ihnen bewusst wird, dass sie selbst es sind, die diese Zensurierung und Tabuisierung betreiben. Infolgedessen erscheint ihnen ihre eingeschränkte Freiheit »natürlich«. So, als gäbe es überhaupt keine andere Möglichkeit, zu denken, zu fühlen und zu handeln.

In beiden Fällen ist es das Vor- und Unbewusste der Organisationsmitglieder, mithin Vor- oder Unbewusstheit in einer Organisation. Nicht der Organisation! Spricht man vom Vor- und Unbewussten einer Organisation, suggeriert das eine Gleichschaltung der Organisationsmitglieder, die meistens aber nicht vorkommt. Denn die einzelnen Organisationsmitglieder unterscheiden sich sehr wohl nach ihrem Bewusstheitsgrad. Was dem einen Mitglied unbewusst ist, muss es einem anderen Mitglied noch lange nicht sein. Solche Unterschiede sorgen für Konflikte, wenn jener das, was diesem bewusst ist, mehr oder weniger aggressiv abwehren muss, weil es ihn ängstigt.

Eine der Regeln, die sich in fast allen Organisationen finden, ist die Regel,

Probleme zu personalisieren. Personalisierung entlastet von langwieriger Ursachenforschung. Da Organisationen ihre Mitglieder als Rollenträger und damit als austauschbar behandeln, reagieren sie fast reflexhaft mit einer Personalisierung, weil die Vorstellung besteht, ein Austausch des Personals würde die Probleme beheben. In vielen Fällen ist dies aber ein Trugschluss. Wird Personalisierung meist als Machtstrategie aufgefasst, durch die Leitungskräfte ihre »Managementfehler« vertuschen, indem sie ihre Untergebenen die Schuld an einer mangelhaften Erfüllung der primären Aufgabe zuschreiben, so gibt es doch gleichermaßen auch eine Personalisierung »bottom up«. Dann wird Leitungskräften die Schuld zugeschrieben, weil bekanntlich »der Fisch vom Kopf her stinkt«. Aber auch diese Sicht ist reflexhaft verkürzt. Werden dagegen – wie in einer systemisch informierten Gruppenanalyse – Organisationen als Interaktions- und Kommunikationsmatrices begriffen, dann sind alle Organisationsmitglieder, einschließlich der Leitungskräfte, Protagonisten einer Matrix (vgl. Haubl 1997). Daraus folgt, dass deren Handeln – sogar ihr Denken und Fühlen – Matrix-Effekte sind, weshalb weder Erfolge noch Misserfolge einem Organisationsmitglied alleine zugeschrieben werden können. Mehr noch: Was als Eigenschaften von Personen erscheint, kann eine Fixierung durch die Matrix sein. Denn Matrices sind immer auch Matrizen, die auf eine Re-Produktion (Wiederholung) bestimmter Handlungen – Gedanken und Gefühle – zielen. Eigenschaftszuschreibungen aber lenken von der Matrix ab und bieten zudem eine attraktive Rationalisierung z.B. für Versetzungen oder Entlassungen. Denn Eigenschaften suggerieren eine Stabilität, aufgrund derer sich Investitionen in Lernprozesse nicht lohnen.

Vor allem die klinisch-psychotherapeutische Psychoanalyse steht in diesem Zusammenhang in der Gefahr, unreflektiert mitzuagieren. So legt etwa die Rede von »Chef-Typen« (Kets de Vries 1990) nahe, dass Leitungskräfte mit einem bestimmten (psychopathologischen) Charakter die Organisationseinheiten, die sie leiten, nach ihrem Charakter prägen, weil die formale Macht, über die sie verfügen, ihre Charakterzüge verstärkt. Diese Perspektive ist nicht falsch, da Leitungskräfte eine Personalpolitik betreiben, die vor- und unbewusst Organisationsmitglieder mit passenden Charakterzügen selektieren. Aber auch derart selektierte Organisationsmitglieder sind keine »Marionetten«, sondern Akteure, die den Machtgebrauch oder Machtmissbrauch ihrer Vorgesetzten mit zu verantworten haben. Sich als »Opfer« eines herrischen Chefs wahrzunehmen und darzustellen, ist deshalb auch als eine Verkehrung von Aktivität in Passivität zu untersuchen, die einer Verantwortungsdelegation dient.

Um die Einseitigkeiten einer eigenschaftstheoretischen Charakterologie und Psychopathologie zu vermeiden, benötigen Berater nicht nur psychodynamisches, sondern auch soziodynamisches Wissen darüber, wie sich Organisationsmitglieder und insbesondere Leitungskräfte mit bestimmten Dispositionen »vergesellschaften« – welche Art von Arbeitsbeziehungen sie intendieren und welche nicht-intendierten Nebenfolgen resultieren (können), wenn sie dabei auf bestimmte Konstellationen von Mit-Arbeitern treffen (vgl. Haubl 2005a).

Personalisierung gehört zum Latenzschutz von Organisationen. Das meint, dass Organisationen ihre Strukturen schützen, indem sie alles Denken, Fühlen und Handeln latent – vorbewusst und unbewusst – halten, was sie unter einen unkontrollierten oder unkontrollierbaren Veränderungsdruck setzt. Alle Interventionen eines Beraters, die auf das Bewusstmachen von Unbewusstem zielen, greifen den Latenzschutz an. Vor aller Kritik haben Organisationen ein Recht auf Latenzschutz. Nicht, dass bestimmte Gedanken, Gefühle und Handlungsimpulse latent gehalten werden, ist fragwürdig, sondern welche das sind. Deshalb ist nicht jeder Angriff auf den Latenzschutz gerechtfertigt, sondern nur derjenige, der eine progressive Entwicklung der Organisation und ihrer Mitglieder zu begründen vermag. Denn die Bewusstmachung von Vor- und Unbewusstem erhöht die Komplexität der Arbeitsbeziehungen, ohne sie damit auch schon angemessen reduzieren zu können.

Diese Reduzierung hängt von den vorhandenen Ressourcen ab. Berater müssen dies in Rechnung stellen, weil sie sonst die Organisationsmitglieder überfordern und entweder destabilisieren oder deren Widerstand provozieren, den sie anschließend als Beratungsresistenz verkennen. Wenn eine Organisation einen Berater »ausstößt«, liegt das nicht immer an der Organisation. Und es wäre zynisch, würde er seine Vertragskündigung als Bestätigung verbuchen, mit seiner Analyse schon richtig gelegen zu haben. Oft fällt es einem Berater leichter, die Gedanken, Gefühle und Handlungsimpulse der Organisationsmitglieder zu dechiffrieren, die sie abwehren, weil sie zu konfliktträchtig sind, als ihnen seine Überlegungen so mitzuteilen, dass sie annehmbar sind. Eine wichtige Bedingung dafür ist, seine Überlegungen als Deutungshypothesen anzubieten, die einer Überprüfung durch die Organisationsmitglieder bedürfen.

Allerdings kann der Berater immer wieder auch auf Organisationsmitglieder treffen, die kein solches Angebot wollen, sondern wünschen, dass ihnen der Berater mit der Autorität des Experten vorschreibt, was in Zukunft zu tun ist. Re-Strukturierungen, wie sie von Unternehmensberatungen à la Berger und McKinsey am »grünen Tisch« vorgenommen werden, finden unter Organisationsmitgliedern nicht nur Ablehnung. Denn sie erlauben ihnen ein Double-think: eine äußerliche Anpassung an die Vorgaben, die aber hinterrücks unterlaufen werden, weil sie nicht einsichtig sind, weshalb es legitim erscheint, alle Verantwortung von sich zu weisen. Unternehmensberatungen tragen so zu einer organisierten Verantwortungslosigkeit bei. Eine psychoanalytisch bzw. gruppenanalytisch konzipierte Organisationsanalyse und Organisationsberatung schlägt einen gegenläufigen Weg ein: Die ihr verpflichteten Berater weisen den Master-Mind zurück, um die Partizipation der Organisationsmitglieder zu erhöhen und die Übernahme von Verantwortung nach Maßgabe geklärter Zuständigkeiten zu fördern, was einschließt, ungerechtfertigte Personalisierungen zurückzuweisen.

Das Bewusstmachen von Vor- und Unbewusstem nützt Organisationsmitgliedern nur dann, wenn es deren Einsichten vermehrt und deren Handlungsfähigkeit steigert. Dabei führt das eine nicht zwangsläufig zum anderen: Vermehrte Einsichten steigern nicht aus sich heraus die Handlungsfähigkeit. Zu wissen, was zu tun wäre, heißt nicht, es auch schon tun zu können. Je größer aber die Diskrepanz zwischen Einsicht und Handlungsfähigkeit ist, desto lähmender wirkt sie. Berater, die dazu neigen, Bewusstmachung ohne Rücksicht auf deren Nutzung zu praktizieren, tragen zu einer solchen Lähmung bei, da sich die Organisationsmitglieder als defizitär erleben. Auch die Einsicht in eine begrenzte Handlungsfähigkeit will bewältigt sein.

Geht ein Berater lege artis vor, dann folgt er bei seiner Analyse des »Organisationstextes« (Kets de Vries und Miller 1987) zwei Interpretationsmaximen: vom »Zentrum« zur »Peripherie« und von der »Oberfläche« zur »Tiefe«. Er wird stets am aktuellen Selbstverständnis der Organisationsmitglieder ansetzen, um es schrittweise mit seinem Fremdverständnis zu konfrontieren, das sich immer weiter von konventionellen Deutungsmustern entfernt und damit immer voraussetzungsvoller wird. Dabei hängt die Glaubwürdigkeit des Beraters nicht zuletzt davon ab, ob er mit den Organisationsmitgliedern so verfährt, wie er es selbst an deren Stelle akzeptieren und für hilfreich halten würde. Unterstellt er anderen Unbewusstheit, muss er auch für sich Unbewusstheit einräumen und mit eigenen »blinden Flecken« rechnen, die von den »blinden Flecken« der Organisationsmitglieder mehr oder weniger verschieden sind. Im Verlauf des Beratungsprozesses werden diese »blinden Flecken« permanent gegeneinander verschoben, was neue Bewusstheit, aber auch erneute Unbewusstheit produziert. Und zwar auf beiden Seiten, weshalb auch nur beide Seiten gemeinsam verstehen lernen können, was es bedeutet, wie sie denken, fühlen und handeln. Da die Produktion von Unbewusstheit nie still zu stellen ist, geht es letztlich darum, Arbeitsbeziehungen in dem Bewusstsein von Unbewusstheit zu gestalten.

Besondere Anforderungen stellt die Handhabung von Übertragung und Gegenübertragung, die nicht nur klinisch-psychotherapeutisch, sondern auch organisationsanalytisch als »Eckpfeiler« des Ansatzes gelten (vgl. z. B. Baum 1994; Diamond und Allcorn 2003). Folgt man dem traditionellen klinisch-psychotherapeutischen Verständnis, dann meint Übertragung eine aktuelle Re-Inszenierung unbewältigter infantiler Konflikte: Erwachsene Objekt-Beziehungen im Hier-und-Jetzt werden unbewusst so erlebt, als wären es familiale Objekt-Beziehungen im Dort-und-Damals, was zu irritierenden Beziehungsstörungen in den erwachsenen Objekt-Beziehungen führt. Übertragung steht somit im Kontext der frühen, zudem psychopathogenen Lebensgeschichte einer Person. Diesen Übertragungsbegriff im Rahmen einer Organisationsanalyse und Organisationsberatung zu gebrauchen, ist problematisch. Denn der Berater wird verleitet, sich intensiv mit der Lebensgeschichte der Organisationsmitglieder zu beschäftigen und mehr noch: sie als Pathogenese zu rekonstruieren. Dies steht ihm aber nicht zu. Wenn es solchen Wissens bedarf, um zu verstehen, wie Organisationsmitglieder ihre Arbeitsbeziehungen gestalten, wird der Rahmen einer Organisationsanalyse und Organisationsberatung gesprengt. Der Berater kann beiläufig gesammelte biographische Informationen nutzen, um sein Verständnis zu erweitern, sich aber nicht auf deren Sammlung konzentrieren.

Er tut gut daran, sich mit einem unspezifischeren Übertragungsbegriff zu begnügen, der Übertragung als Aktualisierung bestimmter Vor-Erfahrungen fasst, die sich zu einem Muster verdichtet haben, dessen Genese und Geltung dem Bewusstsein entzogen ist und deshalb nicht auf seine aktuelle Angemessenheit hin geprüft wird. Dabei interessiert sich der Berater vor allem für Muster, die auf früheren Arbeitserfahrungen beruhen. Er wird eine negative Übertragung vermuten, wenn Organisationsmitglieder ihr Arbeitsvermögen nicht entwickeln und realisieren können, obwohl sie dies bewusst gerne tun würden und deshalb selbst irritiert sind, warum es ihnen nicht gelingt. Oder sie irritieren mit ihrem Unvermögen ihre Kollegen, Untergebenen und Vorgesetzten, die alle nicht verstehen können, dass sie wider Erwarten hinter ihren Möglichkeiten zurückbleiben und dies als unabänderlich hinnehmen. Mit diesem Befremden, das sie selbst erleben und berichten oder von anderen erlebt und berichtet wird, legen sie unbewusst eine Spur, die den Berater, der sie verfolgt, auf die relevanten unbewältigten Vor-Erfahrungen führt. Denn negative Übertragungen sind nicht einfach Wiederholungen, sondern Neuauflagen, in denen der Wunsch verborgen ist, endlich positive Erfahrungen zu machen, aber von der Angst in Schach gehalten wird, dass die Erfahrungen so negativ sein werden wie immer, weshalb es nur eines gibt: sich so gut es geht, vor neuerlichen Enttäuschungen zu schützen.

Auch wenn solche Übertragungen unter den Organisationsmitgliedern stattfinden, richten sie sich doch immer auch auf den Berater. Denn die Rolle, in der er ihre Arbeitsbeziehungen thematisiert, bietet eine Projektionsfläche für vielfältige unbewusste Wünsche und Ängste. Indem die Organisationsmitglieder ihn projektiv z. B. als »Sanierer« zu identifizieren suchen, lassen sie ihn – entgegen seinem Selbstverständnis – am eigenen Leibe spüren, wie sie sich auf dem Hintergrund ihrer Erfahrungsmuster aktuell fühlen. Wenn ein Berater mit mehr als einem Organisationsmitglied arbeitet, ist er meist einer »Gegenübertragungsscherung« (Möller 2003, S. 77) ausgesetzt. Das meint, dass sehr verschiedene, einander widersprechende Übertragungen auf ihn gerichtet sind, die ihm wie Scherkräfte zusetzen. Er hält diesen Kräften nur stand, indem er seine Gegenübertragungen reflektiert, um sich nicht, zumindest nicht dauerhaft, auf die eine oder andere Weise projektiv identifizieren zu lassen. Dabei kann es hilfreich sein, den Organisationsmitgliedern zu beschreiben, welche – irritierenden – Erfahrungen er in der Arbeit mit ihnen macht, und sie anzuregen, ihm im Gegenzug ihre – irritierenden – Arbeitserfahrungen mit ihm zu beschreiben, um durch diesen Erfahrungsaustausch gemeinsam ein belastbares Arbeitsbündnis zu entwickeln. So wird das ständige »Ringen« um das Arbeitsbündnis der Beratung zu einer Praxis, in der die Gestaltung von Arbeitsbeziehungen in dieser Organisation stellvertretend verhandelt wird.

Identifizierung mit der primären Aufgabe

Für eine psychoanalytisch bzw. gruppenanalytisch konzipierte Organisationsanalyse und Organisationsberatung ist das Konzept der primären Aufgabe (vgl. Miller 1974) unverzichtbar. Wendet man es konsequent an, so ergibt sich folgende stark vereinfachte Vorstellung: Alle Organisationen haben eine primäre Aufgabe, deren Erfüllung daraus resultiert, dass die Mitglieder dieser Organisation ihre eigenen arbeitsteilig aufeinander abgestimmten primären Aufgaben erfüllen.

Ein Grund, Organisationsanalyse und Organisationsberatung nachzufragen, besteht für eine Organisation und ihre Mitglieder darin, dass die Erfüllung ihrer primären Aufgaben zu wünschen übrig lässt. Primäre Aufgabe des Beraters ist es dann, die Organisation und ihre Mitglieder darin zu unterstützen, diese Aufgaben besser erfüllen zu können. Ob er den Auftrag übernimmt, hängt – neben anderem – davon ab, wie er die Aufgaben ethisch beurteilt. Kann er sie ethisch rechtfertigen, stellt sich die Frage, welche Organisationsmitglieder nach Maßgabe welcher Arbeitsteilung an der Erfüllung der primären Aufgabe beteiligt sind. Denn davon hängt es ab, welches Setting dem Auftrag angemessen ist.

Die Gestaltung eines angemessenen Settings darf als erste Intervention gelten. Die meisten Psychoanalytiker und Gruppenanalytiker haben ihr Handwerkszeug anhand einer selektiven Settinggestaltung gelernt. Bei einer solchen Gestaltung liegt das Setting fest. Ihm wird alles untergeordnet. Was sie nicht oder sehr viel weniger gelernt haben, ist eine adaptive Settinggestaltung, der eine Bedarfsanalyse zugrunde liegt: Wie muss ein Erfolg versprechendes Setting gestaltet sein? Ist eine Leitungsberatung angemessen oder wäre es nicht angemessener mit allen Organisationsmitgliedern einer Abteilung, vielleicht sogar Abteilungen übergreifend zu arbeiten? Vielleicht alles gleichzeitig oder zeitlich versetzt? Freilich lässt sich nicht jedes Setting, das Erfolg versprechend wäre, auch realisieren – aus welchen Gründen auch immer. Dennoch sollte der Organisationsberater dafür werben, sich aber auch, soweit vertretbar, mit Settings zufrieden geben, die hinter seinen Maßgaben zurückbleiben. Vor allem komplexe Settings »werden nicht ›fertig‹ vorgefunden, sondern warten darauf, [zusammen mit dem Auftraggeber] erfunden zu werden«; zudem ist wichtig, dass sie »sich immer im Prozess befinden, also weiter entwickelt werden, so dass die Beratungs-Architektur sich im Laufe der Zeit wandelt« (Heltzel 2006, S. 8).

Die Identifizierung des Beraters mit einer primären Aufgabe bietet ihm allerdings nur bedingt Orientierungssicherheit. Denn primäre Aufgaben lassen sich nicht einfach z.B. in Stellenbeschreibungen nachlesen. Sie umfassen stets alle Tätigkeiten, die faktisch von Organisationsmitgliedern erwartet werden, wobei diese selbst ebenfalls Erwartungen haben, die Ausdruck ihres beruflichen und professionellen Selbstverständnisses sind. Folglich wird stets um die Definition einer primären Aufgabe gerungen, die damit auch nicht ein für allemal feststeht, sondern sich unmerklich, aber auch absichtlich verändern kann. Dabei kommt der Berater bei aller Zurückhaltung nicht umhin, sich ebenfalls zu überlegen, was eine geeignete Definition der primären Aufgabe wäre.

Bei der Erfüllung einer primären Aufgabe lässt sich idealtypisch zwischen

Zweckrationalität und Wertrationalität unterscheiden. Herrscht Zweckrationalität, dann richtet sich die Wahl der Mittel einzig danach, ob mit diesen Mitteln die Aufgabe erfüllt wird. Der Zweck »heiligt« die Mittel: Jedes Mittel ist legitim, wenn es dazu dient, die primäre Aufgabe zu erfüllen. Wertrationalität schränkt dagegen die Wahl der Mittel ein, indem sie eine Unterscheidung zwischen legitimen und illegitimen Mitteln einführt. Dann sind für die Erfüllung der primären Aufgabe nur Mittel zugelassen, die gesetzten Werten zumindest nicht widersprechen. Wertrationalität sorgt dafür, dass es eine Erfüllung einer primären Aufgabe nicht »um jeden Preis« gibt, sondern dass gerade der »Preis« in Frage steht, der ihre Erfüllung »kostet«. Im Extrem kann dies zu einer Gesinnungsorientierung führen, durch die eine Erfüllung der primären Aufgabe erschwert oder gar verunmöglicht wird.

Allerdings sind Zwecke und Werte einander inniger verbunden, als es meist den Anschein hat. So kann eine Beschreibung von Zwecken bestimmte Werte implizieren. Indem sie nicht als Werte expliziert werden, erscheinen sie als wertneutral und damit als bloßer Sachzwang. Dies ist etwa der Fall, wenn von Organisationsmitgliedern verlangt wird, ihre primäre Aufgabe effektiv oder effizient zu erfüllen. Denn Effektivität und Effizienz sind Werte, die in die Zweckbestimmung eingehen. Effektivität meint dabei, dass Mittel eingesetzt werden sollen, welche die primäre Aufgabe sicher und deshalb vorhersehbar erfüllen. Effizienz geht darüber hinaus. Soll eine primäre Aufgabe effizient erfüllt werden, so muss dies nicht nur effektiv, sondern mit einem möglichst sparsamen Einsatz der effektiven Mittel geschehen. Dadurch gerät ihre Erfüllung unter den Zwang einer »Ökonomisierung [des Sozialen]« (vgl. Bröckling 2000), der alles andere als ein Sachzwang ist. Erwarten Organisationen von ihren Mitgliedern, dass sie ihre primären Aufgaben effektiv oder effizient erfüllen, sind sie angehalten, alle anderen Mittel zu verwerfen.

Allerdings treten auch »ökonomisierte« Organisationen neben diesen impliziten Werten für explizit gesetzte Werte ein, die den Geltungsbereich der Werte beschränken, die in der Zweckbestimmung impliziert sind. Das kann etwa heißen, dass die Effektivität oder Effizienz der Erfüllung einer primären Aufgabe nur soweit gesteigert werden darf, wie dies nicht auf »Kosten« der physischen und psychischen Gesundheit der Organisationsmitglieder geht. Gibt es keine klare Präferenzordnung der explizit gesetzten und der impliziten Werte, sind Konflikte vorgezeichnet. Welche Werte sollen in einem konkreten Fall gelten?

Nehmen wir den Fall, dass Organisationsmitglieder von sich aus bereit sind, ihre physische und psychische Gesundheit zu riskieren, um ihre primäre Aufgabe effektiv(er) oder effizient(er) zu erfüllen. Streng genommen müsste die Bindung der Organisation an ihre explizit gesetzten Werte greifen und die Organisationsmitglieder an ihrem riskanten Verhalten hindern. Aber unter welchen Bedingungen wird sie dies tun? Schreitet sie ein, weil sie sich die Arbeitsleistung ihrer Mitglieder langfristig zu sichern sucht, ist das ein »ökonomischer« Grund, weil sich deren Gesundheit – gemessen etwa an den »Kosten« für die Einarbeitung neuer unverbrauchter Mitarbeiter – »rechnet«. Folglich hätte sich gar nicht der explizit gesetzte Wert gesundheitlicher Fürsorge, sondern der implizite Wert einer effektiven oder effizienten Erfüllung der primären Aufgabe durchgesetzt.

Die Überlegung mag verdeutlichen, dass der Berater nicht nur zu einer Klärung beizutragen hat, was denn die primäre Aufgabe ist, sondern auch, wie sie in dem Konflikt trächtigen Spannungsfeld von Zweckrationalität und Wertrationalität erfüllt werden soll. Dabei geraten Berater unter dieselben Beurteilungskriterien für die Erfüllung ihrer primären Aufgabe wie die Organisationsmitglieder. Auch von ihnen wird zunehmend eine effektive und effiziente Aufgabenerfüllung erwartet, wobei auch die Beratung wertrationalen Beschränkungen unterworfen werden kann. Dann sind der Organisation nicht alle Mittel recht, vielmehr erklärt sie mache mit ihren Werten nicht vereinbar und untersagt sie dem Berater. So wird die method(olog)ische Deklaration, Arbeitsbeziehungen auch in der Perspektive untersuchen zu wollen, welche Gedanken, Gefühle und Handlungsimpulse der Organisationsmitglieder vor- und unbewusst gehalten werden, so dass es zu irritierenden Störungen der Arbeitsbeziehungen kommt, nicht selten als ein illegitimer Angriff auf den Latenzschutz einer Organisation beurteilt. Um Aufträge nicht zu gefährden, könnte es Beratern einfallen, keine klare Auskunft darüber zu geben, was sie tun. Damit würden sie sich aber von vornherein im »Untergrund« einer Organisation positionieren und zu einer permanenten, Kräfte zehrenden Wachsamkeit genötigt sein, nicht entdeckt zu werden. Wenn der Berater aber selbst nicht bereit ist, Transparenz herzustellen, darf er auch seinerseits von seinen Auftraggebern und Klienten keine Transparenz erwarten, was Beratung ad absurdum führt.

Beratung, die mit der primären Aufgabe von Organisationen und deren Mitgliedern identifiziert ist, hat es nicht nur mit dem Prozess zu tun, sie immer wieder neu aushandeln zu müssen, sondern heute mehr denn je mit der Qualität bzw. der Qualitätssicherung der Aufgabenerfüllung. Dieses Problem lässt sich gut am klassischen Selbstverständnis von Supervision diskutieren, dem zufolge sie der Professionalisierung beruflichen Handelns dient. Während Berufe aus standardisierten Tätigkeiten bestehen, für die eine Person ausgebildet sein muss, weil sie diese Tätigkeiten sonst nicht oder zumindest nicht hinreichend effektiv ausüben kann, bestehen Professionen aus beruflichen Tätigkeiten, die sich nicht standardisieren lassen, sondern die Generierung je neuer, aber gleichermaßen effektiver Problemlösungen erfordern. Zudem besteht Professionalität darin, dass Professionsmitglieder eigene – hohe – Qualitätsstandards haben und nur sie alleine beurteilen können, was sie an Ressourcen benötigen, um diesen Standards gerecht zu werden. Damit kommen Organisationsmitglieder, die einer Profession angehören, Organisationen meist auch »teuer«.

Der typische Konflikt besteht dann darin, dass Organisationen, welche die Erfüllung primärer Aufgaben nicht nur effektiver, sondern auch effizienter machen, mithin »ökonomisieren« wollen, hohe Qualitätsstandards verlangen, ohne die dazu erforderlichen »teuren« Ressourcen bereitzustellen. Allerdings gehört ein hoher Ressourcenverbrauch auch zu den Statusmerkmalen von Professionsmitgliedern, weshalb eine »Ökonomisierung« durchaus berechtigt sein kann. Dennoch: Im Zuge des neo-liberalen Umbaus der modernen Gesellschaft hat sie derart zugenommen, dass Professionelle in ein Dilemma geraten. Entweder sie senken ihre Qualitätsstandards, was sie als Kränkung erleben, oder sie halten die Qualität »auf eigene Kosten« hoch, was unbezahlte Mehr-Arbeit bedeutet und sie früher oder später »ausbrennen« lässt (vgl. Bauer u. a. 2003). Immer häufiger müssen sie sogar miterleben, dass sie durch Nicht-Professionelle ersetzt werden. Diese Entprofessionalisierung der Erfüllung primärer Aufgaben kommt Organisationen zwar »billiger«, erhöht gleichzeitig aber auch den »Ausschuss«: So führt die Senkung von Qualitätsstandards in vielen Professionen zu einer Erhöhung von Sicherheitsrisiken. Professionelle sehen das, setzen aber ihren Arbeitsplatz oder ihre Aufträge aufs Spiel, wenn sie auf eine Thematisierung solcher Folgen der »Ökonomisierung« drängen. Halten sie still, machen sie sich mit schuldig, was viele nur ertragen, indem sie zynisch werden.

Dies ist nur eines der Szenarien, die sich häufen, wenn Arbeitskräfte zu »Arbeitskraftunternehmern« (Voß und Pongratz 1998) mutieren. Mit dieser Veränderung sind derzeit sehr viele Berater konfrontiert. Sie verlangt ihnen ein Haltung ab, die sie moralisch als prekär erleben: nämlich Organisationsmitglieder fit zu machen, sich in Organisationen zu behaupten, ohne zynisch zu werden oder »auszubrennen«. Eine solche Selbstbehauptung setzt den Erwerb von Krisenfestigkeit voraus, da Krisen nicht länger ein Ausnahmezustand sind, sondern zu einem Dauerzustand werden. Das schließt die Kompetenz ein, sich immer wieder neu motivieren zu können, für hohe Qualitätsstandards einzutreten, sowie die Kompetenz, die Erfüllung der primären Aufgabe selbst so findig zu organisieren, dass es eine Chance gibt, den Standards gerecht zu werden. Dazu ist es erforderlich, dass Organisationsmitglieder ein strategisch-taktisches Geschick entwickeln, die Bedingungen der Möglichkeit konstruktiver Arbeitsbeziehungen in der Organisation ständig neu zu verhandeln. Dazu passt keine Gesinnung, in der immer schon vorab feststeht, wo die Grenze zwischen »richtig« und »falsch« verläuft. Stattdessen geht es um die Übernahme von Verantwortung in Situationen, die keine eindeutigen Lösungen der bestehenden Dilemmata erlauben. Metaphorisch könnte man sagen: Die Organisationsmitglieder müssen lernen, Anomie in Autonomie zu verwandeln – fehlende Orientierungssicherheit durch den Mut auszugleichen, kurzfristig zu improvisieren, was zu tun ist. Wer dies beklagt, hat dennoch (momentan) kaum eine andere Wahl.

Gleiches gilt auch für die Berater. So sollen sie effektive und effiziente Beratungsleistungen erbringen, ohne die Ressourcen bewilligt zu bekommen, von denen sie als Professionelle wissen, dass eine qualifizierte Beratung sie benötigt. Zudem werden sie permanent in moralische Dilemmata verstrickt, die nicht vorab zu entscheiden sind. Gerade psychoanalytisch bzw. gruppenanalytisch orientierte Berater wären unter solchen Bedingungen schlecht beraten, würden sie die paradigmatische Unterscheidung von Selbstreflexion und Selbstinstrumentalisierung empirisch überstrapazieren. Denn die Institutionalisierung von Selbstreflexion, die das Ethos der Psychoanalyse bzw. Gruppenanalyse ausmacht, verlangt mehr denn je, puristische Positionen aufzugeben. Es reicht nicht aus, kompetent zu sein. Organisationsmitglieder und ihre Berater müssen beide eine »Kompetenzdarstellungskompetenz« (Pfadenhauer 2003) entwickeln, ohne die sie an Einfluss auf Erfüllung ihrer primären Aufgaben verlieren. Und nur diejenigen Berater können Organisationsmitgliedern bei der Entwicklung dieser Meta-Kompetenz hilfreich sein, die sie selbst positiv zu besetzen vermögen.

Literatur

Abend, S. M. (1979): Unconscious fantasy and theories of cure. In: Journal of the American Psychoanalytic Association 27, S. 579–596.

Amado, G. (1995): Why psychoanalytical knowledge helps us understand organizations: A discussion with Elliott Jaques. In: Human Relations 48 (4): 351–357.

Armstrong, D. (1991): The institution in the mind: thoughts about the nature of organisational role analysis. London (The Grubb Institute).

Atchison, T. J. (1991): The employment relationship: un-tied or re-tied? In: Academy of Management Executive 5, S. 52–62.

Bauer, J., Häfner, S., Kächele, H., Wirsching, M. und Dahlbender, R. W. (2003): Burn out und Wiedergewinnung seelischer Gesundheit am Arbeitsplatz. In: Zeitschrift für Psychotherapie, Psychosomatik und Medizinische Psychologie 53, S. 213–222.

Baum, H. S. (1991): Creating a family in the workplace. In: Human Relations 44, S. 137–159.

Baum, H. S. (1994): Transference in organizational research. In: Administration & Society 26 (2), S. 135–157.

Becker, H. (1998): Psychoanalyse und Organisation. Zur Bedeutung unbewusster Sozialisation in Organisationen. In: Freie Assoziation 1, S. 81–101.

Bröckling, U. (2000): Totale Mobilmachung. Menschenführung im Qualitäts- und Selbstmanagement. In: Bröckling, U., Krasmann, S., Lemke, Th. (Hg.): Gouvernementalität der Gegenwart. Studien zur Ökonomisierung des Sozialen. Frankfurt am Main (Suhrkamp), S. 131–167.

Casey, C. (1999): »Come, join our family«: discipline and integration in corporate organizational culture. In: Human Relations 52, S. 155–178.

Daser, B. (im Druck): Zeitbewusstsein und Kontrolle der Zeit im Outsourcing-Prozess. In: Haubl, R., Daser, B. (Hg.): Macht und Psyche in Organisationen. Göttingen (Vandenhoeck & Ruprecht).

Daft, R. L. und Weick, K. E. (1984): Toward a model of organization as interpretation systems. In: Academy of Management Review 9, S. 284–295.

Devereux, G. (1974): Normal und Anormal. In: Devereux, G., Normal und Anormal. Frankfurt am Main (Suhrkamp), S. 19–130.

Diamond, M. (1993): The Unconscious Life of Organizations: Interpreting Organizational Identity. Westport, CT (Quorum Books).

Diamond, M. und Allcorn, S. (2003): The cornerstone of psychoanalytic organizational analysis: psychological reality, transference and counter-transference in the workplace. In: Human Relations 56 (4), S. 491–514.

Driver, M. (2003): Nothing clinical, just business? Reflections on psychoanalytically grounded organizational diagnosis and intervention. In: Human Relations 56 (1), S. 39–59.

Dukerich, J. M., Kramer, R. und Parks, J. M. (1998): The dark side of organizational identification. In: Whetten, D. und Godfrey, P. (Hg.): Identity in Organizations. Thousand Oakes, CA (Sage), S. 245–257.

Erdheim, M. (1982): Die gesellschaftliche Produktion von Unbewusstheit. Frankfurt am Main (Suhrkamp).

Fineman, S. (2000): Emotions in Organizations. 2. Edition. London (Sage).

Fleck, L. (1983a): Zur Krise der »Wirklichkeit«. In: Fleck, L., Erfahrung und Tatsache. Gesammelte Aufsätze. Frankfurt am Main (Suhrkamp), S. 46–58.

Fleck, L. (1983b): Krise in der Wissenschaft. Zu einer freieren und menschlicheren Naturwissenschaft. In: Fleck, L., Erfahrung und Tatsache. Gesammelte Aufsätze. Frankfurt am Main (Suhrkamp), S. 175–181.

Flemons, D. G. und Cole, P. M. (1992): Connecting and separating family and business: a relational approach to consultation. In: Family Business Review 5 (3), S. 257–269.

Franzpötter, R. (1997): Organisationskultur. Baden Baden (Nomos).Freud, S. (1960): Massenpsychologie und Ich-Analyse. In: Freud, S., Gesammelte Werke Bd. XIII. Frankfurt am Main (Fischer), S. 73–163.

Gabriel, Y. (1999): Organizations in Depth. The Psychoanalysis of Organisations. London (Sage).

Gabriel, Y. und Schwartz, H. S. (1998): Organizations, from concepts to constructs: psychoanalytic theories of character and the meaning of organizations. http://www.sba.oakland.edu/ispso/html/1998/GabrielSchwartz.htm

Gould, L. J., Stein, M. und Stapley, L. (Hg.) (2001): The Systems Psychodynamics of Organizations. Integrating the Group Relations Approach, Psychoanalytic and Open System Perspectives. London (Karnac).

Grant, D. und Oswick, C. (Hg.) (1996): Metaphor in Organizations. London (Sage).

Gröning, K. (2004): Institutionelle Modernisierung und die flexible Supervision. In: Buer, F., Siller, G. (Hg.): Die flexible Supervision. Wiesbaden (VS), S. 63–76.

Habermas, J. (1976): Moralentwicklung und Ich-Identität. In: Habermas, J., Zur Rekonstruktion des Historischen Materialismus. Frankfurt am Main (Suhrkamp), S. 63–91.

Hanks, R. S. und Sussman, M. B. (1990): Where does family end and corporation begin: the consequences of rapid transformation. In: Hanks, R. S., Sussman, M. B. (Hg.): Corporations, Businesses, and Families. New York (The Haworth Press), S. 1–13.

Hacking, I. (1999): Was heißt »soziale Konstruktion«? Zur Konjunktur einer Kampfvokabel in den Wissenschaften. Frankfurt am Main (Fischer).

Haubl, R. (1994): Gruppe und Kultur – Gruppenkultur. In: Haubl R. und Lamott, F. (Hg.): Handbuch Gruppenanalyse. München (Quintessenz), S. 1–16.

Haubl, R. (1994b): Widerstand. In: Haubl, R. und Lamott, F. (Hg.): Handbuch Gruppenanalyse. München (Quintessenz), S. 158–181.

Haubl, R. (1997): Gruppenleitung und Selbstorganisation der Gruppe. Zugleich eine Rekonstruktion der gruppenanalytischen Theorie von S. H. Foulkes. In: Jahrbuch für Gruppenanalyse 3, S. 107–139.

Haubl, R. (1999): Die Hermeneutik des Szenischen in der Einzel- und in der Gruppenanalyse. Inszenieren – szenisches Verstehen – szenisches Intervenieren. In: Zeitschrift für Gruppenpsychotherapie und Gruppentherapie 35 (1), S. 17–35.

Haubl, R. (2002): Der Supervisor als neues Organisationsmitglied. In: Jahrbuch für Gruppenanalyse 8, S. 85–113.

Haubl, R. (2003): Sexualität und Herrschaft in Organisationen. Die Kritik der Macht und des Geldes. In: Jahrbuch für Gruppenanalyse 9, S. 121–138.

Haubl, R. (2005a): Risikofaktoren des Machtgebrauchs von Leitungskräften. In: Freie Assoziation 8 (3), S. 7–24.

Haubl, R., (2005b): Mikropolitik für gruppenanalytische Supervisoren und Organisationsberater. In: Haubl, R., Heltzel, R. und Barthel-Rösing, M. (Hg.): Gruppenanalytische Supervision und Organisationsberatung. Eine Einführung. Gießen (Psychosozial-Verlag), S. 53–78.

Haubl, R., Heltzel, R. und Barthel-Rösing, M. (Hg.) (2005): Gruppenanalytische Supervision und Organisationsberatung. Eine Einführung. Gießen (Psychosozial Verlag).

Heltzel, R. (2006): Der Gruppenanalytiker in komplexen Supervisionsaufträgen oder: wie GRAS mich bei der Beratungsarbeit begleitet. Unveröffentlichtes Papier.

Hutton, J., Bazalgette und J., Reed, B. (1997): Organization-in-the-mind: a tool for leadership and management of institutions. In: Neumann, J. E., Kellner and K., Dawson-Shepherd, A. (Hg.): Developing Organizational Consultancy. London (Routledge), S. 113–126.

Jaques, E. (1995): Why the psychoanalytical approach to understand organisations is dysfunctional. In: Human Relations 48, S. 343–349.

Janis, I. L. (1982): Victims of groupthink. Boston (Houghton Mifflin).

Kernberg, O. F. (1998): Ideologie, Konflikt und Führung. Psychoanalyse von Gruppenprozessen und Persönlichkeitsstruktur. Stuttgart (Klett-Cotta).

Kets de Vries, M. F. R. (1984): The Irrational Executive: Psychoanalytic Studies in Management. New York (International Universities Press).

Kets de Vries M. F. R. (1990): Chef-Typen. Zwischen Charisma und Chaos, Erfolg und Versagen. Wiesbaden (Gabler).

Kets de Vries M. F. R. and Miller, D. (1984): The Neurotic Organization: Diagnosing and Changing Counterproductive Styles of Management. San Francisco (Jossey-Bass).

Kets de Vries, M. F. R. and Miller, D. (1987): Interpreting organizational texts. In: Journal of Management Studies 24 (3), S. 233–247.

Knorr-Cetina, K. (1984): Die Fabrikation von Erkenntnis. Frankfurt am Main (Suhrkamp).

Lohmer, M. (Hg.) (2000): Psychodynamische Organisationsberatung. Konflikte und Potentiale in Veränderungsprozessen. Stuttgart (Klett-Cotta).

Lorenzer, A. (1984): Intimität und soziales Leid. Frankfurt am Main (Fischer).

Martin, J. and Siehl, C. (1983): Organizational culture and counterculture. In: Organizational Dynamics 12, S. 52–64.

Mayo, E. (1949): Probleme industrieller Arbeitsbedingungen. Frankfurt am Main (Frankfurter Hefte).

McKenna, D. D. and Wright, P. M. (1992): Alternative metaphors for organizational design. In: Dunnette, M. D., Hough, L. M. (Hg.): Handbook of Industrial and Organizational Psychology. Vol. 3, 2nd edn. Palo Alto, CA (Consulting Psychologists Press), S. 901–960.

Miller, E. J. (1974): Task and Organisation. London (Tavistock Institute of Human Relations).

Mintzberg, H. (1985): The organization as a political arena. In: Journal of Management Studies 22, S. 133–154.

Möller, M. L. (2003): Gegenübertragung in der Gruppenanalyse. In: Pritz, A. und Vykoukal, E. (Hg.): Gruppenpsychoanalyse. 2. veränderte Auflage. Wien (Facultas), S. 70–102.

Morgan, G. (1997): Bilder der Organisation. Stuttgart (Klett-Cotta).

Orthner, D. K., Bowen, G. L. and Beare, V. G. (1990): The organization family: A question of work and family boundaries. In: Hanks, R. S. and Sussman, M. B. (Hg.): Corporations, Businesses, and Families. New York (The Haworth Press), S. 15–36.

Pfadenhauer, M. (2003): Professionalität. Eine wissenssoziologische Rekonstruktion institutionalisierter Kompetenzdarstellungskompetenz. Opladen (Leske + Budrich).

Sanderlands, L. E. and Stablein, R. E. (1987): The concept of organization in the mind. In: Bacharach, S., DiTomaso, N. (Hg.): Research in the Sociology of Organizations. Greenwich, CT (JAI Press), S. 135–161.

Schützeichel, R. und Brüsemeister, Th. (2004): Die beratene Gesellschaft. Zur gesellschaftlichen Bedeutung von Beratung. Wiesbaden (VS).

Sievers, B. (2003): »Psychotische Organisation« als metaphorischer Rahmen zur Sozio-Analyse organisatorischer und interorganisatorischer Dynamiken. In: Sievers, B., Ohlmeier, D., Oberhoff, B. und Beumer, U. (Hg.): Das Unbewusste in Organisationen. Freie Assoziationen zur psychosozialen Dynamik von Organisationen. Gießen (Psychosozial-Verlag), S. 145–175.

Voß, G. G. und Pongratz, H. J. (1998): Der Arbeitskraftunternehmer. Eine neue Grundform der

»Ware Arbeitskraft«? In: Kölner Zeitschrift für Soziologie und Sozialpsychologie 50, S. 131–158.

Wellendorf, F. (2000): Supervision als Institutionsanalyse und zur Nachfrageanalyse. In: Pühl H. (Hg.): Handbuch der Supervision. Berlin (Marhold), S. 30–40.

Weber, M. (1967): Wirtschaft und Gesellschaft. Tübingen (Mohr).

Wittgenstein, L. (1971): Philosophische Untersuchungen. Frankfurt am Main (Suhrkamp).

»Wir sehen immer nur die Spitze des Eisbergs …«[1]

Führungskräftecoaching und Psychodynamische Beratung

Beate West-Leuer

Führungskräftecoaching – Prestige und Ansehen für den Coach?

Wenn von Coaching gesprochen wird, ist häufig Einzelcoaching von Führungskräften gemeint, ein Format, das es ermöglicht, ein berufsbezogenes Beratungsanliegen auch langfristig und bis weit in den privaten Bereich hinein zu bearbeiten (Sies und Löwer-Hirsch 2000). Neben organisationsbezogenen und arbeitspsychologischen Fähigkeiten sind insbesondere Kompetenzen im Umgang mit Menschen gefragt, wobei psychoanalytisches Basiswissen hilfreich ist. Wahrscheinlich waren wir am Institut für Psychodynamische Organisationsentwicklung und Personalberatung Düsseldorf e.V. aber auch vom Zeitgeist infiziert, als wir unsere Weiterbildung in Organisationsentwicklung 2000 zu einer Ausbildung in Psychodynamischer Organisationsentwicklung und Coaching umstrukturierten. Es ist die Zeit der Wiederentdeckung der Führungspersönlichkeit. Und das von Max Weber 1921 in die wissenschaftliche Diskussion eingeführte Konzept des Charisma erlebt gegenwärtig eine Renaissance. In großen Unternehmen werden heute Führungsschulungen und Coachings meist mit größerem Aufwand betrieben als die Führungsdiagnostik vor der Einstellung (von Rosenstiel 2003).

Coaching ist im Moment sehr populär. Entsprechend gibt es eine Vielzahl an Anbietern und eine Vielzahl an Ausbildungsangeboten. Eine latente

1 Der Titel bezieht sich auf Freuds Eisbergmetapher vom Bewussten und Unbewussten; ich habe ihn »geborgt« von A. Lodewicks Fallanalyse von Einzel- und Teamsupervisionsprozessen im Rahmen der Ausbildung am »Institut für Analytische Supervision« (ASv), Düsseldorf e.V. 2006.

Unterstellung lautet, dass der Coach durch kurzfristiges, zielgerichtetes Einwirken auf das Topmanagement nicht nur sehr viel Geld verdient, sondern als »graue Eminenz« auch erheblichen Einfluss an den Schalthebeln wirtschaftlicher Macht auf die Gesellschaft ausübt. Viele Coachs bedienen diese narzisstisch fundierten Klischees, glauben sie selbst. In den Fallbeispielen zeigt sich, dass die Autorin auch nicht frei von der Hoffnung ist, die Beratung möge ihr leicht, sozusagen in den Schoss fallen. Die (Selbst-)Erfahrung lehrt jedoch, dass die wesentliche Gratifikation, die das Coaching dem Coach zu bieten hat – neben der ökonomischen –, eine hart erarbeitete zwischenmenschliche ist. Vorurteile finden sich auch bei den Coachee. Überspitzt formuliert: Eine kleine Gruppe glaubt, dass Coaching heute dazu gehört und dass für sie nur der »beste« Coach gut genug ist. Dagegen hat eine große Gruppe das Gefühl, dass sie ein Coaching absolvieren muss, weil ein Scheitern droht oder weil der Vorgesetzte es verlangt. Beiden Gruppen gemeinsam und sehr menschlich ist, dass sie für das jeweilige Beratungsanliegen eine möglichst schnelle Lösung suchen, die nicht weh tut. Der Coach soll´s richten. Dabei ist professionelles Coaching, das nicht mehr verspricht als es auch halten kann, im besten Falle »Hilfe zur Selbsthilfe«.

Der psychodynamische Ansatz ist im Mainstream des Coachings kaum vertreten, kaum bekannt. Damit psychodynamisches Coaching gelingen kann, muss der Coachee offen dafür sein, dass sich hinter den bewussten Nachteilen, die ein scheinbar von ihm selbst nicht lösbares berufliches Problem hat, immer auch unbewusste Vorteile verbergen, die er im Coaching verteidigen wird. Eine Tiefenanalyse des Beratungsanliegens führt schnell ins unbewusste Zentrum, zur Tiefenstruktur des Klienten selbst. Die Einsicht in die eigenen Verstrickungen in und Abhängigkeiten von Strukturen der Organisation fällt nicht leicht, konfrontiert sie doch mit Fehlern und Schwächen, die der Klient lieber bei den »Anderen« finden würde. Im Kontext von Coaching dienen Introspektion und Selbsterfahrung der Verbesserung des Führungsstils, des Führungsverhaltens. Flucht in Sachzwänge und Konstruktionen von Einflusslosigkeit werden durch Einsichten in eigenes Vermeidungsverhalten erschwert. Die Führungsperson wird angeregt, das Heft, die (Selbst-)Steuerung in die Hand zu nehmen und kreative Lösungen für die eigenen und die Probleme der Organisation zu finden und umzusetzen. Bereits bei der Kontaktaufnahme entscheidet es sich häufig, ob der potenzielle Klient eine Bereitschaft, besser noch eine »Leidenschaft«, für die psychodynamische Herangehensweise entwickeln wird. Dann ist nicht länger das reibungs- und fehlerlose Funktionieren im Beruf das Ziel, sondern die Erarbeitung eines integrativen Führungsstils. Dieser sorgt dafür, dass der Coachee Fehler und Schwächen weder bei sich selbst noch bei den Mitarbeitern abspalten muss, wo sie unkontrolliert ihre Wirksamkeit entfalten, sondern dass sie integriert, analysiert und in Stärken für Mensch und Organisation umwandelt werden können.

Im psychodynamischen Ansatz wird der Coach mit eintauchen in die Angst machenden, unheimlichen Tiefenstrukturen (Devereux 1967/1992), sich affizieren lassen von den verleugneten Abhängigkeiten – mit dem Resultat, dass er sich in ähnlichen Verstrickungen wieder findet, ähnliche Gefühle von Ohnmacht, Neid, Hochmut, Wut und Freude während des Coachings empfindet wie der Coachee. Auch im Coaching sind es die Übertragungs- und Gegenübertragungsphänomene, die Aufschlüsse über die Tiefenanliegen des Klienten liefern. Es kommt spontan zu intersubjektiven[2] Inszenierungen der als problematisch empfundenen Probleme, Konflikte und Strukturen. Aus der »Doppeldenkposition« des Coach ergeben sich Einsichten, die aus den Verwicklungen heraus- und weiterführen können (West-Leuer 2003b). Aus der Retrospektive sind häufig die Coaching-Fälle die interessanten, die vom Scheitern, vom gemeinsamen Absturz bedroht waren. Die Interpretation solcher Coaching-Fälle fällt der Autorin nicht leicht, ist sie doch ohne unangenehme Selbsterfahrungsanteile nicht zu leisten. Ob sie dem Prestige und Ansehen dienen, bleibt dahin gestellt.

Das Konzept des psychodynamisch-systemischen Coachings

Theoretische Grundlagen

Im psychodynamisch-systemischen Einzelcoaching liegt der Schwerpunkt des Interesses nicht bei der Organisation, sondern beim einzelnen Menschen in der Organisation. Das Beratungskonzept basiert auf Theorien und Konzepten der Psychoanalyse. Grundannahme ist das Vorhandensein eines persönlichen und dynamischen »Unbewussten«, das Einfluss nimmt auf die

2 Den Begriff »interpersonell« benutze ich für zwischenmenschliche Interaktionen im Hier und Jetzt, den Begriff »intersubjektiv« um den Einfluss frühere Beziehungserfahrungen auszudrücken.

Liebes- und Arbeitsfähigkeit des Coachee. Bewältigungs- oder Abwehrkonstellationen suchen zu verhindern, dass diese Einflussnahmen bewusst werden. Übertragungsphänomene sorgen dafür, dass sich Unbewusstes im Arbeitsalltag zeigen und sich auch in der Beziehung zum Coach reinszenieren kann.

Neben der Psychoanalyse bezieht sich das Coaching-Konzept auf die Theorien des radikalen Konstruktivismus und deren Ansatz lebender Systeme (Brocher und Sies 1986, Simon 1992) sowie auf die Systemtheorie sozialer Systeme (Luhmann 1984, Willke 1989). Anders als in der psychoanalytischen Therapie, in der auch die Probleme am Arbeitsplatz im wesentlichen als intrapsychische Probleme des Analysanden verstanden und bearbeitet werden, gehen wir im Coaching von einer Wechselwirkung zwischen Organisation und Person aus. Wie in der Systemtheorie sozialer Systeme verstehen wir Organisationen als autonome, in sich operativ geschlossene soziale Systeme. Sie sind strikt zu trennen von operativ ebenfalls geschlossenen psychischen Systemen. Denn sie bestehen – vereinfacht – nicht aus einer Ansammlung von Menschen, sondern aus ganz eigenen, für Außenstehende nur bedingt verständlichen Kommunikationsmustern und Gesetzmäßigkeiten (Luhmann 1984, Willke 1989, 1993, Giesecke und Rappe-Giesecke 1997).

Die operative Geschlossenheit bezieht sich auf die Organisation der Tiefenstruktur. Bezüglich der Aufnahme von Energie beziehungsweise der Aufnahme von Informationen sind Systeme durchaus und notwendigerweise offen, so dass eine wechselseitige Interpenetration möglich ist (Luhmann 1984). Als theoretisches Verbindungsglied ziehe ich Konzepte des symbolischen Interaktionismus heran. Er unterscheidet – verkürzt gesagt – zwischen einer sozialen Identität und persönlichen Identität. Die soziale Identität aktualisiert sich in Interaktionen und Interaktionsritualen, die persönliche Identität baut auf der individuellen Biographie auf und wird über alle sozialen Situationen hinweg aufrechterhalten. Berufliche Identität entwickelt sich entlang den Kommunikationsmustern und Interaktionsritualen der Organisation und orientiert sich an den Aufgaben und Anforderungen der beruflichen Rolle. So entstehen soziale Rollen mit personeller Besetzung (Mead 1934, Goffman 1967, 1994). Es ist ein gesellschaftlich unausgesprochener Anspruch, dass insbesondere Führungspersonen in ihrem Doppelauftrag der Aufgaben- und Mitarbeiterorientierung (von Rosenstiel 2003) Unvereinbares zwischen sozialer und persönlicher Identität nicht nur in sich, sondern auch bei ihren Mitarbeitern ausbalancieren und so den Arbeitsalltag sichern.

Coaching operativ geschlossener psychischer Systeme

Aus dem Konzept der operativen Geschlossenheit von Personen folgt, dass letztendlich niemand die Gedanken und Vorstellungen eines anderen kennen kann. Ein jeder kann sich nur seine eigenen Vorstellungen darüber bilden. Menschen können sich wechselseitig beobachten und sie können miteinander kommunizieren. Sicherlich sind dabei die unterschiedlichsten Grade der Einfühlung, der Übereinstimmung und des Verstehens möglich. Grundlegend ist aber, dass es sich immer um Interaktionen zwischen Systemen handelt, deren je selbstreferentielle Operationsweise das Schienennetz vorgibt, in das an bestimmten Punkten und in intern vorgegebener Weise fremdreferentielle Informationen eingeschleust werden können (Willke 1993, Brocher und Sies 1986). Kommunikation setzt wechselseitiges Verstehen voraus – und genau dieses Verstehen versteht sich nicht von selbst. Besonders aufschlussreich sind die Verzerrungen in der Kommunikation. Sie treten an den Stellen auf, wo sich die Kommunizierenden stark voneinander unterscheiden. Diese Unterschiede können durch bewusste Selbstthematisierung revidiert werden (Willke 1993). Hier liegt das Potenzial des Coachings. Gespräche über das Beratungsanliegen verändern nicht nur den Coachee, auch den Coach. Beide behandeln das zunächst Unverstandene als eigene virtuell inhärente Möglichkeit in sich selbst (vgl. Luhmann 1984, Willke 1993).

Hier zeigen sich Ähnlichkeiten zur Theorie der Psychoanalyse als einer Beziehungswissenschaft (vgl. Bauriedl 1980). Nach Lorenzer (1973) ergeben sich die Grenzen der Verständigung aus einer Aufspaltung der Sprache in »Sprachfiguren« und »Klischees«, wobei letztere nicht unmittelbar bewusstseinsfähig und schwer zu verändern sind. Dabei handelt es sich um Symptome eines kulturell bedingten neurotischen Konflikts, der weder den eigenen Emotionen noch in Interaktionen mit anderen zugänglich ist und zur Verwendung persönlicher Klischees führt. Der Kitt, der die »soziale Identität« und die »persönliche Identität« in Balance hält, ist der unbewusste »neurotische« Konflikt. Die Akzeptanz einer operativen Geschlossenheit psychischer und sozialer Systeme bewirkt beim Coach die Einsicht, dass die Verständigung im Coaching schwierig ist und der Beratungsprozess ins Stocken geraten oder gar scheitern kann. Gleichzeitig zwingt sie zu besonderer Sorgfalt im Umgang mit den Grenzen des Klienten. Erst aus einem Gefühl der Sicherheit heraus können geschlossene Systeme Veränderungen zulassen oder sogar anstreben. Auch der Coach ist ein solches System, das nur dann in einen Austausch mit dem Coachee treten kann, wenn die eigene

Tiefenstruktur ausreichend gesichert ist (Willke 1993). Die Hoffnung, dass der Coach von sich aus, vielleicht bereits vor der Beziehungsaufnahme, wissen kann, durch welche kurzfristigen, zielgerichteten Interventionen er die Probleme des Gecoachten lösen kann, wird hier aufgegeben.

Strukturelemente operativ geschlossener sozialer Systeme

Jede Führungskraft ist Teil einer Organisation, eines operativ geschlossenen sozialen Systems, das die Funktion hat, die Aktivitäten ihrer Mitglieder mit Hilfe einer planmäßig vorgegebenen Struktur dahin auszurichten, dass ein bestimmter Output produziert wird. Das folgende Diagramm veranschaulicht die Strukturelemente von Organisationen (West-Leuer 1995), die bis in ihre feinsten Verästelungen Einfluss nehmen auf jeden Mitarbeiter. Die vier Bereiche »Output: Produkt oder Dienstleistung«, »planmäßige Phänomene«, »nicht-planmäßige Phänomene« und »interpersonelle Phänomene« bilden einen Zusammenhang. Die Veränderung eines Elements zieht automatisch Veränderungen der anderen nach sich. Die vier Bereiche sind interdependent, wobei sich die einzelnen Bereiche weiter aufgliedern lassen und jeder Bereich für sich wieder ein soziales System bildet.

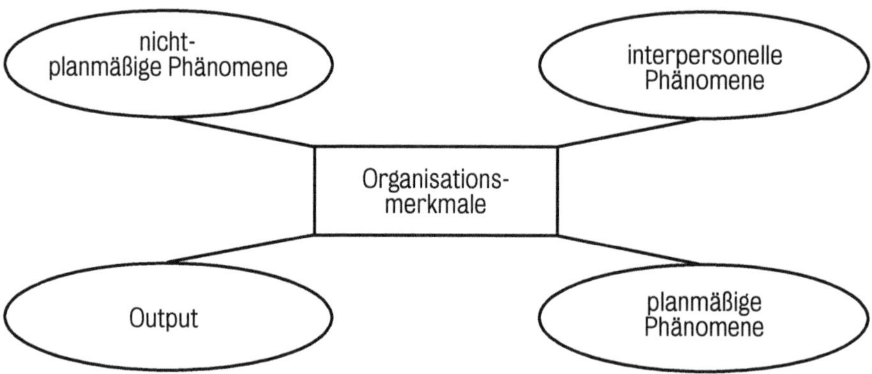

Der Output, ob Produkt oder Dienstleistung, ist die Existenzgrundlage jedes Unternehmens oder jeder sozialer Organisationen. Für das »Wesen einer Organisation« ist es entscheidend, ob es sich bei diesem »Produkt« um die Erzeugung und Verteilung von Energie, die Entwicklung von Animationen in Werbespots oder die Betreuung von Behinderten handelt. Die planmäßigen Phänomene sind die formalen und bewussten Strukturen, wie man sie in Diagrammen zu Aufbau- und Ablauforganisation darstellen kann. Sie haben die Funktion, die Mitarbeiter in die Lage zu versetzen, möglichst effizient und möglichst unabhängig von ihren Persönlichkeitsmerkmalen und Charakterstrukturen qualitativ wertvolle Leistungen zu erbringen (vgl. Schreyögg 1991). Diese Phänomene bedingen nicht-planmäßige Phänomene. Gedacht ist hier zum Beispiel an Interessensgegensätze bei der Ressourcen- und Stellenverteilung, an innerbetriebliche Rituale, Legenden und Geschichten, Kleiderordnungen, aber auch an informelle Rollen und Stile, sowie an die Normen und Leistungsstandards einer Abteilung und des gesamten Betriebs (vgl. Löwer-Hirsch 2003). Dieser Bereich enthält den Schlüssel zum Unbewussten der Organisation. Dies zeigt sich gerade dort, wo Nicht-Planmäßiges Planmäßiges überlagert, wie wir nicht zuletzt bei Kommentaren zur »Corporate Identity« immer wieder beobachten können.

Als interpersonelle Phänomene finden sich vielfältige psychosoziale Interaktionsmuster sowohl unter den Mitarbeitern als auch zwischen den Mitarbeitern und den Kunden des Systems. Hier entfalten sich Konflikte zwischen Vorgesetzten und Mitarbeitern, in Abteilungen, Arbeitsgruppen ebenso wie persönliche intrapsychische Konflikte, die der Einzelne unerkannt mit sich herumträgt. Im Coaching werden sich diese interpersonellen Phänomene in intersubjektiven Übertragungsinszenierungen aktualisieren und dadurch dem Bewusstsein ein Stück weit zugänglich. Auch im Einzelcoaching nehmen alle vier Bereiche der Organisation Einfluss nicht nur auch auf den Coachee, sondern auch auf den Coach.

Fallberichte aus der Praxis des Einzelcoachings

Herr Kreier[3] oder die Suche nach der »best practice«

Kontaktaufnahme. Herr Kreier, Geschäftsführer eines international agierenden Unternehmens der Verpackungsindustrie, nimmt telefonisch Kontakt auf und bittet mich, möglichst kurzfristig, um ein Erst- bzw. Kontaktgespräch. Er

3 Alle Namen sind fiktiv.

hat meine Adresse aus dem Internet, der Liste der »Elite«-Coachs, und möchte einem Coach aus der Region den Vorzug geben. Ich weiß einiges über das Unternehmen, weil einer meiner Lehrsupervisanden dort eine Feldanalyse durchgeführt hat (Pelzer 2006). Der zunächst vereinbarte Termin muss verschoben werden, da Herr Kreier kurzfristig zu einem Geschäftstermin außer Landes reist. Das Erstgespräch findet auf seinen besondern Wunsch in seinem Büro statt. Ich muss durch mehrere Sicherheitsschleusen, warte dann in der Empfangshalle, bis die Sekretärin mich abholt. Das Büro von Herrn Kreier ist sehr großzügig. Es gibt riesige Fensterfronten, »gediegene Möbel«, einen großen Schreibtisch und eine Sitzecke.

Annäherung. Das Gespräch dauert, wie vorab vereinbart, 60 Minuten. Es hat teilweise den Charakter eines Bewerbungsgesprächs. Zunächst soll ich folgende Aspekte erläutern:

- *meine theoretische Ausrichtung,*
- *die Methoden, die ich einsetze, um Lösungen für die Probleme von Herrn Kreier zu erarbeiten,*
- *die Erfolgschancen, die ich garantieren kann.*

Meine Aussage, dass ich mein Beratungsdesign ganz individuell auf den Coachee und sein Anliegen zuschneide, kann ihn nicht überzeugen. Dass ich in erster Linie Hilfe zur Selbsthilfe anbiete, noch weniger. Er verweist auf das jährliche Weiterbildungsprogramm seines Unternehmens, das 104 gedruckte Seiten umfasst. Von seiner Personalabteilung werden für die Mitarbeiter Entwicklungs- und Fördermaßnahmen aus diesem Katalog ausgewählt und Vereinbarungen über operativ messbare persönliche und fachliche Ziele schriftlich fixiert. Im Weiterbildungsangebot finden sich neben Seminaren für Fachkräfte zu Themen aus Produktion, Technik und EDV-Anwendungen auch Teamtrainings und Coachings.

Zur aktuellen Situation des Unternehmens berichtet Herr Kreier, dass er vor kurzem einschneidende Umstrukturierungsmaßnahmen erfolgreich durchgeführt habe. Ursprünglich eine deutsche Maschinenfabrik, kommt später der Bereich Verpackung hinzu, der im Laufe der Jahre zum »Rückgrat« des Unternehmens wird. Vor einigen Jahren wurde das gesamte Unternehmen an eine Schweizer AG verkauft. Nun habe die Vorsitzende der Holding ihn beauftragt, das ursprüngliche »Traditionswerk« auszugliedern und an ein französisches Unternehmen zu verkaufen. Die Produktion von Abfüllungsmaschinen soll nach China verlagert werden. Vor Ort würde nur noch die Planung bleiben, und das fachliche Know-how, da die Firma mit dem Verkauf von Verpackungen, nicht mit dem Abfüllen der Flüssigkeit, ihren Umsatz erziele. Es stünde der Verlust von 40 weiteren Arbeitsplätzen an. Aber damit habe er kein Problem. Die kollegiale Kommunikation mit den Ingenieuren laufe reibungslos. Für den Arbeitsplatzabbau würde er menschlich verträgliche Lösungen finden. Probleme gäbe es manchmal aufgrund von rigiden rechtlichen Bestimmungen und wegen des Anspruchsdenkens einiger Mitarbeiter, die kein Verständnis dafür aufbrächten, dass zum Beispiel »Himmelfahrt« in China kein Feiertag ist und um 17.00 Uhr mitteleuropäischer Zeit in den USA noch alle Angestellten an ihrem Schreibtischen sitzen.

Sein Anliegen sei ein anderes, betonte Herr Kreier. Er habe bemerkt, dass man nicht alles wörtlich nehmen könne, was in Trainings gesagt würde. In einem Seminar für das Topmanagement der Holding hätten die Trainer darum gebeten, dass man sich gegenseitig ganz offen auch kritisch die Meinung sagen solle. Er sei der einzige gewesen, der seinem Vorgesetzten gegenüber etwas Kritisches angemerkt hätte. Jetzt sei bei ihm der Eindruck entstanden, dass dieser ihm seine Äußerungen übel genommen habe und sich an ihm rächen wolle. Er sei Ingenieur und Technischer Leiter. Gegen seinen ausdrücklichen Wunsch ist er nun auch noch mit dem Bereich »Marketing/Public Relations« betraut worden. Hier kann er eigentlich nur scheitern, weil ihm Fachwissen und Erfahrungen fehlen. Jetzt wisse er nicht, wie er aus dieser Situation herausfinden soll.

Wechselwirkung zwischen Organisations- und Persönlichkeitsstruktur. Das Unternehmen ist weltweit tätig; die Unternehmensstruktur ist aufgrund der gewachsenen Struktur schwer zu durchschauen und hoch komplex. Herr Kreier, ca. 45 Jahre alt, verheiratet, zwei Kinder, hat während des Fusionsprozesses Karriere gemacht. Die Übernahme durch die Schweizer Holding, die Ausweitung der Geschäftsbereiche nach Asien, Nord- und Südamerika bestätigen seine streng rationalisierende Vorgehensweise. Aber dass sein Chef ihn negativ beurteilt, nachdem er ihn kritisiert hat, und vielleicht sogar bereit ist, ihn im Marketing zu »verheizen« – damit hat er nicht gerechnet.

Selbstreflexion. Ich bin beeindruckt von der Größe des Konzerns und der Bedeutung meines potenziellen Klienten. Vielleicht fühle ich mich sogar geschmeichelt, zu den angeblich »Besten« zu gehören, die hier als Coach in Frage kommen. Im Kontakt bin ich blockiert. Ich lasse mich auf Erklärungen ein und habe Sorge, nicht zu genügen. Ich wünsche, ich könnte mit Hilfsmitteln wie Flipchart oder Power-Point die Effizienz meines Ansatzes demonstrieren. Mit Bedauern reagiere ich, als ich erfahre, dass das alteingesessene, traditionsreiche Gründerunternehmen verkauft werden soll. Zum Erstaunen von Herrn Kreier hatte ich sein Vorhaben nicht den Medien entnommen.

Diagnose. Sorge vor »Rachegefühlen« seines Vorgesetzten lassen bei Herrn Kreier Beratungsbedarf entstehen, was er sich allerdings nicht eingesteht. Falls er das Wohlwollen der Schweizer Holding verliert, droht Bedeutungsverlust. Die vorausgegangene Expansion und Internationalisierung des Unternehmens hat er aktiv betreiben können. Der Verkauf des Traditionsunternehmens mit dem bekannten Namen des Gründers als die Trennung vom symbolischen Vaterersatz löst keine wahrnehmbaren Verlustgefühle aus. Er handelt auf Wunsch der international aufgestellten Holding als Reinkarnation eines mütterlichen Objekts, das Omnipotenzphantasien zu bedienen vermag und den Verlust des Patriarchen mehr als ausgleicht (vgl. Kinzel 2002).

Interventionsplanung. Coachings sind in der Regel Kurzzeitprozesse. Ein Vertrag über drei Mal fünf Sitzungen mit insgesamt 15 Stunden ist üblich, wird aber von den einzelnen Coachs in unterschiedlichen Settings angeboten. Ich vereinbare in der Regel Einzelstunden (60 Min.). Hier konzipiere ich ein Beratungsangebot mit den Themen:

- *Strategien des Umgangs mit Vorgesetzten und Mitarbeitern*
- *Führungsstilanalyse und Evaluation eigener Stärken und Schwächen*
- *Konfliktanalyse, Konfliktmanagement nach Umstrukturierung*

Als Antwort erhalte ich ein Schreiben, worin Herr Kreier sich für das Angebot bedankt. Es entspreche »weitestgehend« seinen Vorstellungen. Nach seinem Urlaub werde er sich bei mir zwecks Terminabsprache melden. Als ich mich nach einigen Wochen noch einmal bei ihm melde, erhalte ich dann eine Absage mit der Begründung, dass er in der Zwischenzeit ein Angebot erhalten habe, dass seine Vorstellungen »noch weitergehender« treffe.

Auswertung und Ablösung. Die persönlichen Merkmale, die Herrn Kreier auch im beruflichen Kontext prägen, sind Strebungen nach Bedeutung und Bewegung. Er rivalisiert auch mit mir, als er das Weiterbildungsangebot seiner Personalabteilung als vorbildlich skizziert. Aufgrund meiner Ambivalenzen – auf der einen Seite meine Einschüchterung durch die große, mächtige Organisation, auf der anderen meine Skepsis und mein Bedauern wegen des

Verkaufs des Gründungsunternehmens – finde ich keinen richtigen Zugang zu diesem Menschen. Vielleicht hat Herr Kreier auch gespürt, dass eine Analyse seines Führungsstils »Schwächen« aufgedeckt hätte, die seinem Selbstbild nicht entsprochen hätten. Es scheint, als müsste er sich schützen. Möglicherweise hat er gar kein Coaching in Anspruch genommen.

Wie hätte ich ihn erreichen können? Wie mit mir wird er auch mit seinem Vorgesetzten rivalisiert haben, als er ihn kritisierte. Vielleicht war es nicht sachliche Kritik, die sein Chef übel genommen hat, sondern ein Zwischenton im Sinne eines »Von oben herab«. Eine Intervention hätte an dieser Stelle wie folgt lauten können:

Wunsch-Beraterin: Konstruktive Kritik nimmt einem eigentlich niemand übel. Oft macht der Ton die Musik. Ein unangenehmes Gefühl entsteht dann, wenn Ihr Chef Sie als »besserwisserisch« erlebt hat, und das in Anwesenheit Dritter.

Wunsch-Klient: Sie meinen, ich wollte den Chef und die anderen Bereichsleiter mit meiner Kritik beeindrucken?

Wunsch-Beraterin: Vorhin, als Sie mir von Ihrem schönen Coaching-Programm für Ihre Mitarbeiter erzählt haben, hatte ich ein bisschen so ein Gefühl, Sie wollten mich beeindrucken. Ihre Personalabteilung hat bestimmt ein gutes Coaching-Programm entwickelt, doch jetzt geht es um die Frage, ob Sie sich auch auf mein Konzept einlassen können.

Wunsch-Klient: Das würde mir mein Chef bestimmt übel nehmen, wenn er den Eindruck hätte, ich glaube, meine Geschäftsideen seien besser als seine.

Wunsch-Beraterin: Besser sind sie doch auch gar nicht, oder? Aber vielleicht sind sie anders und Sie beide können gemeinsam eine Menge bewirken.

Ein solches Vorgehen hätte Herrn Kreier vielleicht zeigen können, dass psychodynamische Beratung Chancen eröffnet für einen Weg zwischen Ohnmacht und Allmacht. Auf dem dritten Weg der Synergien und Differenzen können Abweichungen vom eigenen Ich-Ideal ohne Destabilisierung des Selbstwertes in berufliche und persönliche Identitätskonzepte integriert werden.

Frau Azud und die Double-bind-Situation einer Migrantin – Coaching statt Therapie?

Kontaktaufnahme. Frau Azud hat meinen Namen und meine Adresse von einer Website im Internet. Im telefonischen Erstkontakt wirkt sie sehr ge-

heimnisvoll. Sie könne mir ihr Anliegen am Telefon nicht schildern, benötige aber aus einem ganz bestimmten Grund kurzfristig fünf Stunden Einzelcoaching. Ob es mir möglich sei, diese fünf Stunden in den nächsten zehn Tagen einzuplanen. Mein erster Impuls ist, der Anruferin sofort meine volle Unterstützung zuzusichern, weil sie unter hohem Druck zu stehen scheint. Als mir dies klar wird, verweise ich auf mein übliches Verfahren und erkläre ihr, dass ich vorab immer ein Erstgespräch zur Auftragsklärung durchführe. Danach würden wir dann »schnellstmöglich« weitersehen.

Annäherung. Am nächsten Tag erscheint eine junge Frau, ca. 32 Jahre, mit der Forderung, dass ich sie schnell für ein Bewerbungsgespräch fit machen soll, in dem sie unbedingt erfolgreich sein müsse. Sie habe aufgrund einer persönlichen Krise ihren Arbeitsplatz gekündigt. Nun benötige sie umgehend eine neue Stelle, da sie für ihre Herkunftsfamilie zu sorgen habe.

Auf meine Nachfragen, was denn zu der Kündigung geführt habe, was sie überhaupt beruflich mache und wieso sie für ihre Herkunftsfamilie sorge, erzählt sie:

Sie war Warengruppenleiterin in einem weltweit aufgestellten Konzern für No-Name-Produkte und leitete die Abteilung »Herrenmode« in Deutschland. Obwohl vom Grundberuf Schneiderin, sei sie aufgrund ihres großen Organisationstalents, ihrer Teamfähigkeit und Sprachbegabung außergewöhnlich schnell ins Management befördert worden. Ihre Haupttätigkeit war die einer Brokerin für Herrenkleidung: Neben häufigen Reisen in die vorderen Orient und nach Asien telefonierte sie täglich viele Stunden und zu allen Tag- und Nachtzeiten, um zum Beispiel die preiswertesten T-Shirts weltweit einzukaufen. Parallel war sie für die Platzierung der Ware in den Filialen und den Wiederverkauf an die Einzelhändler verantwortlich. Mit ihrem Team hatte sie keine Probleme. Ihre Mitarbeiterinnen und Mitarbeiter hätten ihren kollegialen Führungsstil sehr geschätzt.

Zur Krise war es gekommen, als sie probeweise ein verbilligtes Sortiment Calvin-Klein-Hemden eingekauft hatte, das länger als üblich in den Filialen liegen blieb. Ihr Chef, der Geschäftsführer »Deutschland«, war sehr verständnisvoll, hatte aber doch die Erwartung geäußert, dass ihr ein solcher Fehler sicherlich nicht noch einmal unterlaufen würde. Bei der Präsentation ihrer nächsten Kollektion – sie sei perfekt vorbereitet gewesen – brachte sie plötzlich in Anwesenheit des Vorstands kein einziges Wort heraus. Sie brach die Präsentation ab und verließ den Raum. Kurz darauf habe sie gekündigt, obwohl ihr Chef sie bat zu bleiben. Sie erhalte noch für ein halbes Jahr ihr Gehalt, auch ihren Dienstwagen dürfe sie solange weiter fahren. Seit der

Kündigung habe sie massive Schlaf- und Konzentrationsstörungen. Sie sei aber nicht psychisch krank. Ihre beiden Brüder hätten stationäre Psychotherapien und die Behandlung mit Psychopharmaka hinter sich, seien seit einiger Zeit arbeitsunfähig und lebten wie sie bei den Eltern.

Als ich sie auf ihren – kaum wahrnehmbaren – Akzent anspreche, ist sie erschrocken. Ihren Akzent merke man nur, wenn es ihr sehr schlecht ginge. Sie sei ursprünglich aus der Türkei, aber schon als Kind nach Deutschland gekommen und habe einen deutschen Pass. Ihre Eltern und Brüder wären nach all den Jahren immer noch recht traditionell eingestellt, hätten auch Schwierigkeiten mit der deutschen Sprache. Sie selbst spreche neben Deutsch und Türkisch fließend Englisch und Französisch, könne sich nach mehreren Crash-Kursen aber auch in Asien verständigen. Auf meine Nachfrage, wo sie sich denn jetzt vorstellen wolle, erzählt sie, dass es sich nicht um eine Stelle bei einer No-Name-Firma, sondern bei einer bekannten Modefirma handle, allerdings nicht als Warengruppenleiterin, sondern als Assistenz der Warengruppenleitung. Sie befürchte, dass sie keine Antwort parat habe, wenn man sie frage, warum sie freiwillig gekündigt habe und sich nun auf einen Job mit deutlich weniger Einkommen, deutlich weniger Verantwortung bewerbe. Müsste sie eine solche Bewerberin beurteilen, würde sie sofort vermuten, die Bewerberin sei nicht belastbar.

Reflexion. Ich bin mehr an Frau Azuds ehemaliger Stelle interessiert als an ihrer Neuorientierung. Die Möglichkeit, Einblicke in ein börsennotiertes Unternehmen zu erhalten, fasziniert mich. Schilderungen ihrer Ambivalenzen, wenn sie vor Ort ist und Textilen einkauft, die von Kindern hergestellt werden und dadurch den Familienunterhalt verdienen, erinnern mich an ihr persönliches familiäres Dilemma. Obwohl ich bei mir deutlich Anteilnahme für Frau Azud spüre, habe ich nicht das Gefühl, zu ihr »durchzudringen«.

Wechselwirkung zwischen Organisations- und Persönlichkeitsstruktur. Im Erstgespräch zeigen sich Perfektionismus, Gewissenhaftigkeit, Vorliebe für Regeln, Ordnung. Durch ihre genauen Vorstellungen, was Inhalt des Coachings zu sein hat, versucht sie, mich zu dominieren. Die eigenen Gefühle von Hilflosigkeit hält sie so unter Kontrolle. Der Konzern, für den sie bisher gearbeitet hat, ist eine straff durchorganisierte AG, deren Aktien in den letzten Jahren stark unter Druck waren. Der Marktanteil konnte erheblich verbessert werden, indem die Mitarbeiter für gute Leistungen mit auch außergewöhnlichen Aufstiegschancen belohnt, aber für Fehler unerbittlich verantwortlich gemacht wurden. Dies spiegelt die Über-Ich-Struktur der Klientin fast eins zu eins. Dass es sich – auch auf dem Bekleidungssektor – um Billigprodukte handelt, mit denen der Konzern seine Gewinne erzielt, entspricht dem geringen Selbstwert der Klientin auch wegen ihrer Herkunft aus einer Migrantenfamilie. Mein Ansprechen ihres »Akzents« hat schon eine kleine Krise verursacht. Sie scheitert ausgerechnet in dem Moment, als sie einen Markenartikel zu platzieren versucht, also eine Aufwertung ihrer Abteilung und damit symbolisch auch der eigenen Person anstrebt.

Ihr Versagen bei der Präsentation ist wie eine subtile Form der Selbstbestrafung für ihren Fehler beim Wareneinkauf. Ihre Kündigung wird wahrscheinlich – trotz der gegenteiligen Aussage ihres Chefs – von der Organisation erwartet. Auf der persönlichen Ebene ist zu vermuten, dass sie unbewusst ihr Scheitern provoziert hat, weil sie sich aufgrund von internalisierten Beziehungserwartungen in einem Double-bind befand: Erfolg und Leistung bringen zu müssen, um ihre Familie wirtschaftlich zu unterstützen und gleichzeitig als Tochter die Brüder nicht »überflügeln« zu dürfen. Durch ihren »Ausfall« bei der Präsentation unterwirft sie sich der Familientradition. Da sie nach ihrer Kündigung ins Coaching kommt, ist der Weg versperrt, sich von den unausgesprochenen Erwartungen ihres Chefs unabhängig zu machen und eventuell für ihren Job zu kämpfen.

Diagnose. Verlust des Arbeitsplatzes aufgrund einer Selbstwertkrise. Frau Azuds Persönlichkeitsstruktur wird ähnlich wie die Organisationsstruktur von Leistungsstreben dominiert. Mit der Kündigung folgt sie den internalisierten (Über-Ich-)Forderungen der Organisation und der Familie.

Rückkopplung an die Klientin. Die biographisch begründeten intrapsychischen Konflikte der Klientin inszenieren sich in ihrem beruflichen Handeln und Verhalten. Die berufliche Identität wird »geopfert« und ist in fünf Sitzungen Coaching kaum zu stabilisieren. Ich empfehle ihr eine Psychotherapie. Als sie heftig ablehnt mit den Worten: »Psychotherapie hat meinen Brüdern auch schon nicht geholfen, das will ich auf keinen Fall«, lasse ich mich darauf ein, das Coaching zu versuchen. Ich versuche mir einzureden, dass es ja vielleicht gelingen kann, sie für das Bewerbungsgespräch »fit zu machen«. Vielleicht ist ein neuer Job die Voraussetzung für eine ambulante Psychotherapie.

Interventionsplanung. Ein Beratungsziel der psychodynamischen Beratung – dass die Coachee sich von ihren Abhängigkeiten an Arbeitsstrukturen eman-

zipiert – ist nun ins Gegenteil verkehrt: Feste Arbeitsstrukturen sollen persönliche Stabilität gewährleisten. Bezug ist nicht die Analyse der unbewussten Vorteile ihrer Kündigung, sondern das manifeste Beratungsanliegen der Klientin. Um das Bewerbungsgespräch vorzubereiten, bietet sich ein Rollenspiel an. Ein solch übendes Vorgehen entspricht den Erwartungen der Klientin. Im Rollenspiel können vom Coach Hilfs-Ich-Funktionen und eine Grundhaltung selektiver Authentizität eingenommen werden (Ott und West-Leuer 2003), um eine minimale Modifikation des Über-Ichs zu unterstützen. Zuviel Konfrontatives ist zu vermeiden. Die Prognose ist belastet, da die Klientin Problembewusstsein für die unbewussten Gründe ihres Scheiterns – als Befriedung eines strafenden Über-Ichs – nicht zulassen will.

Verlauf der Beratungsbeziehung. In der Rolle der Bewerberin verliert Frau Azud den Boden unter den Füßen, sobald ich sie frage, warum sie ihren Job als Warengruppenleiterin gekündigt habe. Ich habe eine »Teilperson« oder Als-ob- Persönlichkeit vor mir, die mir nur ihre »kompetente« Seite zukehren will, was aber in diesem Punkt nicht klappt. Bei der Auswertung sagt sie, in der Rolle der Bewerberin habe sie nur gestammelt. So würde sie den Job nicht bekommen, und ich stimme ihr vorsichtig zu. Beim Rollentausch – die Klientin ist nun die Interviewerin – erscheint sie souverän, kompetent, kann sich auf mich als Bewerberin gut einlassen. Ich habe nun das Gefühl, zu ihr durchzudringen; hinter der Rolle der »toughen« Chefin wird ein Mensch sichtbar, der sich für die ganze Person der Bewerberin interessiert.

In die nächste Stunde kommt sie mit so vielen Selbstzweifeln und Selbstanklagen, ob ihrer schlechten Performance im Rollenspiel, dass ich das Rollenspiel absetze. Ich sage: »Ich habe das Gefühl, dass Sie mit mir das Scheitern im Bewerbungsgespräch proben wollen, nicht den Erfolg. Wenn ich das weiter mitmache, schade ich Ihnen unter Umständen; und das ist nicht mein Anliegen«. Dann empfehle ich ihr noch einmal eine Psychotherapie, um sich mit den Hintergründen auseinander zu setzen, die sie zu diesem selbstschädigenden Verhalten veranlassen. Als sie sich von mir verabschiedet, ist sie nachdenklich, nicht merklich ärgerlich.

Auswertung und Ablösung. Der Fall lässt mir keine Ruhe. Völlig untypisch für mich überlege ich, ob ich Frau Azud nicht noch einmal anrufen soll. Nach ungefähr drei Monaten erhalte ich eine Nachricht aus der Türkei. Sie hätte nicht darüber sprechen können, aber ihre Mutter sei schwer krank gewesen. Nun sei sie verstorben und in der Türkei beigesetzt. Ihre Restfamilie werde sie in der Türkei zurücklassen können. Sie selbst habe bereits ihr Flugticket nach Deutschland. Zu diesem Bewerbungsgespräch sei sie nur halbherzig gegangen; sie habe den Job – wie zu erwarten war – nicht bekommen. Nun könne sie sich neu orientieren. Sie bedankt sich für die Beratung mit den Worten, dass die vier Stunden ihr mehr gebracht hätten, als sie mir damals sagen konnte.

Das bewusste Beratungsanliegen, »fit zu werden« für ein Bewerbungsgespräch, war weitgehend vorgeschoben. Es ging vielmehr darum, sich im Coaching zu beweisen, dass sie eben nicht fit war. Nur so konnte sie ihrem strengen und leistungsorientierten Über-Ich den Karriereknick und die Kündigung plausibel zu machen und sich dann ihrer Mutter widmen. Da ich dies nicht erkennen konnte, blieben meine Interventionen auf eine Reaktivierung ihrer Karriere ausgerichtet. Eine Übertragung auf mich als alternatives mütterliches Objekt kam zu diesem Zeitpunkt auch nicht in Frage. Dies hätte zu erheblichen Schuldgefühlen im Trauerprozess um die Mutter geführt. In ihren Rückmeldungen an mich in der Chefinnenrolle schwangen einige hilfreiche Idealisierungen mit. Vielleicht findet sie Wege, diese idealisierten Fragmente eines Alter Ego in ihr Ich-Ideal zu integrieren und die Double-bind-Situation ihres Migrantinnenstatus ein Stück weit zu überwinden.

Herr Friedrich und die ödipale Verwicklung

Kontaktaufnahme. In diesem Fall kommt der Kontakt über eine Empfehlung zustande. Frau Hoffmann, die Officemanagerin einer medizinischen Einrichtung hatte vor einigen Jahren an einem Seminar von mir teilgenommen. Diese Einrichtung wird nun – nach Verkauf an eine Trägergesellschaft – mit einer anderen fusionieren. Beim Vorgespräch anwesend sind: der Geschäftsführer des Trägerunternehmens, der Chef von Frau Hoffman, der – wie ich nun erfahre – auch ihr Ehemann ist, Frau Hoffmann selbst und Herr Friedrich, der nach der Fusion leitender Arzt sein wird. Herr Hoffmann wird sich aus der Leitung, nach einem Jahr Übergangszeit ganz aus dem Berufsleben zurückziehen. Der Geschäftsführer und der zukünftige ärztliche Gesamtleiter sehen keinen dringenden Bedarf für eine Fusionsbegleitung und Coaching. Nach ihrer Meinung wird es keine Probleme geben, da alle Beschäftigten eine Übernahmegarantie erhalten haben. Trotzdem sind sie interessiert, von mir zu hören, wie ich arbeite, was ein Systemcoaching ist.

In diesem Vorgespräch wird auch die Position von Frau Hoffmann an-

gesprochen. Sie möchte ihren Job gerne behalten, vermutet aber, dass Herr Friedrich lieber seine eigene Officemanagerin mitbringen möchte. Herr Friedrich reagiert ausweichend. Bei der Verabschiedung fällt mir auf, dass Herr Friedrich gehbehindert ist. Nach dem Gespräch mache ich dem Geschäftsführer per Email ein Beratungsangebot, dem er nach Rücksprache mit beiden Chefs zustimmt. Das Beratungsdesign sieht als Initialmaßnahme ein Einzelcoaching für Herrn Friedrich vor. Je nach Verlauf des Einzelcoachings sollen Interviews und Beratungsgespräche mit Mitarbeitern und Mitarbeitergruppen folgen und in eine Zukunftswerkstatt mit allen Beteiligten münden.

Annäherung. Obwohl Herr Friedrich in Anwesenheit der anderen Gesprächsteilnehmer keinen Beratungsbedarf angemeldet hat, kommen wir rasch in eine Arbeitsatmosphäre. In der ersten Sitzung stellt sich heraus, dass bei der anstehenden Fusion zwei Einrichtungen mit sehr unterschiedlichen Kulturen zusammenfinden müssen. Während die Einrichtung Hoffmann bis vor kurzem privat geführt wurde, und Herr und Frau Hoffmann Eigentümer und Vorgesetzte waren, hat Herr Friedrich immer als Angestellter der Trägergesellschaft gearbeitet. In der Einrichtung Hoffmann war »Qualität« immer ein Synonym für intensive persönliche Kundenkontakte, setzt die Trägergesellschaft in erster Linie auf Wirtschaftlichkeit und erwartet von Herrn Friedrich, dass sich die Durchlaufzahl der Kunden deutlich erhöht. Hier deutet sich eine Umwandlung von einer Non-Profit- zu einer Profit-Organisation an. Damit die Betriebskosten gesenkt werden, werden alle in die Einrichtung Hoffmann »umziehen«. Die Räume der anderen Einrichtung sind bereits gekündigt. Herr Friedrich ist dem Geschäftsführer sehr verbunden. Dieser hat durchgesetzt, dass er mit der Gesamtleitung der neuen Einrichtung betraut wird.

Was Herrn Friedrich nun beschäftigt, ist die Besetzung der Position der Officemanagerin. Das Ehepaar Hoffmann hat die Einrichtung gemeinsam, und zwar nach dem Prinzip »Good guy, bad guy«, geleitet. Als verantwortlicher Arzt stand Herr Hoffmann formal an der Spitze. Er wird von seinen Mitarbeitern als akribischer Wissenschaftler, verantwortungsvoller Mediziner und gütiger, fördernder Chef beschrieben, der immer ein offenes Ohr für die fachlichen und menschlichen Anliegen seiner Mitarbeiterinnen und Mitarbeiter hatte. Frau Hoffmann hatte eher die Rolle der fordernden und kontrollierenden Chefin, die sich mit autoritären Vorgaben in alle Angelegenheiten einmischte, auch ihrem Ehemann gelegentlich Vorschriften machte. In der

Einrichtung wird auch gemunkelt, Frau Hoffmann habe die Stelle der Officemanagerin nur, weil sie die Frau des Chefs sei. Nun wird Herr Hoffmann bald gehen, Frau Hoffmann möchte aber als Officemanagerin des neuen Chefs bleiben. Herr Friedrich hat aber auch eine Officemanagerin. Er ist zwar nicht mit Frau Nader verheiratet, lebt aber seit einiger Zeit mit ihr zusammen. Er hält viel von ihrer fachlichen Kompetenz. Er möchte aber weder Frau Nader noch Frau Hoffmann brüskieren oder kränken, auch weil er beide für Schlüsselpersonen im Umgang mit den Assistentinnen hält.
Reflexion ohne Rückkopplung. Ich habe die Fusionsbegleitung mit einem Einzelcoaching begonnen. Damit ich keine Fahrtzeiten in Rechnung stelle, zieht Herr Friedrich es vor, in mein Büro zu kommen. Ich finde Herrn Friedrich sehr aufmerksam, charmant und unterhaltsam; es ist eine Freude, mit ihm zu arbeiten. Einmal überziehe ich die Sitzungsdauer, berechne aber nur den vereinbarten Zeitraum. Ich bin zunehmend mit den Anliegen von Herrn Friedrich identifiziert. Sorge macht mir, wie sich die Kultur der Trägergesellschaft allmählich ausbreitet. Alte Traditionen und Werte der Einrichtung Hoffmann verschwinden mit der Übernahme neuer Abläufe und Praktiken. Vielleicht hat Frau Hoffmann das zu verhindern gesucht, als sie mich in das Unternehmen geholt hat. Ich spüre ihr und ihrem Mann gegenüber hin und wieder Schuldgefühle.

Diagnose. Die Fusion von zwei medizinischen Einrichtungen mit unterschiedlicher Organisationskultur führt bei Herrn Friedrich zu ödipalen und Schuldkonflikten. In seiner Leitungs- und Personalverantwortung möchte er niemanden kränken. Sein Streben nach Beachtung, Kontakt und Veränderung (Fuchs-Brüninghoff und Gröner 1999) dient der Expansion des Unternehmens. Es entspricht seiner Struktur, dass er Personal nicht einsparen muss.

Interventionsplanung. Die Fusion hat eine weitgehende Auflösung alter Strukturen verursacht, neue Strukturen müssen entstehen. Herr Friedrich wird es nicht allen recht machen können. Die Vorstellungen seines Vorgesetzten und die Vorstellungen des Ehepaars Hoffmann über die »ideale« Aufbau- und Ablauforganisation, Qualität der Dienstleistung, Normen und Werte, Führungsstil und Führungsfunktionen sind teilweise diametral entgegengesetzt. Diese Unterschiede spiegeln sich als Spaltungsphänomen unter den Mitarbeitern. Die Konfliktparteien neigen zu einem ideologisch-abwertenden Umgang mit den organisatorischen Strukturen und betrieblichen Abläufen der »Anderen«. Die Angst vor einem Identitätsverlust und Teilobjektbeziehungen nehmen zu.

Aufgrund des Konflikt-Eskalationsniveaus könnte die Beratung den Charakter einer sozio-therapeutischen Prozessbegleitung haben (Glasl 1994, West-Leuer 2003a). Beratungsziel ist es, Herrn Friedrich durch eine Analyse des Ist-Zustandes anzuregen, sich neben den Erwartungen des Geschäftsführers und den Erwartungen des Ehepaars Hoffmann eine eigene Position zu bilden, die der Integration dient. Prognostisch ist die Situation nicht ungünstig, weil der Gecoachte durchaus zur Introspektion und zur Kontaktaufnahme auch mit den Konfliktparteien im Dienste einer guten Arbeitsatmosphäre für das Gesamtteam bereit ist.

Verlauf der Beratungsbeziehung. In den folgenden Sitzungen bearbeiten wir die räumliche Verteilung, die Aufgabenverteilung und personelle Besetzung der einzelnen Positionen. Welche Anpassungsleistungen müssen die beiden Teams leisten? So entscheidet sich Herr Friedrich, die Kleiderordnung der Einrichtung Hoffmann zu übernehmen, in der traditionell von Ärzten und Mitarbeitern weiße Kittel getragen werden. Dafür sollen nun alle Mitarbeiter Termine im Außendienst übernehmen. Bevor es zur Entscheidung über die Besetzung der Position der Officemanagerin kommen konnte, ist Frau Nader krank geworden. Aufgrund von Burn-out fällt sie mehrere Wochen aus dem Arbeitsprozess heraus. Die Situation war vom Unbewussten her für sie wohl unlösbar. Statt ihre Kompetenz im Wettbewerb zu zeigen, entzieht sie sich durch Krankheit. Herr Friedrich überlegt, ob Frau Nader mit der Position einer Officemanagerin nicht überfordert ist. Er will sie schonen und einer neutralen dritten Kraft, einer Assistentin der ehemaligen Einrichtung Hoffmann, die Aufgaben die Officemanagerin übertragen. Die alte und die neue »Königin« sollen Stabsstellen bekommen, in der sie nicht in die Hierarchie eingegliedert werden, sondern dem Chef unmittelbar zuarbeiten.

Reflexion. Führen heißt Mitarbeiterorientiertheit und Aufgabenorientiertheit (von Rosenstiel 2003). Auf den ersten Blick scheint die von Herrn Friedrich angedachte Lösung konstruktiv. Es könnte sich positiv auf das Team auswirken, wenn er eine durch persönliche Beziehungen weniger belastete Mitarbeiterin als Officemanagerin einsetzt. Und Frau Nader und Frau Hoffmann würden entlastet, wenn der Chef sie per Anordnung aus der Konkurrenz entlässt und ihnen Stabsstellen zuteilt. Aus psychodynamischer Perspektive bedeutet diese Lösung aber eher Stagnation oder Rückschritt. Damit die Organisation »gedeihen« kann, muss diejenige mit der Aufgabe betraut werden, die aus fachlicher Sicht die Geeignete ist. Und die Geeignete ist aus Herrn Friedrichs

Sicht Frau Nader. Mitarbeiterorientierung kann nicht heißen, eine Mitarbeiterin zu schonen oder schützen, ihr die Arbeit so zu erleichtern, dass sie es sich erlauben kann, depressiv zu versinken (Sies, mündliche Mitteilung). Es gilt vielmehr, sie an ihrer Ich-Stelle herauszufordern, ihre Arbeit – nach bestem Können – auch zu leisten. Durch diese »Zumutung« bekommt Frau Nader eine Chance, ihre Erkrankung zu überwinden. Vielleicht will Frau Nader Herrn Friedrich einen Ausweg aus seinem Loyalitätskonflikt verschaffen. Denn wenn sie ausfällt, muss er sich nicht gegen die eine oder die andere Anwärterin entscheiden.

Die Lösung durch Einbeziehung einer dritten Person hat auf der Tiefenebene noch einen weiteren Haken: Wenn Frau Hoffmann und Frau Nader Stabsstellen erhalten, arbeiten sie beide ausschließlich für den Chef, was ihre Konkurrenz ja nicht auflöst, sondern nur in seinen Dienst stellt. Die ödipale Konstellation (Rivalität) bleibt erhalten. Postödipale Triangulierung würde dagegen sachorientierte Kompromissfähigkeit bedeuten:

- *der Sache dienliche Entscheidungen fällen, statt bei den Damen auf männlichen Charme zu setzen;*
- *als Chef seinen Anforderung nicht durch freundliche Verführung, sondern durch Leistungs- und Leitungskompetenz durchsetzen;*
- *männlicher Charme hat natürlich trotzdem seinen Platz.*

Verlauf der Beratungsbeziehung (Fortsetzung). In einer Sitzung, in der es um die Verteilung der Räume geht, frage ich Herrn Friedrich, warum sein Büro in der unteren Etage liegt, die anderen Personen, die ein eigenes Büro haben, aber auf der ersten Etage sitzen. Er erzählt mir, dass es ihm schwer fällt, Treppen zu steigen. Dies ist für ihn eine sehr kränkende Vorstellung. Auch mir gegenüber sei ihm dies peinlich. Er wisse sehr wohl, dass er seine Beeinträchtigung durch Besonders-witzig-und-charmant-sein und durch Sich-mir-gegenüber-besonders-klug-und-gelehrig-zeigen zu überspielen suche.

Reflexion. Dass ich auf seinen verführerischen und scherzhaften Ton eingehen, den Zeitrahmen einer Sitzung überziehe, hat ebenso und ganz wesentlich mit seiner Behinderung zu tun: Ich wollte ihm und mir die Auseinandersetzung und die damit verbundenen Schuld- und Schamgefühle ersparen. Ödipus war doch auch an den Füßen verletzt; trotz oder gerade wegen dieses Merkmals hat seine Mutter es vorgezogen, ihn nicht zu erkennen. Sie hat ihn lieber geheiratet, als sich mit ihm auseinander zu setzen. Diese Schonung bringt Herrn Friedrich nicht weiter. Er möchte ein »potenter« Chef sein, und sein

Unternehmen »männlich zupackend« leiten. Auch seine Mitarbeiter müssen das Vertrauen entwickeln, dass er den Auseinandersetzungen stand hält, nicht der Schonung bedarf.

Nachdem wir dies besprochen haben, was mit Herr Friedrich gut geht, kommt der Prozess wie von selbst in die nächste Phase. Es werden Beratungstermine mit einzelnen Ärzten und Assistentinnen eingerichtet, die Zukunftskonferenz vorbereitet. Es gibt einen gemeinsamen Termin mit Frau Nader, die Officemanagerin wird. Der Prozess schreitet fort von ödipalen zu postödipalen Beziehungsstrukturen. In einer der nächsten Sitzung teilt Herr Friedrich mir mit, dass Frau Hoffmann die Position einer internen Organisationsentwicklerin beim Trägerverein bekommen hat, eine Position, wegen der sie vor vielen Jahren das Seminar bei mir absolviert hat. Sie wird die Einrichtung noch vor ihrem Ehemann verlassen.

Zusammenfassung

In allen Fällen lasse ich mich in die Abwehr des Coachee hineinziehen: Im ersten Fall löste Herrn Kreiers Sorge, vom Vorstand verheizt zu werden, bei mir Insuffizienzgefühle aus, die es mir unmöglich machen, mit ihm in einen authentischen Austausch zu treten. Von Frau Azud lasse ich mich kontrollieren und übe mit ihr – trotz besseren Wissens – das Scheitern. Bei Herrn Friedrich entwickele ich Berührungsängste, die zu einer Schonhaltung führen, die ihn eher behindert. Bei Frau Azud setzt meine Doppeldenkfähigkeit wieder ein, als sie das Agieren überzieht, und sich überdeutlich über ihre schlechte Performanz im Rollenspiel beschwert; Herr Friedrich traut oder mutet mir zu, seine Schamgefühle auszuhalten, und dadurch können wir das stellvertretende ödipale Spiel beenden und uns seinen Arbeits- und Führungsaufgaben eindeutiger zuwenden.

Idealtypischer Ablauf im psychodynamischen Einzelcoaching

In der Literatur finden sich unterschiedliche Modelle und Vorschläge für eine systematische Planung von Coaching- und Beratungsprozessen (vgl. Rauen 2001, Giesecke und Rappe-Giesecke 1997). Psychoanalytisch-systemisches Coaching kann beschrieben werden als ein spiralförmiger, intersubjektiver, diagnostischer Prozess, der getragen wird von der Beziehung zwischen Coach und Führungskraft. Er besteht aus einem Hin- und Herpendeln zwischen wahrnehmbaren, bewussten Aspekten und zu erschließenden latenten und unbewussten Aspekten der Organisations-, Team- und Persönlichkeitsstruktur. Charakteristisch für die psychodynamische Beratung ist, dass es gerade die klischeehaften »neurotischen« Verwicklungen zwischen Coach und Klient sind, die als diagnostische Kriterien Impulse zur Entwicklung konstruktiver Lösungsansätze bieten. Ein idealtypischen Phasenplan für das Psychodynamische Coaching (West-Leuer 2003a) nutzt – neben den oben genannten theoretischen Grundlagen – das Konzept der personalen Ganzobjektbeziehungen und apersonalen Teilobjektbeziehungen aus der psychoanalytischen Objektbeziehungstheorie. Interaktionen, die allein auf der Annahme einer sozialen oder Berufsidentität beruhen, werden von mir als Teilobjektbeziehungen (!) bezeichnet, Interaktionen, die den Spagat zwischen beruflicher und Ego-Identität miteinbeziehen, als Ganzobjektbeziehung.

Das Tiefenanliegen hinter dem manifesten Beratungsanliegen wird schrittweise und zirkulär erschlossen und bearbeitet. Der Ist-Zustand der Arbeitssituation des Gecoachten mit seinen bewussten Nachteilen und unbewussten Vorteilen wird in einer zunehmend ganzheitlichen Beziehung zum Coach re-inszeniert, interpretiert und gegebenenfalls systemverträglich modifiziert. Die einzelnen Phasen lassen sich wie folgt beschreiben:

1. Vorphase: *Kontakt*aufnahme zwischen Coach und Gecoachtem bei Wahrnehmung eines manifesten, d.h. hier »symptomatischen« Beratungsanliegens. Der Coach ist in dieser Phase als »Teil-Objekt« – nicht als Person, sondern in seiner Rolle als Dienstleister – gefragt. Die Erwartungen des Gecoachten schwanken zwischen Hoffnungen und Befürchtungen, was das Coaching in Bezug auf das Beratungsanliegen »ans Licht« bringen wird.

2. Anamnese (Datensammlung): *Annäherung* bei einer gemeinsamen Analyse auch latenter Konflikte, Abwehr- und Bewältigungsmechanismen. Voraussetzung für eine Progression auf der Beziehungsebene ist, dass sich der Coach mit dem Coachee (teil-) identifiziert, Interesse für seinen Aufgabenbereich entwickelt und Empathie für ihn empfindet. Beim Coachee kann es in dieser Phase verstärkt zu einer idealisierenden Vorstellung über den Coach als omnipotente Unterstützung bei den anstehenden Problemen kommen.

3. Diagnose (Datenauswertung) über strukturelle *Abhängigkeiten* des Coachee. Die Datenauswertung besteht aus einer Rekonstruktion der Psycho- und Soziodynamik des Coachee. Der Coach erstellt eine vorläufige dreigliedrige Diagnose mit Hilfe seiner Gegenübertragungsanalyse. Er geht dabei von den bewussten Phänomenen oder *Symptomen* des Beratungsanliegens aus und kommt über die intrapsychischen, interpersonellen und institutionalisierten *Konflikte* zu den ursächlichen organisations- und/oder personenspezifischen *Strukturen.*

4. Interventionsplanung mit Prognose (Planung der Maßnahme) für eine selbst-bewusste *Bindung* des Gecoachten an seinen Arbeitsplatz. Ideales Beratungsziel psychodynamischen Coachings ist es, eventuell vorherrschende »symbiotische« Abhängigkeiten zwischen dem »doppelten Selbst« des Gecoachten und den Organisationsstrukturen so aufzulockern, dass flexible und selbstverantwortete Bindungen möglich werden.

5. Intersubjektive Reflexion (Rückkopplung). *Begegnung* von Coach und Coachee bei gemeinsamer Reflexion der Diagnose. Bei einer selektiven Rückmeldung der Diagnose an den Gecoachten kommt es zu einer »strukturellen Kopplung« zwischen Coach und Coachee. Der Coach kann von einer ganzheitlichen »Objektbegegnung« ausgehen, wenn sich der Coachee bei der Rückmeldung interessiert zeigt und aktiv an einer Differenzierung der Diagnose mitarbeiten. Prognostisch ungünstiger ist es, wenn der Coachee vorbehaltlos zustimmt oder sich übermäßig kritisch und misstrauisch zeigt.

6. Intervention (Durchführung der Maßnahme) als *Beratungsbeziehung.* Die strukturellen Abhängigkeiten des Coachee werden in einer ganzheitlichen Beratungsbeziehung reinszeniert und führen teilweise zu psychodynamischen Verwicklungen zwischen Coachee und Coach. Idealerweise werden die Konflikte so durchgearbeitet, dass der Coachee die Eigenbeteiligung an seinem Beratungsanliegen »tiefer« versteht; ein wesentliches Beratungsinstrument ist die »Doppel-Denk-Funktion« des Coachs, der sich in einen intersubjektiven Prozess mit dem Coachee hineinziehen lässt und gleichzeitig die Metaebene im Blick behält.

7. Ablösung (Auswertung): *Auflösung* der aktualen Beratungsbeziehung. Bei der gemeinsamen Auswertung des Beratungsprozesses wird überprüft, wie

sich die Symptome und aktuellen Konflikte verändert haben, ob und wie Strukturen modifiziert werden konnten, um das psychische und soziale System zu sichern. Beim Coachee zeigen sich gelegentlich »Trennungsängste«, der Coach verspürt vielleicht Trauer, weil viele Probleme offen bleiben müssen. Einmal mehr gilt es, beraterische Omnipotenzphantasien aufzugeben. Idealerweise bleibt der Coach im Coachee als »gutes Introjekt« – als Modell für eine Beziehung zur Arbeit zwischen Autonomie und Bindung – erhalten (vgl. West-Leuer 2003a).

Der Phasenplan impliziert eine idealtypische Progression in der Beziehung. Das »Miteinander« schreitet vom Kontakt über Annäherung zur Begegnung und weiter zur Beziehung. Grundannahme ist, dass den meisten Beratungsanliegen unbewusste strukturelle Abhängigkeiten von Person und Organisation zugrunde liegen, die es notwendig erscheinen lassen, einen »objektiven« Dritten einzuschalten. Allgemein formuliert lautet das Beratungsziel, dass sich der Coachee aus diesem »symbiotischen« Arbeitsverhältnis graduell emanzipiert und eine seiner sozialen und seiner Ich-Identität angemessenere Arbeitorganisation entwickelt. Diese Emanzipation wird exemplarisch in der Beziehung zwischen Coach und Coachee inszeniert und anschließend in die Beziehungen am Arbeitsplatz transponiert. Die »Kunst« des psychodynamischen Coachings liegt darin, diese weitgehend unbewusste Spannung dem Bewusstsein der Coachee zugänglicher und damit veränderbar zu machen. Dabei sind die persönlichen Prägungen und beruflichen Strukturen getrennt voneinander und doch in ihrer Ähnlichkeit und Abhängigkeit voneinander zu sehen.

Umbrüche im Außen – Auswirkungen im Innen

Spätestens seit der politischen Wende und dem Zusammenbruch des sozialistischen System 1989 beeinflussen die Entwicklungen in Wissenschaft, Wirtschaft und Politik das Berufsleben radikal und führen zu grundlegenden Veränderungen. Der Wandel vollzieht sich mit zunehmender Geschwindigkeit. Da jetzt Produkte oder Dienstleistungen über die Grenzen hinweg frei gehandelt werden, geraten die Beschäftigten in einen Strudel aus Umorganisation und Rationalisierung. Die Bundesanstalt für Arbeit hat ermittelt, dass von 1993 bis 1996 über eine halbe Million Arbeitsplätze verlorenen gegangen sind (Martin und Schumann 1997).

In dieser Umbruchsituation wird den subjektiven Aspekten der Arbeit als einer wichtigen Ressource vermehrt Aufmerksamkeit geschenkt. In Unternehmen geht es aber nicht darum, mit einzigartigen Menschen unverwechselbare Produkte zu erzeugen. Stattdessen lauten die Ansprüche nach wie vor Firmensolidarität, Anpassung, Geschlossenheit und Konformität. Der Mensch ist zwar in seiner Kreativität und Flexibilität, nicht aber in seiner Individualität gefragt (vgl. Sprenger 2000, West-Leuer 2000).

Die Organisationsstruktur bietet keine Stabilität oder Sicherheit, sondern ist – wie in den Fallberichten gezeigt – Gegenstand von Umstrukturierung und Expansion. Die Unternehmen werden größer, gewinnen überregional und international an Renommee und wecken bei den Mitgliedern narzisstische Phantasien, dass dem eigenen Einfluss keine Grenzen gesetzt sind. Parallel gehen vertraute und verlässlich Grenzen, Normen und Werte verloren. Führungskräfte sind kaum noch in der Lage, die über Jahrhunderte hinweg tradierten symbolischen Schutzfunktionen für ihre Mitarbeiter aufrecht zu erhalten (Kinzel 2002). In einer Zeit, in der nur schnelle und sichtbare Umsatz- und Gewinnsteigerungen die Existenz eines Unternehmens vor »feindlichen Übernahmen« zu schützen scheinen, verschiebt sich der bevorzugte Führungstyp vom traditionellen, Sicherheit gewährenden »Patriarchen« hin zu einem Führer mit Charisma. Als Reinkarnation eines primären Narzissmus symbolisiert er einen Zustand, der alle Wünsche befriedigt und ganz wesentlich zur Selbstwertregulation der Mitarbeiter beiträgt (Kinzel 2002, Eidenschink 2003, Schmidt-Winkler 2006, mündliche Mitteilung). Zu diesem fundamentalen Wechsel gehören auf der einen Seite Führungspersönlichkeiten, die Macht und Bewunderung suchen, auf der anderen Seite Mitarbeiter, die ihre inneren Gefühle von Hilflosigkeit und Minderwertigkeit durch Identifikation mit der Siegermentalität, Karriere-Orientierung und Größenphantasie ihrer Vorgesetzen zu kompensieren suchen (Wirth 2002).

Wenn die Belastung durch die narzisstisch motivierten Erwartungen als überwältigend empfunden wird, sucht der charismatische Führer einen Coach auf. In den Fallbeispielen habe ich zu zeigen versucht, wie anfällig auch der Coach für die beschriebenen narzisstischen Verführungen ist, wenn ein solcher Topmanager bei ihm oder ihr um Rat sucht. Im psychodynamischen Ansatz werden Coach und Coachee versuchen – jeder für sich und im zwischenmenschlichen Miteinander – eine Balance zu finden zwischen Selbstliebe und der narzisstischen Gratifikation, die das Gefühl »der Beste zu sein« bereitet, und der Liebe zum Objekt, die durch eine sachliche und fachliche Aufgabenorientierung und eine zwischenmenschliche Mitarbeiterorientierung den Bestand der Organisation unterstützt.

Zum Schluss soll eine Fallvignette wenigstens in Ansätzen zeigen, wie eine Führungskraft in einem Unternehmen aufgrund rasanter Umstrukturierungen immer mehr an Macht und Einfluss eingebüßt hat, und doch in der Lage ist, kreative Lösungen zum Besten des Unternehmens zu entwickeln, ohne selbst noch lenkend oder kontrollierend eingreifen zu können.

Herr Schlichting oder von der Pflicht zur Kür

Herr Schlichting ist heute Anfang 60, Vorstandsmitglied einer AG der Energiewirtschaft. Er kommt auf Anraten seiner Frau, als sich die Liberalisierung der Energiemärkte abzeichnet. Zunächst konnte ich nicht nachempfinden, was die Liberalisierung der Energiemärkte für einen Ingenieur bedeutet, für den hohe Sicherheitsstandards, Planbarkeit und Beständigkeit immer ein großes Anliegen waren und zu beruflichem Erfolg geführt haben. Das traditionsreiche, hierarchisch organisierte Unternehmen hatte auf der Basis hohen technischen Know-hows, hoher Sicherheitsstandards über Jahrzehnte solide Wertschöpfungen erzielt, an denen Herr Schlichting maßgeblich beteiligt war. Er scheitert bei seiner Bewerbung um den Vorsitz im Vorstand und muss sich nun mit einem von außen kommenden, charismatisch agierenden Vorstandskollegen arrangieren. Dieser wirbt für alternative Energiekraftwerke, die er für unökonomisch hält, und setzt sich durch. Ein weiterer Schock ist es für Herrn Schlichting, dass der Aufsichtsrat zustimmt, die von ihm aufgebauten Netze nicht mehr wie bisher zu – sagen wir eine fiktive Zahl – 95%, sondern nur noch, wie in den USA üblich, zu 70% warten zu lassen.

In einer ersten großen Welle der Umstrukturierungen wird die Abteilungsleiterebene komplett abgeschafft. Die Abteilungsleiter, mit denen Herr Schlichting bisher gut zusammengearbeitet hat, gehen in den Vorruhestand oder es wird ihnen gekündigt. Ein Drittel aller Mitarbeiter wird entlassen. Die externen Berater, die der Vorstandsvorsitzende mit der Umstrukturierung beauftragt hat, sind keine Ingenieure und haben nach Herrn Schlichtings Auffassung von Energieproduktion keine Ahnung. Es gelingt ihm, diese Beraterfirma zu umgehen, und gemeinsam mit einem Team junger Angestellter ein »schlagkräftiges« Planungsbüro mit 22 Mitarbeitern zu gründen, alles von ihm handverlesene, hoch motivierte Ingenieure. Doch als er sich für die Leitung des Centers interessiert, stellt ihm der Aufsichtsrat einen dieser jungen Mitarbeiter in einer Art Doppelspitze an die Seite.

Mit der nächsten Welle neuer Gesetzgebung wird das Planungscenter aus dem Unternehmen ausgegliedert; es ist heute eine eigenständige GmbH. Herr Schlichting verliert nun völlig seinen Einfluss auf diesen Arbeitsbereich, den er für so zentral hält. Trotzdem machen ihm nach wie vor der Austausch und die Zusammenarbeit mit alten und jungen Kollegen auf nationaler und internationaler Ebene viel Freude. Er weiß, dass er mit seinem Know-how immer noch viel bewirkt und von den Kollegen geschätzt wird. Seine Fragen an mich sind häufig Fragen über sich selbst, über das, was er bei anderen, was andere bei ihm auslösen: »Bin ich eigentlich zu misstrauisch? Haben Sie auch das Gefühl, dass der Vorsitzende gerne einen Grund fände, mich zu umgehen? Warum macht es mir so zu schaffen, dass die jungen Kerle, die ich früher eingestellt habe, nun an mir vorbeiziehen? Warum halte ich es so schlecht aus, wenn meine Mitarbeiter ›suboptimale‹ technische Problemlösungen entwickeln?« Herr Schlichting hat für sich immer wieder Interpretationen gefunden, die es ihm ermöglichten, mit den vielen narzisstischen Kränkungen zu leben. Nach Abbau der Überidentifikation mit dem Unternehmen und der Sorge, dass die nachfolgende Generation nun alles ganz anders machen könnte, gelang ihm die Einsicht: Nur weil er fähige Nachfolger eingestellt und gefördert hat, können diese es tatsächlich anders machen und – zwar nicht unbeeinflusst, aber doch unabhängig von Traditionen – die neuen Technologien, Führungsstrategien und Werte zum Überleben des Unternehmens vertreten (vgl. Sies 2000). Heute kommt er nur noch in unregelmäßigen Abständen ins Coaching. Dann arbeiten wir daran, wie es sich anfühlt, wenn der Beruf von der Pflicht zur Kür wird.

Literatur

Bauriedl, Th. (1980): Beziehungsanalyse. Das dialektisch-emanzipatorische Prinzip der Psychoanalyse und seine Konsequenzen für die psychoanalytische Familientherapie. Frankfurt/Main (Suhrkamp).

Brocher, T. und Sies, C. (1986): Psychoanalyse und Neurobiologie. Zum Modell der Autopoiese als Regulationsprinzip. Stuttgart (Fromman-Holzboog).

Devereux, G. (1967/1992): Angst und Methode in den Verhaltenswissenschaften. Frankfurt/Main (Suhrkamp).

Eidenschink, K. (2003): Das narzisstisch infizierte Unternehmen. Zum problematischen Einfluss von Führungskräften mit narzisstischen Persönlichkeitsmerkmalen auf Organisationen. In: Organisationsentwicklung, 22. Jhg., Heft 1, S. 4–15.

Fuchs-Brüninghoff, E. und Gröner, H. (1999): Zusammenarbeit erfolgreich gestalten. München (DTV).

Giesecke, M. und Rappe-Giesecke, K. (1997): Supervision als Medium kommunikativer Sozialforschung. Die Integration von Selbsterfahrung und distanzierter Betrachtung in der Beratung und Wissenschaft. Frankfurt/Main (Suhrkamp)

Glasl, F. (1994): Konfliktmanagement. Ein Handbuch zur Diagnose und Behandlung von Konflikten für Organisationen und ihre Berater. Stuttgart (Haupt).

Goffman, E. (1994): Interaktion und Geschlecht. Frankfurt/Main (Suhrkamp).

Goffman, E. (1967): Interaktionsrituale. Über Verhalten in direkter Kommunikation. Frankfurt/Main (Suhrkamp)

Kinzel, Ch. (2002): Arbeit und Psyche. Konzepte und Perspektiven einer psychodynamischen Organisationspsychologie. Stuttgart (Kohlhammer).

Löwer-Hirsch, M. (2003): Das Unbewusste in Organisationen und der intersubjektive Ansatz. In: West-Leuer, B. und Sies, C.: Coaching – Ein Kursbuch für die Psychodynamische Beratung. Stuttgart (Pfeiffer), S. 25–43.

Lorenzer, A. (1973): Sprachzerstörung und Rekonstruktion. Vorarbeiten zu einer Metatheorie der Psychoanalyse. Frankfurt/Main (Suhrkamp).

Luhmann, N. (1984): Soziale Systeme. Grundriss einer allgemeinen Theorie. Frankfurt/Main (Suhrkamp).

Martin, H.-P. und Schumann, H. (1997): Die Globalisierungsfalle. Der Angriff auf Demokratie und Wohlstand. Hamburg (Rowohlt).

Mead, G. H. (1934): Geist, Identität und Gesellschaft aus der Sicht des Sozialbehaviorismus. Frankfurt/Main (Suhrkamp).

Ott, J. und West-Leuer, B. (2003): »Präsenz, Respekt, emotionale Akzeptanz und Authentizität«: Interaktionelle Prinzipien nicht nur für das Coaching im Krisenfall. In: West-Leuer, B. und Sies, C.: Coaching – Ein Kursbuch für die Psychodynamische Beratung. Stuttgart (Pfeiffer), S. 125–147.

Pelzer, H. (2006): Begegnungen mit einem fremden Feld. In: Agora, 13. Jhg., Heft 16, S. 30–37.

Rauen, Ch. (2001): Coaching. Innovative Konzepte im Vergleich. Göttingen (Verlag für Angewandte Psychologie).

Rosenstiel, Lutz von (2003): Grundlagen der Organisationspsychologie. Stuttgart (Kohlhammer).

Schreyögg, A. (1991/1992): Supervision. Ein integratives Modell. Paderborn (Junfermann).

Sies, C. (2000): Zwischenmenschliche Aspekte der Unternehmensnachfolge. In: May, P. und Sies, C.: Unternehmensnachfolge leicht gemacht. Frankfurt/Main (Frankfurter Allgemeiner Verlag), S. 37–53.

Sies, C. und Löwer-Hirsch, M. (2000): Einzelcoaching aus psychodynamischer Sicht. In: Supervision 3/2000, S. 19–24.

Simon, F. B. (1992): Die Form der Psyche. Psychoanalyse und neuere Systemtheorie. In: Psyche, 48. Jhg., Heft 11, S. 50–79.

Sprenger, R. K. (2000): Aufstand des Individuums. Warum wir Führung komplett neu denken müssen. Frankfurt/Main (Campus)

West-Leuer, B. (2003a): Von Ist-Zustand zu Ist-Zustand: Coaching als spiraler Prozess. In: West-Leuer, B. und Sies, C.: Coaching – Ein Kursbuch für die Psychodynamische Beratung. Stuttgart (Pfeiffer), S. 95–124.

West-Leuer, B. (2003b): »Tief statt breit«: Coaching anders als die anderen. In: West-Leuer, B. und Sies, C.: Coaching – Ein Kursbuch für die Psychodynamische Beratung, Stuttgart (Pfeiffer), S. 148–170.

West-Leuer, B. (2000): Schützende Kräfte in beruflichen Institutionen. In: Plenge, Th. (Hrsg): Salutogenese – Was hält gesund? Regensburg (S. Roderer), S. 77–85.

West-Leuer, B. (1998): Bildungspolitik – die Wirtschaft mit der Wissenschaft (Vortrag, Symposium der Akademie für Psychoanalyse und Psychosomatik Düsseldorf).

West-Leuer, B. (1995): Supervision – Grundlage und Förderung professionellen Standards für eine gute Schule. In: Pädagogik und Schulalltag, 50/4, S. 553–560.

Willke, H. (1989): Systemtheorie entwickelter Gesellschaften. Dynamik und Riskanz moderner gesellschaftlicher Selbstorganisation. Weinheim (Juventa).
Willke, H. (1993): Systemtheorie. Eine Einführung in die Grundprobleme der Theorie sozialer Systeme. Stuttgart (Gustav Fischer).
Wirth, H.-J. (2002): Narzissmus und Macht. Zur Psychoanalyse seelischer Störungen in der Politik. Gießen (Psychosozial).

»Vielleicht haben Bilder den Auftrag, einen in Kontakt mit dem Unheimlichen zu bringen«

Die Soziale Photo-Matrix als ein Zugang zum Unbewussten in Organisationen[1]

Burkard Sievers

> Was trägt der, der sich ›ein Bild gemacht hat‹ von einem Ort, mit sich davon? Was bleibt von dem Ort in dem Bild?
> Wim Wenders (1992, S. 158)

> Eine Universität sollte sowohl Lebenserfahrung als auch Lernmöglichkeiten vermitteln.
> Sloman (1964, S. 51)

> Die Business School der Universität ist kein Ort des Lernens und erhebt auch nicht diesen Anspruch. Sie ist eine Fabrik, die nach tayloristischen Grundannahmen der Standardisierung, Messbarkeit und Steuerbarkeit ausgerichtet ist.
> Höpfl (2005, S. 65)

> Psychoanalytisch denken bedeutet,
> Nachbardisziplinen mit einer neuen Methode zu stören.
> Figlio (1996, S. 22)

---

1 Dieser Beitrag ist zuerst erschienen in: Freie Assoziation. Zeitschrift für das Unbewusste in Organisation und Kultur. 9. Jhg. Heft 2/2006, S. 7–28 (Psychosozial-Verlag). Dieser Beitrag hätte ohne die Arbeit und die Gedanken derer nicht geschrieben werden können, die im Wintersemester 2004/2005 an dem Seminar zur Sozialen Photo-Matrix teilgenommen haben: Arndt Ahlers-Niemann, Benita Gauggel, Christian Methfessel, Heike Wingsch, Jasmin Frank, Jennifer Bredtmann, Julia Fink, Katja Walter, Magdalena Kowoll, Marlin Jäckel, Martin S. Padeck, Martina Mronga, Melanie Denk, Stefan Hauch, Stefan Lörken und Volker Schultze. Ich bin ihnen sehr zu Dank verbunden und möchte mich auch bei Alastair Bain, Gerard van Reekum, Gilles Arnaud, Larry Gould, Larry Hirschhorn, Rose Mersky und Simon Western für ihre Hilfe beim Schreiben dieses Beitrags bedanken.

Einleitung

Einleitend möchte ich kurz umreißen, was ich unter der *Sozialen Photo-Matrix* verstehe, bevor ich dann anschließend zunächst den Rahmen und einige Grundüberlegungen dieser Methode darstellen werde.

In der *Sozialen Photo-Matrix* kommen Menschen über einen bestimmten Zeitraum hinweg mit der Absicht zusammen, zu den von ihnen in ihrer Organisation aufgenommenen Photographien frei zu assoziieren, zu amplifizieren und Verbindungen und Verknüpfungen zwischen den einzelnen Photos herzustellen, um so neues Denken über ihre Organisation zu ermöglichen.

Die hier beschriebene Methode der *Sozialen Photo-Matrix* ist aus meiner Erfahrung und Arbeit mit der von Gordon Lawrence entwickelten *Matrix Sozialer Träume* (Lawrence 1998a/b, 2005; Sievers 2001, 2005a) sowie der *Organisatorischen Rollenanalyse* entstanden.

Im Unterschied zu der in der Psychoanalyse von Anfang an vorherrschenden Tendenz, Träume als ›Eigentum‹ des Träumers zu betrachten und dementsprechend deren unbewusste individuelle Bedeutung verstehen zu helfen, geht die Matrix Sozialer Träume von der *sozialen* Bedeutung aus, die Träume für die Lebens- und Arbeitswelt haben. Diese Methode der Traumarbeit basiert auf der Annahme, dass Rollenträger in Organisationen auch über diese Wirklichkeit träumen. In der Traum-Matrix kommen Menschen zu dem expliziten Zweck zusammen, in einem bestimmten Rahmen ihre Träume zu erzählen und dazu zu assoziieren. Sie erzählen einander diese Träume und assoziieren sowohl zu den eigenen wie zu denen der anderen. Das kann zu einer ganzen Reihe von Assoziationen führen, die einen Zugang und ein Verständnis darüber ermöglichen, wie sie über diese Träume denken und welche Beziehungen und Verknüpfungen zwischen diesen Träumen bestehen.

Dabei ist die *Matrix* als ein Ort zu verstehen, »aus dem heraus etwas wie in einem Uterus wächst« (Lawrence 1999, S. 18). Wie die Erfahrung mit der Matrix Sozialer Träume gezeigt hat, ist es »möglich, Träume mit sozialen Inhalten und Bedeutungen zu haben. (…) Menschen, die in Organisationen eine Rolle übernommen haben, träumen über sich als Rolleninhaber im Kontext ihrer Organisation, und sie träumen über Dinge und Konflikte, die oftmals nicht öffentlich angesprochen und erörtert werden können« (Lawrence 1999, S. 18).

Was für die Traum-Matrix gilt, gilt in ähnlicher Weise auch für die Soziale

Photo-Matrix: In der Matrix ist Platz für so viele Assoziationen wie Menschen im Raum sind und im Vergleich zu einer Gruppe besteht auch kein Zwang zum Konsens oder zu einer vorherrschenden, von allen geteilten Meinung. In der Matrix gibt es deshalb nicht die Tyrannei, als Person einer Gruppe angehören bzw. sich mit ihr identifizieren zu müssen, weil das Photo – und eben nicht der Photograph – das Medium des Diskurses ist. Das stellt die übliche Vorstellung in Frage, dass Photos Eigentum einer Person sind und so eine Art Urheberrecht genießen.

Neben meiner eigenen, fast lebenslangen Begeisterung für das Photographieren ist sicherlich auch meine Erfahrung mit der *Organisatorischen Rollenanalyse und -beratung* (z. B. Beumer und Sievers 2001; Newton, Long und Sievers 2006; Brunning 2005) ausschlaggebend dafür gewesen, dass ich schließlich Photos bzw. Bilder als »Medium« einer Organisationsanalyse gewählt habe. Die Rollenanalyse beruht auf der Annahme, dass organisatorische Rollen einem doppelten Einfluss unterliegen. Sie werden sowohl vonseiten der Organisation (ihren Aufgaben, den Arbeitsbeziehungen, Strukturen, ihrer Kultur etc.) als auch vonseiten der Person des Rolleninhabers (ihrer Kompetenz, Wahrnehmungsfähigkeit, Erfahrung sowie den eher unbewussten Anteilen der eigenen Biographie) beeinflusst und gestaltet. Die organisatorische Rollenanalyse und -beratung bietet eine Gelegenheit, die bewussten und unbewussten Anteile der komplexen Interrelation zwischen Person und Organisation im Kontext einer beruflichen Rolle zu untersuchen und zu verstehen sowie Handlungsalternativen für die Rolleninhaber zu ermöglichen.

Um der hohen Komplexität und »Verstricktheit« der Interrelation von Person und Organisation im Kontext einer beruflichen Rolle gewahr zu werden, hat es sich meiner Erfahrung nach als besonders hilfreich erwiesen, im Rahmen eines Rollenberatungsworkshops die Teilnehmer dazu einzuladen, Bilder ihrer Rollen in diesem doppelten Kontext von Organisation und Person zu malen. Anschließend arbeiten wir dann in einer Gruppe für etwa eine Stunde an den einzelnen Bildern. Dabei schlagen wir als Berater – ähnlich wie in der Traum-Matrix – vor, zunächst zu den Bildern selbst und nicht zum Maler bzw. zur Malerin (und deren vermeintlichen Intentionen oder blinden Flecken) zu assoziieren. (Nicht »Ich sage Dir, was Du *eigentlich* in Deinem Bild hast zum Ausdruck bringen wollen«, sondern »Ich sehe in dem Bild dieses oder jenes und verbinde damit die folgende Assoziation«.)

Mit Hilfe dieser gemalten Bilder gelingt es sehr viel mehr als über »bloße« Sprache, vieles von dem »ungedacht Gewussten« (Bollas 1997) sowie des bislang nicht Gedachten bzw. Nichtgewussten in Organisationen ebenso wie auf seiten der Rolleninhaber ins Bewusstsein zu bringen. Diese Bilder schaffen einen Zugang zur »Organisation-in-the-Mind« (vgl. Hutton u.a.1997) bzw. zur »Institution-in-the-mind« (Armstrong 1997, 2005) oder zur »Institution-in-Experience« (Long 1999, S. 58) – Begriffe, die sich auf die innere Landschaft von Organisationen beziehen, d.h. auf die innere Erfahrung und Wahrnehmung einer Person von der Organisation. Diese Begriffe beinhalten sozusagen ein innerpsychisches Modell der organisatorischen Realität. Dieses innere Objekt formt und gestaltet den psychischen Raum und beeinflusst von dorther das konkrete Handeln. In diesem Sinne ist die Organisation weniger als etwas außen Liegendes, sondern als eine Kumulation von Erfahrungen zu verstehen, die sowohl den psychischen Raum der jeweiligen Person als auch den sozialen Raum der Organisation strukturieren. Wenn wir in einer Organisation eine Rolle übernehmen, introjizieren wir Teile dessen, was geschieht und bilden entsprechend innere Objekte und Teilobjekte. Diese Objekte bilden eine innere Matrix, die teilweise bewusst ist und – nicht zuletzt aufgrund ihres oft bedrohlichen Charakters – teilweise unbewusst bleiben muss. Die bei der Rollenanalyse gemalten Bilder können ein Medium sein, durch die diese inneren Objekte und Teilobjekte der Rolleninhaber sozusagen veräußerlicht und zum Objekt von Assoziationen bzw. zum »Auslöser« neuer Gedanken und neuen Denkens werden können.

Der Rollenanalyse – und insbesondere der Arbeit mit Bildern – liegt ein Konzept des Verstehens sozialer Systeme in dem Sinne zugrunde, dass sich in den Erfahrungen Einzelner nicht nur Individuelles darstellt, sondern dass das Ganze und seine Teile in einem unauflösbaren Zusammenhang stehen, so dass die Exploration einzelner Phänomene Zugänge zur Interpretation des Ganzen ermöglicht.

Ich habe die Matrix Sozialer Träume sowie die organisatorische Rollenanalyse und -beratung hier vor allem deshalb erwähnt und kurz erläutert, weil sowohl die Arbeit mit den sozialen Träumen als auch die mit den gemalten Bildern zwei Implikationen enthält, die auch für die Soziale Photo-Matrix von Bedeutung sind. Zum einen die, dass der Zugang zu neuem Denken über freie Assoziation, Amplifikation (d.h. Erweiterung durch assoziierte kulturelle Bilder etc.) und die Verknüpfung einzelner Träume ermöglicht wird, und zum anderen die psychische Interrelation zwischen den inneren Bildern der Organisation und den »veräußerlichten«, gemalten Bildern der Teilnehmer.

Die Soziale Photo-Matrix

Im Folgenden möchte ich die Methode der Sozialen Photo-Matrix an einem Beispiel aus der Praxis verdeutlichen. Im Wintersemester 2004/05 habe ich gemeinsam mit Arndt Ahlers-Niemann, meinem wissenschaftlichen Mitarbeiter, Studierende unseres Fachbereichs Wirtschafts- und Sozialwissenschaften der Bergischen Universität Wuppertal im Rahmen eines fortlaufenden Seminars zur psychosozialen Dynamik von Organisationen unter dem Titel »Du sollst Dir (k)ein Bildnis machen! – Zur Sozioanalyse der Bergischen Universität« zu einem ersten »Experiment« mit der Sozialen Photo-Matrix eingeladen.

Die Studierenden wurden gebeten, im Laufe des Semesters Photos (mit einer Digitalkamera) von der Universität zu machen und sie in einem elektronischen Archiv zur Verfügung zu stellen, aus dem dann einzelne Bilder für die jeweiligen Photo-Matrix-Sitzungen ausgewählt und mit Hilfe eines Beamers gezeigt wurden. Dabei trug es sicherlich zum Gelingen der Veranstaltung bei, dass eine Mehrzahl der etwa 15 Seminarteilnehmer bereits früher an verschiedenen anderen erfahrungsorientierten Veranstaltungen, wie beispielsweise der Group-Relations bzw. Tavistock-Konferenz, der Organisatorischen Rollenanalyse oder dem Sozialen Träumen, teilgenommen hatten.

Dem Seminar lag die *Arbeitshypothese* zugrunde, dass Assoziationen und Amplifikationen zu Photos der Teilnehmer von der Universität einen Zugang zum »Unbewussten der Universität« in dem Sinne erschließen können, dass die Bilder das Denken von Gedanken ermöglichen, die bislang nicht gedacht worden sind. Die *Primäraufgabe* der Photo-Matrix war – in Anlehnung an die der Matrix Sozialer Träume (Lawrence 2005, S. 13) – so umschrieben: durch freie Assoziation, Amplifikation und systemisches Denken die Photos zu »explorieren« und Verbindungen und Verknüpfungen zwischen den einzelnen Photos zu machen, um neue Gedanken und neues Denken zu ermöglichen. Im Anschluss an die einstündigen Matrix-Sitzungen hatten die Teilnehmer in einer »Reflexionssitzung« Gelegenheit, das Denken und die Gedanken aus der Matrix auf ihre Erfahrungen in der Universität zu beziehen und zu vertiefen.

Im Rückblick hat es sich sicherlich als fördernd für das Photographieren wie für die Matrix selbst erwiesen, dass wir die Teilnehmer in der ersten Semestersitzung eingeladen hatten, ihre eigenen inneren Bilder der Universität zu malen und anschließend zu diesen Bildern frei zu assoziieren. – Während wir uns zu Beginn nicht sicher waren, wie viele Photos für eine einstündige Matrix angemessen sein würden, so zeigte sich bald, dass etwa sechs Bilder ausreichten. Während der Matrix und der anschließenden Reflexionssitzung schrieb je ein Teilnehmer die Äußerungen mit, die dann – gemeinsam mit Kopien der Bilder der letzten Matrix – allen Teilnehmern vor Beginn der nächsten Sitzung in der folgenden Woche zugeschickt wurden. Diese »Protokolle« erleichterten es uns, über die einzelnen Sitzungen hinaus weitere Verknüpfungen zwischen den Bildern und den Gedanken herzustellen. Während der Matrix wie der Reflektionssitzung übernahmen mein Kollege und ich die Rolle von »Gastgebern« in dem Sinne, dass wir die notwendige Technik bereitstellten, den Raum entsprechend herrichteten, die Bilder aus dem gemeinsamen Archiv auswählten, falls erforderlich, an die Primäraufgabe der Sitzungen erinnerten und dazu beitrugen, Verknüpfungen zwischen Photos aus den verschiedenen Sitzungen herzustellen. Zudem nahmen wir insofern die Rolle von Teilnehmern ein, als wir auch unsere Assoziationen und Amplifikationen zu den gezeigten Photos beitrugen.

Die Bergische Universität Wuppertal

Bevor ich weiter auf den Seminarverlauf und das Lernen eingehe, möchte ich kurz einige Informationen über die Universität geben, die vielleicht helfen können, einiges nachzuvollziehen, was an Denken in den einzelnen Sitzungen geschah. Die Bergische Universität [Abb. 1] ist eine von acht anfangs der 70er Jahre von der damaligen sozialdemokratischen Landesregierung von Nordrhein-Westfalen im Rahmen einer Bildungsreform neu gegründeten Universitäten.

Abbildung 1

Dabei stellte Wuppertal, ähnlich wie einige andere der Neugründungen, als *Gesamthochschule* ein neues Hochschulmodell dar, das vor allem die bisherige Trennung von Fachhochschulen und Universitäten aufheben sollte. Ebenso wie die meisten anderen Neugründungen waren die Gebäude der Bergischen Universität aus Gründen der Kostenreduzierung in einer weitgehend uniformen Fertigbauweise erstellt. Die Ausstattung der Vorlesungs- und Seminarräume war ebenso spärlich wie die der Büros der Lehrenden und der Verwaltung. Aufenthaltsräume oder Räume für Arbeitstreffen bzw. Konferenzen waren kaum vorgesehen.

Mittlerweile ist von dem ursprünglichen Reformanspruch etliches wieder zurückgenommen worden oder aber hat sich angesichts der überhöhten Studentenzahlen als undurchführbar erwiesen. Nicht zuletzt als Folge der 68er Studentenrevolten wurden Symbolisierungen und Traditionen eher als »Muff von tausend Jahren« abgewertet. Vereine ehemaliger Studenten sind erst vor drei bis vier Jahren entstanden. Während die Studierenden in unserem Fachbereich über Jahrzehnte hinweg ohne irgendein Ritual die Universität »sang- und klanglos« verließen, wenn sie ihr Studium beendet und ihr Abschlusszeugnis abgeholt hatten, gibt es seit kurzem öffentliche Graduierungsveranstaltungen. In unserem Fachbereich werden jährlich etwa 800 »Erstsemester« aufgenommen; die Zahl der Studierenden in Vorlesungen und Seminaren liegt zwischen 60 und 450. Vor etwa zwei Jahren wurde seitens der Landesregierung eine Hochschulreform verordnet, die vor allem dazu geführt hat, die Zahl der Fachbereiche zu verkleinern und den Bachelor und Master als Abschluss einzuführen.

Soziale Photo-Matrix: das Universitätsseminar

Was das hier beschriebene Seminar betrifft, so lässt sich rückblickend sagen, dass die allererste Photo-Matrix in gewisser Weise den Ton für den weiteren Verlauf gesetzt hat. Alle Photos der ersten Matrix zeigten Teile des Gebäudes und leere, sterile, meist erschreckende Räume. Das erste Bild zeigte einen Blick durch eine gläserne Verbindungstür mit einem Schild »Rauchabschlusstür« in einen Flur, der in eine leere Halle vor einem Aufzug führt [Abb. 2].

Abbildung 2

Ähnlich wie bei vielen der folgenden Photos bezogen sich die Assoziationen auf »Gefängnis«, »klinisches Labor« und »Psychiatrie« und waren Ausdruck von Verfolgungs- und Vernichtungsphantasien:

- Hier ist das Gefahrenpotential zentral.
- Die Atmosphäre ist bedrohlich
- Vielleicht sind die Studenten schon evakuiert.
- Mir kam direkt Krankenhaus, Klinik und Sterilität in den Sinn – irgendeine Seuchenschutztür, vor der man steht.
- Ich habe den Eindruck, als ob ich selber hinter dieser Glastür in einem total verräucherten Raum stehe.
- Irgendwie hätte das Bild ins »Experiment« gepasst – ein Film von Oliver Hirschbiegel über ein sozialpsychologisches Experiment von Philip Zimbardo (1973; vgl. Haney u.a.1973), das schließlich in extremer Gewalt zwischen Gefängnisinsassen und Wärtern endete (Giordano 2001) – von dem einige Szenen in den Wuppertaler Universitätsgebäuden gedreht worden waren.
- Oder in: »Einer flog übers Kuckucksnest«.
- Das spiegelt zwei entscheidende Dynamiken wider. Entweder du musst gucken, dass Du nicht bekloppt wirst, oder Du musst gucken, dass Du nicht infiziert wirst.

- ➢ Ausgeräuchert wie die Kakerlaken.
- ➢ Manchmal habe ich den Eindruck, als wenn dieser technische Teil wie Rauchabschlusstür und Feuermelder und »was nicht alles auf dem Flur stehen darf« sowie die neuen Anschlagbretter, die – aus Feuerschutzgründen – aus Metall sein mussten, die einzige Sicherheit sind, die vonseiten der Universität geboten wird.

Abbildung 3

Das zweite Photo [Abb. 3] zeigte einen Eisendrahtzaun in einem der Parkhäuser, der den Zugang zu einem Teil des Gebäudes absperrt, das schon seit einiger Zeit renoviert wird:

- ➢ Wie ein Blick aus einer Gefängniszelle.
- ➢ Das Gitter wurde immer wieder schön überstrichen, um es erträglich zu machen.
- ➢ Das Blut zu vertuschen und Ausbruchversuche.
- ➢ Ist das die Stelle, wo die Frauen überfallen werden?
- ➢ Ein Burggefängnis.

- Das Verließ im Elfenbeinturm.
- Leichen in Gitterkäfigen.
- Wiedertäuferkäfige – wurden am Kirchturm aufgehängt oder am Rathaus.
- Der Käfig in Hänsel und Gretel, wo die Hexe den Hänsel gefangen hält und er den Finger raushalten soll, damit sie kontrollieren kann, ob er schon zugenommen hat, er jedoch den Knochen hinhält.
- Vielleicht wird hier geprüft, ob man zur Prüfung schon zugelassen werden kann, wenn man seine Klausur durch das Gitter steckt.

Vor allem die beiden letzten Assoziationen machen deutlich, wie »Lehr- und Lernsituationen häufig angstbesetzt sind. Studierende haben große Angst, ihre Examina zu bestehen; sie erleben sich als unzulänglich, wenn sie sich darum bemühen, neue Ideen zu verstehen und das Gelernte zu vergegenwärtigen; und sie machen sich die größten Gedanken darüber, ob sie wirklich die Akzeptanz ihrer Lehrer und Kommilitonen finden« (Stein 2004, S. 27; vgl. French 1997; Salzberger-Wittenberg, Henry und Osborne 1983).

Abbildung 4

Die anderen Photos dieser ersten Matrix zeigten ein rostiges Rohr, das Teil der Entlüftungsanlage ist [Abb. 4], den Blick in ein leeres Treppenhaus, eine große, mit Herbstlaub bedeckte Freitreppe im Innenhof [Abb. 5] und einen weiteren Blick in einen Flur, auf dem Bauschutt zwischengelagert war [Abb. 6].

Abbildung 5

Abbildung 6

Die Assoziationen zu diesen Bildern verstärkten das paranoide Gefühl:

- Erinnert mich an Kläranlage.
- Der gelbe Nebel, der erinnert an Schwefelgase. (…) An Gift.
- Das ist eine Unbewusstseinsvernichtungsmaschine. Das Unbewusste kommt hoch, wird dann vernichtet, verdünnt.
- Die läuft aber auf Hochtouren.
- Lights are on, nobody's at home.
- Kunstphoto aus den 70ern.
- Die Uni wurde in den 70ern gebaut.
- *In Bezug auf die große Freitreppe:* Wenn ich an das Bild der Uni als Burg denke (*das in der ersten Sitzung von einer Teilnehmerin gemalt worden war)* habe ich das Gefühl, dass das ein Verteidigungssystem wäre. Eine klappbare Rutsche, die man nicht überwinden kann.
- Hat was von einer Inka-Pyramide die nachträglich für Touristen erschlossen wurde. Oben sitzen die mit dem unheimlichen Wissen.
- Die haben immer grausige Blutopfer erbracht.
- Das sind alles Bilder, in denen keine Menschen vorkommen. Man sieht allenfalls ihre Fußspuren.
- Erinnert mich an die Bildungsreform. Abriss mit einem gewissen System.

In der sich anschließenden Reflexionssitzung kamen u.a. die folgenden Gedanken und Überlegungen zum Ausdruck:

- Das Photographieren ist wie ein unbewusstes Photographieren. Es gibt einen Unterschied zwischen dem, was man festhalten wollte, und dem, was festgehalten wurde. Kannst Du Dich erinnern, wer von uns das Photo geschossen hat? Ich nicht.
- Der Unterschied zwischen Auge und Kamera. Wie Trial-and-Error. Heute auf dem Weg zur Cafeteria habe ich lauter Bilder gesehen. Was habe ich bereut, keine Kamera dabei gehabt zu haben. Immer nur Bilder. Eines habe ich gesehen, da stand »Hörsaalüberfüllung – Vollversammlung«.
- Mit Bildern ist es leichter als mit den Träumen. Vielleicht sind die Bilder oberflächlicher. Bilder sind zunächst unmittelbar. Man hat einen gemeinsamen Gegenstand mit jeweils bestimmten Vorstellungen. Darüber kann man sich besser austauschen.
- Wie garstig das Gebäude ist. Das spiegeln die Bilder fast immer wider. In den 70er Jahren musste es einfach das Billigste sein.

- Hier die Uni ist nicht zum Verweilen gebaut. Es gibt keine Aufenthaltsräume
- Wie in einer Fabrik.
- Ich war mal an der Uni in Rostock *(in der ehemaligen DDR)*. Das ist eine der ältesten Unis in Deutschland. Wunderschön. So richtig mit Wiesen und Springbrunnen. Wie wird es den Studenten da nur gehen? Die stellen sich bestimmt hin und sagen: *Das ist meine Uni*. Ich würde mich nie hier hinstellen und sagen: *Das ist meine Uni.*
- Also ich schon! Klar ist das meine Uni!
- Die Architektur ist hingeklatscht. Ganz anders als in Rostock, fünfzehnhundertund ... Dort hatte man ein Bedürfnis nach Universität. Woher soll das hier kommen? Da müssen wir noch ein paar Jahre warten.
- Wir hatten viele Bilder, die einen maschinellen Charakter haben. Beim Photographieren habe ich aber auch viele Spuren von Hinterlassenschaften von Menschen gesehen. Wenn man genau hinschaut, hat die Uni auch was Lebendiges. Hier gibt es auch was Biologisches.
- Vielleicht wird auch das Bedrückende, was da ist, privatisiert. Man hat ja keine Wahl. Was soll man meckern? Und damit verschwindet es.
- Hier studieren in einem hohen Maße Menschen, die in der ersten Generation Studenten sind. Da ist in der Familie nix da, was Studieren bedeutet. Jeder muss da völlig neue Erfahrungen sammeln. Auch wenn natürlich für die anderen das Studieren auch neu sein kann.
- Ich würde nicht mit einem Uni-Wuppertal-T-Shirt herum laufen. Das ist doch der sinnloseste Artikel, den die da unten *(im Laden neben der Universitätscafeteria)* haben. Die Uni hat einen schlechten Ruf.
- Woher kommt das?
- Ich war regelrecht geschockt, als sich der Ronge *(der derzeitige Rektor)* in der Zeitung so negativ über die Uni geäußert hat. Auch über die Studenten. Das war ein Aufgeben von oberster Stelle. Kein Stolz. Keine Corporate Identity. Da gab es dann auch Diskussionsgruppen zu. Die haben sich aber dann durch die Diskussion über die Studiengebühren aufgelöst.
- Wir haben jetzt gar nicht mehr über die Bilder geredet.
- Dafür viel über die Uni.
- Ja, und hätten wir das ohne die Bilder getan?

Es würde sicherlich den Rahmen dieses Beitrags bei weitem sprengen, wenn ich über die folgenden Sitzungen ähnlich ausführlich berichten würde. Ich möchte mich daher hier auf einige der Hauptaspekte und -gedanken beschränken. Ähnlich wie bereits das Gefühl und die Angst im Gefängnis zu sein in der allerersten Matrix, verwies später der Hinweis auf das Grimmsche Märchen *Rapunzel* auf die Phantasie, eines Tages doch noch von einem Prinzen aus dem (Elfenbein-)Turm gerettet zu werden. Auch wurde die Frage gestellt, inwieweit nicht der der Universität und insbesondere den Gebäuden zugeschriebene Totalitarismus auch eine Projektion der eigenen inneren totalitären Tendenzen sei, die in der Regel nicht bewusst werden sollen. Angesichts der Tatsache, dass die Bergische Universität keine Campusuniversität ist und ein hoher Anteil der Studierenden täglich aus umliegenden Orten pendelt, entstand die Assoziation einer *Drive-in-University*. Das Universitätsgebäude erschien in den Photos als Bunker aus dem 2. Weltkrieg, als Fabrik, Fata Morgana, Legebatterie oder als ein verpacktes Museum, das freilich eine viel höhere Ausstrahlungskraft haben würde, wenn es von Christo und Jean-Claude verpackt worden wäre – die beide zu dieser Zeit ihre *Gates* in New York im Central Park aufbauten. Wie einer der Teilnehmer es ausdrückte: *Die Universität wurde für die Wissenschaft gebaut – nicht für Menschen!*

Andere Photos wiederum weckten die Angst, nach dem Ende des Studiums in der Arbeitslosigkeit zu enden. Das führte zu der Assoziation, dass deutsche Universitäten heute in erster Linie eine Art Reservoir oder ein Parkhaus seien, um so die offiziellen Zahlen der Arbeitslosen bzw. Sozialhilfeempfänger-Statistik in dieser Altersgruppe der Anfang und Mitte Zwanzigjährigen zu reduzieren. – Ein Photo, das ein Plakat mit der schwarzen Hand eines Diebes zeigte und vor Diebstahl im Parkhaus warnte, ließ den Gedanken entstehen, dass die Diebe eigentlich gar nicht (aufgrund mangelnder Sicherheitsdienste) von außen kommen würden, sondern vielmehr unter uns seien.

Eine andere Angst bestand darin, dass die Universität gar geschlossen oder aber mit einer anderen Universität in der Nähe fusioniert werden würde – was in der Tat eine ernsthafte Überlegung im Rahmen der vom Wissenschaftsministerium des Landes verordneten Reform gewesen war. Die Tatsache, dass sowohl Studierende als auch Angehörige des Lehrkörpers immer wieder wortlos verschwinden – die Studierenden entweder als Dropouts, aufgrund eines Wechsels zu einer anderen Universität oder einfach, nachdem sie ihr Studium beendet haben, die Lehrenden entweder aufgrund einer Berufung an eine andere Hochschule, von Pensionierung oder Tod – führte zu der Phantasie, ein ähnliches Los zu erleiden, d.h. aus dem Buch des Lebens gestrichen zu werden.

Auch der Mangel an Containment führte zu einer Reihe von Assoziationen in den verschiedensten Sitzungen. Im Gegensatz zu der herkömmlichen akademischen Vorstellung der Universität als *Alma Mater*, als Große Mutter, wiesen viele Photos auf eine fehlende Mütterlichkeit hin. Obgleich Frauen unter den Hochschullehrern in Deutschland allgemein und in unserem Fachbereich extrem unterrepräsentiert sind, wurden Professorinnen als die härtesten Männer wahrgenommen, denen es in jeder Hinsicht an der Fähigkeit der Unterstützung, Förderung und Wärme fehlt. Das stand in Einklang mit der Erfahrung einiger der Teilnehmer, dass Studieren in unserem Fachbereich heißt, sich selbst und die Kommilitonen als a-sexuell und geschlechtslos zu betrachten. Die vorrangige Betonung der Wissensvermittlung für künftige (Management-)Karrieren in der Lehre führt dazu, dass die innere »Unfertigkeit« und Unreife der Studierenden im Fachbereich weder wahrgenommen noch »contained« werden können. Persönlichkeitsentwicklung und persönliches Wachsen der Studenten werden bestenfalls als Privatangelegenheit betrachtet – wobei gleichzeitig Schwächen und offenkundigen Mängeln vonseiten der Lehrenden mit Verachtung begegnet wird. Den Studierenden bleibt somit nichts anderes übrig, »als dann, wenn sie sich inkompetent fühlen, dennoch den Anschein von Kompetenz zu erwecken, und so Kompetenz durch das Vortäuschen von Kompetenz und Realität durch Phantasie zu ersetzen« (Levine 2001, S. 12).

Die Rolle des Studierenden zu übernehmen, ist immer auch ein schmerzhafter Prozess. In welchem Maße dabei das Ich-Ideal in Frage gestellt wird, wurde von einer Teilnehmerin so ausgedrückt: *Als ich das erste Mal zur Universität kam, fühlte ich mich frei wie ein Vogel – musste dann aber jeden Tag wieder feststellen, dass ich nicht fliegen konnte.* Dieses Dilemma erinnert an den Titel der Biographie des ehemaligen Automobilvorstands Goeudevert (1996), »Wie ein Vogel im Aquarium«. Zugleich bringt der erste Teil dieser Aussage sehr schön in einer Alltagsprache das zum Ausdruck, was beispielsweise Howard Schwartz (1993, S. 194) als die Funktion des Ich-Ideals beschreibt: »Das Ich-Ideal vermittelt uns das Bild, vollkommen in der Welt zuhause zu sein, ohne Ängste, unserer selbst sicher, von dem Wert unseres Verhaltens überzeugt, ohne alle Zweifel oder das Gefühl von Minderwertigkeit«. Indem die Vorherrschaft des Ich-Ideals, gestützt von (der Phantasie der) Liebe, auf die Mutter verweist, ist es offenkundig, dass eine Universität

»aus Sicht der Psychologie des Ich-Ideals (...) die Funktion eines mütterlichen Imagos einnimmt« (ebd.). »Von der Psychologie des Über-Ichs her gesehen, stellt die Universität eine Wettkampfarena dar, in der es um auf Leistung beruhende Anerkennung geht. Aus dieser Sicht hat die Universität die Funktion des Vaters, die die Studenten darauf vorbereitet, in der Welt etwas zu erreichen« (ebd.).

Insofern als Studierende in hohem Maße Anonymität, fehlende Identifikation mit der Universität oder dem Fachbereich und Einsamkeit erleben, ähneln sie dem »Singleton«, dem vereinzelten Individuum, wie Pierre Turquet (1975/1977) es beispielsweise im Kontext der Schwierigkeit beschreibt, in der Großgruppe eine Rollenidentität zu finden. Gerade so, als ob sie sagen würden: *Das Einzige, was wir gemein haben, ist das Gefühl der Einsamkeit! – oder: die Gewissheit, dass der oder die andere gleichfalls für sich allein lernt. Insofern jeder ein einsamer Wolf unter Fremden ist, sind dieses Bewusstsein und die Erfahrung das Einzige was wir gemeinsam haben – eine Einsicht, die selbst wieder privatisiert und in ein ›persönliches Elend‹ gewandelt werden muss.* Und in dem Maße, wie die anderen so nicht erkennbar sind und keine Beziehung zu ihnen aufgenommen werden kann, überrascht es nicht allzu sehr, dass die enorme Bedrohung, die die Studierenden spüren, selbst wieder als anonym erlebt wird. Das einzige, was die Universität zusammen zu halten scheint, sind die Studien- und Prüfungsordnungen sowie der Stundendenplan und das Vorlesungsverzeichnis. Die darin zum Ausdruck kommende Strategie des kollektiven Unglücklichseins kann auch als zynische Reaktion verstanden werden, die von der abgewehrten Hoffnungslosigkeit genährt wird, sie je überwinden zu können (vgl. Sievers 2005b).

Was sich in allen Sitzungen zeigte, war die Erfahrung, dass nur auf ganz wenigen Photos Menschen waren. Abgesehen von einem Photo, das offensichtlich auf einer kleinen Party in einem der (wenigen) Studentenwohnheime gemacht worden war (und einem anderen, das ich selbst während der allerersten Sitzung gemacht hatte, als die Studierenden ihre Bilder der Universität gemalt hatten), waren auf den 30–40 Bildern, mit denen wir in der Photo-Matrix arbeiteten, nur noch drei weitere, auf denen Menschen zu sehen waren. Zwei davon zeigten nur die Rücken von Studenten und ein anderes, das aus großer räumlicher Distanz aufgenommen worden war, eine lange Schlange von Studenten, die in der Bibliothek vor der Garderobe anstanden. Das Bewusstwerden der Abwesenheit von Menschen in den Photos warf die Frage auf, was das über uns, die Photographen, aussagen mag. Die Tatsache, dass nur ein einziges Bild »Natur« zeigte, einen Baum auf einem Hügel, rief die Bemerkung hervor, dass die Universität offensichtlich eine Sicht- und Denkweise favorisiert, in der lebende Objekte und Lebendigkeit keine große Anerkennung finden oder gar unnütz sind. Auch sprachen die Studenten ihre Erfahrung von Schüchternheit und Zaghaftigkeit bei dem Versuch an, Photos von ihren Kommilitonen zu machen: Sie fühlten Scham, lebensechte Bilder von arbeitenden und lernenden Menschen zu machen.

Dass die Universität in erster Linie als ein Ort oder eine Institution der Akkumulation und Weitergabe von Wissen wahrgenommen wird, kam in einem Photo zum Ausdruck, das eine Reihe von Büchern in den Regalen der Universitätsbibliothek zeigte. Wissen und Wissenschaft scheinen steril zu sein. Dass das Leben offensichtlich außerhalb der Universität stattfindet, war ein Gedanke, der paradoxerweise durch ein anderes Photo an einer Universitätsbaustelle zum Ausdruck kam: *Achtung! Absturz. Lebensgefahr*!

Dass keines der Photos einen der Professoren zeigte, verstärkt diesen Eindruck noch. In der Assoziation wurde auf diese Erfahrung damit Bezug genommen, dass *es zwischen Studenten und Professoren keine Beziehungen gibt.* Von Mitgliedern des Lehrkörpers wird angenommen, dass sie ihre Lehrverpflichtungen nicht ernst nehmen. Dass sie auch die Studenten zu ignorieren scheinen und ihnen gegenüber verächtlich sind, geht mit der Tatsache einher, dass Studenten oft ihren Professoren sowie den Studieninhalten, die sie in der Lehre vermitteln, mit Verachtung begegnen. In Anlehnung an Alice Millers »Drama des begabten Kindes« (1979) könnte das Drama, das hier aufgeführt wird, den Titel tragen: Das Drama des begabten Studenten. Der Assoziation zufolge ist es auch nicht ungewöhnlich, dass einige Studenten offensichtlich bei Professoren Klausuren schreiben (und oft genug auch noch bestehen!), die sie nie gesehen und deren Lehrveranstaltungen sie nie besucht haben. Dies würde es den Studenten zumindest ersparen, eine hohe Motivation für die gestellten Aufgaben vorzutäuschen (vgl. Rubin 1970, S. 673).

Eine andere Assoziation beinhaltete den Vorwurf, dass die Universität es ihren Studenten deshalb nicht erlauben würde, eine Vision davon zu haben, was die Universität ist, weil die Universität selbst keine solche Vision bereitstellt. Es gibt kaum Hoffnung, dass sich dies in Zukunft ändern wird. Und es fällt offensichtlich recht schwer, die Einsicht zu akzeptieren, dass die Universität im Grunde genommen teilweise oder sogar völlig versagt hat.

Entgegen meiner Erwartung zu dem Zeitpunkt, als ich die Einladung für dieses Seminar aussprach, wurde die Frage nach dem Autor eines Photos fast nie gestellt. Was es im Vergleich zur Matrix Sozialer Träume, in der einzelne Personen die Träume erzählen, die sie gehabt haben, im Fall der Photo-

Matrix (bzw. so wie wir sie designed hatten) offensichtlich einfacher machte, die Person des Photographen in den Hintergrund treten zu lassen, ist die Tatsache, dass in dem gemeinsamen Photoarchiv die Namen der Photographen nicht erkennbar waren und dass einer von uns Gastgebern, die Bilder für die jeweilige Matrix im Vorhinein auswählte. Auf diese Weise erforderte es keinen »Photographen«, um zu einem Photo in der Matrix zu assoziieren. Während die Universität als der »Untersuchungsgegenstand« im Vordergrund stand, blieb der jeweilige Photograph im Hintergrund. Einer der Studenten drückte das beispielsweise so aus: *Wenn ich es tatsächlich auch nicht getan habe, so hätte ich doch selbst viele dieser Bilder machen können.*

Die Erfahrung während der Sozialen Photo-Matrix ähnelt in gewisser Weise dem, wie Bill Viola (2004, S. 275), der Videokünstler, seine eigene Arbeit beschreibt. Nachdem es ihm letztlich gelungen war, das, was er auf der Kunstakademie gelernt hatte, aufzugeben, nämlich dass Bilder und Ideen der Privatbesitz eines Individuums sind, wurde sein »Studio zu einem sozialen Raum gemeinsamer Arbeit«. Für die Teilnehmer an diesem Seminar war die Erfahrung der Photos als etwas »Sozialem« und etwas, was sie gemeinsam hatten, im Kontext der Universität offensichtlich sehr ungewöhnlich, wenn nicht gar völlig neu; die Erfahrung einer »Wir-Identität«, wie der Soziologe Norbert Elias (1987) dies im Vergleich zur »Ich-Identität« nennt. Wie Bilder ganz allgemein, so trugen auch die Photos dazu bei, »die Kluft zwischen dem offensichtlich Individuellen, Privaten, Subjektiven und dem offensichtlich Kollektiven, Sozialen, Politischen zu überwinden« (Vince und Broussine 1996, S. 8 – mit Bezug auf Samuels 1993).

Es macht auch deutlich, dass die Tatsache, im selben Fachbereich derselben Universität zu studieren, nicht wirklich als etwas Gemeinsames erlebt wird. Neues Wissen, neue Gedanken und neue Einsichten zu gewinnen, wird nicht als etwas verstanden, das aus einem gemeinsamen »Such- und Produktionsprozess« – ähnlich wie in der Matrix – entsteht, sondern vielmehr als etwas, das mit Hilfe von Büchern oder Computern übertragen und akkumuliert wird – vielleicht mit der gelegentlichen Hilfe von Mitgliedern des Lehrkörpers. Dementsprechend ist Wissen zu einer Ware geworden, das früher oder später Universitäten zu bloßen Produktionszentren oder Lagerhäusern werden lässt (vgl. Lapassade 1976, S. 112ff.; Chattopadhyay 2004; Long 2004, S. 116f.). Das Universitätsstudium mit dem Ziel, einen Abschluss zu erhalten, wird ausschließlich als eine individuelle Angelegenheit verstanden, so, als ob die Studierenden sagen würden: *Es ist mein Verdienst; ich habe es an einem Ort erreicht, von dem ich kaum wagen würde, ihn als ›meine Uni-*

versität‹ zu betrachten. Dies spiegelt »eine Verleugnung der Bedeutung des Kollektiven« (Long 2004, S. 103) wider und ist eine Bestätigung der von Lawrence u.a.(1996) als »Me-ness« beschriebenen Grundannahme. Eine Selbstwahrnehmung als Selfmademan (oder -woman) steht offensichtlich nur allzu sehr in Einklang mit dem, was für eine erfolgreiche Managementkarriere gefordert zu werden scheint.

In dem Maße, wie die Arbeit mit den Photos in der Matrix von Sitzung zu Sitzung voranschritt, erhielten die Bilder insofern eine andere Bedeutung, als sie in zunehmendem Maße als ein neuer Zugang zu einem Denken über die Universität verstanden wurden:

- Wir sind dabei, durch die Bilder Universität zu denken.
- Fotos interessieren doch nicht – es geht um ein Erschließen der inneren Bilder.
- In der traditionalen Wissenschaft und insbesondere in den Sozialwissenschaften ist kein Platz für diese Art der Arbeit – und für freies Assoziieren schon gar nicht.
- Meine Hoffnung ist, dass dieses Seminar *(im Fernsehen)* eher ins Wissenschaftsprogramm kommt als ins Unterhaltungsprogramm.
- Die Matrix ermutigt auszusprechen, was sonst offiziell nicht ausgesprochen wird.

Auch wird mehr und mehr deutlich, dass das durch die Matrix angeregte Denken eine zunehmende Aufmerksamkeit für solche Prozesse und Verknüpfungen entstehen lässt, die eigentlich nicht gewusst oder offenkundig werden sollen. Diese Arbeit wird so gesehen, dass sie einen Zugang zum Schatten der Universität und des Fachbereichs eröffnet (vgl. Denhardt 1981; Bowles 1991).

Angesichts des kalten, rationalen, bedrohlichen und abschreckenden Charakters der Universität und der Beschränkung auf nicht-lebende Objekte, wie sie aus vielen der Bilder deutlich wird, erlebten wir eine eigenartige Diskrepanz: während vieles davon benannt und angesprochen werden konnte, schienen die damit einhergehenden Gefühle und Emotionen während der Matrix- und Reflexionssitzungen nicht allzu sehr auf die Erfahrung bezogen, die die Teilnehmer entweder früher in ihrer Rolle als Student gemacht hatten bzw. derzeit machten.

Es scheint, dass der Grad an individuellem Selbstverrat, der erforderlich ist, um als Student in der Rolle zu bleiben, so hoch ist, dass der fortlaufende Versuch, das ungedacht Gewusste dem Denken zu erschließen, angesichts des Verratstraumas und der Amnesie nicht auszureichen scheint, mit dem die Erfahrung früheren Verrats verdeckt wird (vgl. Josephs 2001; Freyd 1994; Sievers 2005b).

Es war nicht einfach, die folgenden Fragen als offene Fragen aufrecht zu erhalten, nämlich was diese ›University-in-the-Photos‹, diese ›Universität der Bilder‹, mit uns macht, wie und in welchem Maße wir diese Bilder internalisiert haben, sie für selbstverständlich halten und als normal ansehen. Auch fällt es schwer, Antworten auf die Fragen zu suchen, was all dies für die berufliche Zukunft der Studierenden bedeutet und in welchem Maße diese inneren Bilder der Universität ganz generell einen Einfluss auf unsere Bilder von Organisationen haben und somit unsere jeweilige »Organization-in-the-Mind« tangieren und/oder prägen.

Vieles spricht für die Annahme, dass wir uns sowohl individuell als auch kollektiv so sehr daran gewöhnt haben, uns selbst einer »organisatorischen Vertrautheit mit Tod, Gewalt und Ungerechtigkeit« zu unterwerfen (Marcuse 1965, S. 94), die uns in einem solchen Maße korrumpiert hat, dass es schwer, wenn nicht gar unmöglich erscheint, uns einzugestehen, wie sehr wir tatsächlich unter dem »Gebäude«, aber vor allem darunter leiden, wie Lehre, Lernen und Forschung organisiert sind und als selbstverständlich hingenommen werden.

Es gab auch ein gewisses Bedauern darüber, dass das, was eigentlich der besondere Charakter, die Qualität und der Auftrag der Universität sein sollte, in den Bildern nicht auftauchte. Das darin enthaltene Paradox wurde so zum Ausdruck gebracht: *Das, was die Bergische Universität wirklich ausmacht, kann nicht gedacht werden, weil es in den Photos nicht vorkommt.* Ein Gedanke, der sicherlich auch in seiner Umkehrung Sinn macht.

Beim erneuten Lesen der Protokolle, etwa ein halbes Jahr nach der Sozialen Photo-Matrix, als ich begann, diesen Beitrag zu schreiben, fiel mir auf, dass ich sehr viel empfindlicher, alarmierter und in gewisser Weise in einem positiven Sinne schockiert über die Menge und Art der verwendeten Bilder und Metaphern war als während der Veranstaltung selbst. Mir scheint, dass sowohl die Photos als auch die Bilder und Metaphern der Assoziationen und Amplifikationen als eine Art Container für die starken Gefühle und Emotionen dienten, die anders nicht zum Ausdruck gebracht werden konnten. Dies erinnert mich auch an die Unzufriedenheit und Enttäuschung, die mein Kollege und ich am Ende des Seminars vor allem aufgrund der Tendenz einiger Teilnehmer empfanden, »die Welt« dadurch »wieder in Ordnung bringen zu wollen«, dass sie die unheimlichen und erschreckenden Teile des Universitätsschattens dadurch verringern und abmindern wollten, indem sie sie als normal bezeichneten. Es ist auch gut möglich, dass meine Bereitschaft, aus einer gewissen zeitlichen Distanz heraus die Intensität der Gefühle und Emotionen zuzulassen, die mit den Phantasien der Verfolgung, Verhaftung, Unterjochung und Vernichtung während des Seminars und insbesondere der ersten Photo-Matrix verbunden waren, sowie die gerade erwähnte Tendenz, das Entsetzen gegen Ende des Seminars zu verringern, nur unterschiedliche Seiten ein und derselben Medaille bzw. Münze sind.

Bei dem Versuch, diese »Münze« als »Währung« für ein besseres Verständnis unbewusster Dynamiken der Universität (und insbesondere unseres Fachbereiches) zu nutzen, erinnere ich mich daran, was mein Kollege und ich nach der dritten Photo-Matrix in einer Arbeitshypothese geschrieben haben, die wir in das Seminar einbrachten: »Die Kälte, Beziehungs- und Sinnlosigkeit, die in den Bildern zum Ausdruck kommen, sind nur schwer zu ertragen. Sie werden z.T. hinter einer gewissen Ästhetik und Ironie (der Bilder wie der Assoziationen) versteckt. Wenn man davon ausgeht, dass diese Photos nicht in erster Linie ›objektiv‹ sind, sondern auch unsere inneren Bilder der Universität und unsere Erfahrungen und unser Erleben widerspiegeln, stellt sich beispielsweise die Frage nach unserer inneren Kälte etc. und wie wir sie verarbeiten. Was abgewehrt werden muss, ist das Erschrecken und Entsetzen, das sich hinter diesen Bildern verbirgt – und letztlich die Erfahrung von Hoffnungslosigkeit oder gar Verzweiflung«.

In einer der Sitzungen gegen Ende des Seminars war es uns möglich, einen weiteren Gedanken zu denken, der dieser Erfahrung einen zusätzlichen Sinn hinzufügt: *Was würde es heißen, wenn wir uns all die Mühe, einen Zugang zu den unbewussten Anteilen der Universität zu finden, stellvertretend für die Universität als Ganzes machen? Wenn das Seminar und die Photo-Matrix ein potentieller Container für den abgespaltenen Schatten der Universität sind, dann ist es nicht allzu überraschend, dass dieser Container angesichts all des Erschreckens, der Verwirrungen und des Gefühls der Inadäquatheit, das durch die Photos ans Licht kommt, gelegentlich überfüllt und wackelig wird und hin und wieder sogar umfällt.* Der Gedanke, dass wir im Laufe des Seminars weniger in unsere eigene Psychopathologie verstrickt als vielmehr in der Lage gewesen waren, an etwas heranzukommen, das auf erschreckende Weise größer ist als wir selbst und uns in unserer täglichen Arbeit in unseren Rollen in der Universität umgibt und Auswirkungen auf unsere Art des wissenschaftlichen Denkens hat, verminderte nicht die Intensität der Erfahrung der Sozialen Photo-Matrix, sondern gab unserem »Leiden«

eher Bedeutung. In Anlehnung an Freuds »Unbehagen in der Kultur« (1930) könnte das, was wir in diesem Seminar erfahren und erlebt haben, als Beitrag zur Einleitung eines Buches dienen, das noch geschrieben werden muss. Sein Titel ist »Das Unbehagen in der Universitätskultur« – wobei angesichts dessen, was wir erlebt haben, der Begriff »Unbehagen« wahrscheinlich eher ein Understatement oder gar ein Euphemismus ist.

Schluss

Es wird deutlich geworden sein, dass mich dieser erste Versuch mit der Sozialen Photo-Matrix davon überzeugt hat, dass es möglich ist, über Photos von Rolleninhabern in Organisationen einen Zugang zum ungedacht Gewussten und damit zum Unbewussten in Organisationen zu finden.

In dieser Ansicht bin ich inzwischen durch eine andere Beratungserfahrung mit der Photo-Matrix mit Mitarbeitern eines Brandlands (eines Produkt- und Themenparks) eines internationalen Unternehmens in Deutschland verstärkt worden. Und in diesem Wintersemester arbeiten wir im Rahmen des fortlaufenden Universitätsseminars daran, herauszufinden, inwieweit sich diese Methode auch dafür eignet, einen Zugang zu Organisationen sozusagen von außen – und eben nicht als deren Rolleninhaber – zu finden. Die Teilnehmer dieses Seminars machen Photos von »Übergangsräumen« (Bahnhöfen, Flughäfen, Raststätten etc.), mit denen wir dann in gleicher Weise wie mit den Photos der Universität arbeiten. Wir haben auch überlegt, zu einigen der Sitzungen Mitglieder bzw. Mitarbeiter der betreffenden Organisation einzuladen und gemeinsam mit ihnen im Rahmen der Photo-Matrix einen Zugang zu einer neuen Sicht ihrer Organisation zu finden, diese Möglichkeit dann jedoch zunächst zurückgestellt. Vielleicht werden wir bei einer der nächsten Gelegenheiten darauf zurückgreifen.

Zu der Annahme, dass dies grundsätzlich möglich ist, hat mich nicht zuletzt eine eigene Erfahrung geführt, die ich vor vielen Jahren gemacht habe. Anfang der 80er Jahre hatte ich die seltene Gelegenheit, in einem Gefängnis zu photographieren, das u.a. auch einen Hochsicherheitstrakt umfasst. Ohne dass dies ursprünglich beabsichtigt gewesen wäre, wurden diese Dias später von einem Kollegen, der im Strafvollzug tätig ist, einer Gruppe von Richtern und Staatsanwälten gezeigt. Und ohne dass wir damals schon an eine Photo-Matrix gedacht hätten, haben diese Bilder doch offensichtlich dazu beigetragen, dieser Berufsgruppe einiges über den »Knast«

bewusst werden zu lassen, dessen sie sich vorher nicht gewahr gewesen waren.

Nachdem ich nun, wie ich annehme, den »Nachweis« erbracht habe, dass die Soziale Photo-Matrix eine geeignete Methode sein kann, um im Rahmen einer psychoanalytischen bzw. sozioanalytischen Organisationsberatung einen Zugang zum Unbewussten zu finden, bin ich jedoch noch eine »Erklärung« darüber »schuldig«, was mich zur Wahl des ersten Teils des Titels meines Beitrags veranlasst hat »*Vielleicht haben Bilder den Auftrag, einen in Kontakt mit dem Unheimlichen zu bringen*«.

Diese Zeile ist Teil eines Gedankens einer der Studierenden in einer der Reflexionssitzungen. Aus der Verknüpfung des Lernens und der Erfahrung aus der Matrix Sozialer Träume mit dem der Sozialen Photo-Matrix entstand die folgende Hypothese: *Haben Träume nicht den Auftrag, einen in Kontakt mit dem Tragischen zu bringen?* (vgl. Lawrence, 1998, S. 323) *Vielleicht haben Bilder den Auftrag, einen in Kontakt mit dem Unheimlichen zu bringen.* Dieses »Unheimliche« war bereits bei einer anderen Gelegenheit – im Zusammenhang mit dem Bild der großen Freitreppe im Innenhof des Universitätsgebäudes – in einer Assoziation der allerersten Photo-Matrix aufgetaucht: *Hat was von einer Inka-Pyramide die nachträglich für Touristen erschlossen wurde. Oben sitzen die mit dem* unheimlichen *Wissen. Die haben immer grausige Blutopfer erbracht.*

Am Ende meines Beitrags möchte ich mich hier weiterer Assoziationen und Interpretationen darüber enthalten, was dieses *Die da oben mit dem unheimlichen Wissen, die immer grausige Blutopfer erbracht haben* im Kontext einer Universität und der Beziehung von Professoren und Studenten aussagt. Wenngleich ich auch nicht mehr erinnern kann, von welchem der Studierenden ich den ersten Teil meines Titels entliehen habe, so bin ich mir einerseits doch ziemlich sicher, dass der Vergleich von Traum- und Photo-Matrix auf konkreten Erfahrungen mit diesen beiden Methoden beruht; andererseits vermute ich jedoch, dass dieser Gedanke bzw. diese Hypothese eher nicht aufgrund einer direkten Kenntnis von Freuds Arbeit »Das Unheimliche« (1919) entstanden ist.

Folgt man Freuds (1919) Umschreibung des Unheimlichen als »jene Art des Schreckhaften, welche auf das Altbekannte, Längsvertraute zurückgeht«, so haben die Methode der Sozialen Photo-Matrix und das Fallbeispiel Universität deutlich werden lassen, dass nicht nur der Film (z.B. Arnzen 1997), sondern auch gerade das Photo offensichtlich eine hohe Affinität zum Unheimlichen hat – ganz zu schweigen von der der Architektur (Vidler

1994), der vermutlich – ebenso wie im Falle der Universität – in vielen möglichen künftigen Photo-Matrizen im Kontext von Organisationen immer wieder eine besondere Bedeutung zukommen wird.

Wenn es zutrifft, dass in dem Maße, wie die Erfahrung des Grauens zugelassen werden kann, »Unheimliches die Zerstörung des Heimlichen ankündigt, die Auflösung des Gewohnten« (Pfreundschuh 2003), dann hat dieses Seminar sicherlich einen wichtigen Beitrag dazu geleistet, die gewohnte Sicht der Universität nicht nur in dem vordergründig optisch-physikalischen Sinne zu zerstören und so neue Sichtweisen und neues Denken entstehen zu lassen. In Anlehnung an den bereits verwendeten Begriff des »ungedacht Gewussten« ließe sich im Kontext der Sozialen Photo-Matrix vielleicht eher von »ungesehenem Sichtbaren« sprechen.

Wie sehr die Zerstörung des bislang Vertrauten und Heimlichen zu einer Lösung führen kann, die an die depressive Position (im kleinianischen Sinne) erinnert, wurde aus einer Mail deutlich, die eine der Teilnehmerinnen, eine frühere Studentin (Wingsch 2005), mir einige Zeit nach dem Ende des Seminars geschickt hat: *Wir haben mit und in dieser Veranstaltung ›Kultur geschaffen‹ an der Uni Wuppertal. Und über die Bilder habe ich sie mir ›angeeignet‹, jetzt ist sie ›meine Uni‹.*

Literatur

Armstrong, D. (1997): The ›institution-in-the-mind‹. Reflections on the relation of psychoanalysis to work with institutions. Free Associations 7 (41), S. 1–14.

Armstrong, D. (2005): Organization in the mind. Psychoanalysis, group relations and organizational consultancy. Robert French (Ed.). London (Karnac).

Arnzen, M. (1997): The return of the uncanny. Paradoxa 3 (3–4). http://paradoxa.com/excerpts/3–3intro.htm

Beumer, U., Sievers, B. (2001): Einzelsupervision als Rollenberatung – Die Organisation als inneres Objekt. In: Oberhoff, B., Beumer, U. (Hg.): Theorie und Praxis psychoanalytischer Supervision. Münster (Votum), S. 108–123.

Bollas, Chr. (1997): Der Schatten des Objekts. Stuttgart (Klett-Cotta).

Bowles, M. (1991): The organization shadow. Organization Studies 12, S. 387–404.

Brunning, H. (Hg.) (2006): Executive Coaching; Systems-Psychodynamic Perspective. London (Karnac).

Chattopadhyay, G. P. (2004): Effectiveness as manager depending on managing self in role. Manuscript, Institute of Management Development & Research (Pune), India. Convocation Address 02/15/05.

Denhardt, R. D. (1981): In the shadow of organization. Lawrence (Regents Press of Kansas).

Elias, N. (1987): Wandlungen der Wir-Ich-Balance. In: Die Gesellschaft der Individuen. Frankfurt/M. (Suhrkamp), S. 207–315.

Figlio, K. (1996): Thinking psychoanalytically in the university. In: Stanton, M., Reason, D. (Hg.): Teaching transference: On the foundation of psychoanalytic studies. London (Rebus Press). http://www.essex.ac.uk/centres/psycho/publications/KFpapers.htm

French, R. (1997): The teacher as container of anxiety: Psychoanalysis and the role of the teacher. Journal of Management Education 21 (4), S. 483–495.

Freud, S. (1919): Das Unheimliche. GW, 12, S. 227–268.

Freud, S. (1930): Das Unbehagen in der Kultur. GW, 14, S. 421–506.

Freyd, J. J. (1994): Betrayal trauma: Traumatic amnesia as an adaptive response to childhood abuse. Ethics and Behavior 4, S. 307–329.

Giordano, M. (2001): Das Experiment – Black Box. Versuch mit tödlichem Ausgang. Reinbek (Rowohlt).

Goeudevert, D. (1996): Wie ein Vogel im Aquarium. Aus dem Leben eines Managers. Berlin (Rowohlt).

Haney, C, Banks, C., Zimbardo, P. (1973): Interpersonal dynamics in a simulated prison. International Journal of Criminology and Penology 1, S. 69–97.

Höpfl, H. (2005): Indifference. In: Jones, C., O'Doherty, D. (Ed.): Manifestos for the business school of tomorrow. (Dvalin Books), S. 61–71.

Hutton, J., Bazalgette, J., Reed, B. (1997): Organisation-in-the-mind: A tool for leadership and management of institutions. In: Neumann J. E., Kellner, K., Dawson-Shepherd, A. (Ed.), Developing Organizational Consultancy. London (Routledge), S. 113–126.

Josephs, L. (2001): The seductive superego: The trauma of self-betrayal. International Journal of Psychoanalysis 82, S. 701–712.

Lapassade, G. (1971/1976): L'arpenteur. Une intervention sociologiques, Paris (Epi). Dt. (1976): Der Landvermesser oder die Universitätsreform findet nicht statt. Ein Soziodrama in fünf Akten. Stuttgart (Klett).

Lawrence, W. G. (1998a): Soziales Träumen und Organisationsberatung. Freie Assoziation 1, S. 304–328; wieder in: Sievers, B., Ohlmeier, D., Oberhoff, B., Beumer, U. (Hg.) (2003): Das Unbewusste in Organisationen. Freie Assoziationen. Zur psychosozialen Dynamik von Organisationen. Gießen (Psychosozial-Verlag), S. 349–373.

Lawrence W. G. (Hg.) (1998b): Social dreaming @ work. London (Karnac).

Lawrence, W. G. (1999): The contribution of social dreaming to socio-analysis. Socio-Analysis 1 (1), S. 18–33.

Lawrence, W. G. (2005): Introduction to social dreaming: Transforming thinking. London (Karnac).

Lawrence, W. G., Bain, A., Gould, L., (1996): The fifth basic assumption. Free Associations 6 (1, 37), S. 28–55.

Levine, D. P. (2001): Know no limits: The destruction of self-knowledge in organizations. Psychoanalytic Studies 3 (2), S. 237–245.

Long, Susan (1999): Who am I at work? An exploration of work identifications and identity. Socio-Analysis 1, S. 48–64. Deutsch: (2001): Wer bin ich bei der Arbeit? Ein Beitrag zur Identifikation und Identität bei der Arbeit. Freie Assoziation 4, S. 47–71; wieder in: Sievers, B., Ohlmeier, D., Oberhoff, B., Beumer, U. (Hg.) (2003): Das Unbewusste in Organisationen. Freie Assoziationen. Zur psychosozialen Dynamik von Organisationen. Gießen (Psychosozial-Verlag), S. 73–94.

Long, Susan (2004): Building an institution for experiential learning. In: Gould, L.J., Stapley, L.F., Stein, M. (Ed.): Experiential learning in organizations. Applications of the Tavistock group relations approach. London (Karnac), S. 101–136.

Marcuse, H. (1965): Das Veralten der Psychoanalyse. In: Kultur und Gesellschaft. Bd. 2. Frankfurt/M. (Suhrkamp), S. 85–106.

Miller, A. (1979): Das Drama des begabten Kindes und die Suche nach dem wahren Selbst. Frankfurt/M. (Suhrkamp).

Newton, J., Susan L., Sievers, B. (Ed.), (2006): Coaching in depth. The organizational role analysis approach. London (Karnac).

Pfreundschuh, W. (2003): Das Unheimliche. In: Pfreundschuh, W. (Hg.), Kulturkritisches Lexikon. http://kulturkritik.net/Begriffe/u.html

Rubin, L. R. (1970): The scope of the psychoanalyst as a consultant in colleges. Journal of the American Psychoanalytic Association 18, S. 673–681.

Salzberger-Wittenberg, I., Henry, G., Osborne, E. (1983): The emotional experience of learning and teaching. London (Routledge).

Samuels, A. (1993): The political psyche. London (Routledge).

Schwartz, Howard (1993): Narcissistic emotion and university administration: An analysis of ›political correctness‹. In: Fineman, St. (Ed.): Emotion in organizations. London (Sage), S. 190–215.

Sievers, B. (2001): »Im Traum erscheint alles als normal und logisch«: Die Matrix Sozialer Träume. In: Oberhoff, B., Beumer, U. (Hg.): Theorie und Praxis psychoanalytischer Supervision. Münster (Votum), S. 124–142.

Sievers, B. (2005a): »Es gibt nichts, wofür es sich lohnt zu kämpfen.« Soziales Träumen mit österreichischen Sozialdemokraten. Werkblatt 54 (22), S. 49–64.

Sievers, B. (2005b): »It is new, and it has to be done!« Socio-analytic thoughts on betrayal and cynicism in organizational transformation. Vortrag Baltimore Symposium (2005): ›New psychoanalytic responses in our work with organizations and society‹, The International Society for the Psychoanalytic Study of Organizations. http://www.ispso.org/Symposia/Baltimore/2005%20papers/2005Sievers.htm

Sloman, A. E. (1964): A university in the making. London (The British Broadcasting Corporation).

Stein, M. (2004): Theories of experiential learning and the unconscious. In: Gould, L.J., Stapley, L.F., Stein, M. (Ed.): Experiential learning in organizations. Applications of the Tavistock group relations approach. London (Karnac), S. 19–36.

Turquet, P. M. (1975/1977): Bedrohung der Identität in der großen Gruppe. In: Kreeger, L. (Hg.), Die Großgruppe. Stuttgart (Klett), S. 81–139.

Vidler, A. (1994): The architectural uncanny: Essays in the modern unhomely. Cambridge (MIT Press).

Vince, R., Broussine, M. (1996): Paradox, defense and attachment: Accessing and working with emotions and relations underlying organizational change. Organization Studies 17 (1), S. 1–21.

Viola, B. (2004): Das Bild in mir – Videokunst offenbart die Welt des Verborgenen. In: Maar, Chr., Burda, H. (Hg.): Iconic Turn. Die neue Macht der Bilder. Köln (DuMont), S. 260–282.

Wenders, W. (1992): Wintermärchen. In: The Act of Seeing. Texte und Gespräche. Frankfurt/M. (Verlag der Autoren), S. 158–160.

Wingsch, H. (2005): Private E-Mail-Mitteilung.

Zimbardo, P. (1973): Pathology of imprisonment. Readings in Sociology 1973/1974 Annual Editions, S. 278–280.

Learning from the Inside Out: Gruppenbeziehungen und Organisationsberatung [1]

Olya Khaleelee

Der Beitrag gliedert sich in zwei Teile. Im ersten Teil werde ich über das Tavistock Institut und die Entwicklung der Theorie der Gruppenbeziehungen in den letzten 50 Jahren berichten. Im zweiten Teil werde ich an einigen Beispielen darstellen, wie die zugrunde liegenden Konzepte früher in Organisationen umgesetzt wurden und wie sie heute angewendet werden.

Das Tavistock Institut

Das Tavistock Institut ging 1946 aus der Tavistock Klinik hervor, die 1920 gegründet wurde. Die Klinik war und ist noch heute ein psychoanalytisch orientiertes Ambulatorium, das sich auch mit der Ausbildung von Fachpersonal im Bereich der Psychiatrie beschäftigt.

Während des Zweiten Weltkriegs – also zu einer Zeit, als es noch wenig Wissen um Kriegsneurosen gab – arbeiteten Mitarbeiter der Klinik mit anderen Sozialwissenschaftlern zusammen, um spezifische Fragestellungen in der Behandlung von psychiatrischen Fällen klären zu können.

Zu den Schlüsselfiguren, die in diese Arbeit involviert waren, gehörten Psychiater und Psychoanalytiker wie Wilfred Bion, Michael Foulkes, Tom Main, Harold Bridger, Pat de Maré und John Rickman, die sich im Northfield Military Hospital trafen. In der Bewältigung ihrer Aufgabe, einen effizienteren Weg in der Behandlung von verletzten Militärangehörigen zu finden, rangen

1 An dieser Übersetzung haben mehreren Personen mitgearbeitet. Der erste Teil des Vortrags wurde von Kathrin Miller und Andreas Sidler übersetzt und der zweite Teil von Ross A. Lazar. Danach wurde der ganze Text noch einmal von Alexander Sölch übersetzt und von Andreas Sidler redigiert.

sie mit einem ziemlich konflikthaften Dilemma: Entweder konzentrierten sie sich auf die Patienten und heilten sie so weit wie möglich, oder sie berücksichtigten die Bedürfnisse der Armee und schickten die Militärangehörigen so rasch als möglich an die Front zurück. In der Arbeit am Northfield Hospital wurde versucht, mit diesen Widersprüchen umzugehen, und ohne Absicht wurde das Spital zu einem Modell einer reflexiven Institution, die sich dauernd hinsichtlich ihrer Funktion und Methoden befragte und so zu einer therapeutischen Gemeinschaft wurde, als es noch kein Konzept dafür gab.

Drei Texte, von Foulkes, Bion und Rickman während der ersten Phase der Arbeit in Northfield geschrieben, erläutern das Konzept der Gruppenübertragung (Foulkes and Lewis 1944, Bion and Rickman 1943, Bion 1946). Diese Texte bildeten die Grundlage für Bions bahnbrechende Arbeit »Experience in Groups and Other Papers« (1961, dt. »Erfahrung in Gruppen und andere Schriften«, 1971). Die zentrale Idee, die sich bei der Zusammenarbeit entwickelte, war eine Bewegung weg vom ausschließlichen Betrachten der inneren Welt des Individuums und dessen Gesundheit, hin zu einem Denken, das den Kontext berücksichtigt. Das Individuum wird als ein im sozialen Umfeld wirksam handelndes Subjekt wahrgenommen; mit der Behandlung sollen die Handlungs- und Verantwortungsfähigkeit wiederhergestellt werden. Hier hat die Idee der persönlichen Autorität (personal authority) – als eines der Schlüsselkonzepte im Denken der Gruppenbeziehung (group relations thinking) – ihren Ursprung.

Diese Kollegen stellten fest, dass die Kraft einer Gruppe nicht in der Aufdeckung von Material aus der Vergangenheit durch individuelle Therapie im Gruppensetting besteht, sondern in der expliziten Auflösung der Dynamik in der Gruppe, indem das »Hier und Jetzt« von den Beteiligten erfahren und dadurch die Kapazität gefördert wird, sich einmal mehr um das eigene Leben zu kümmern. Sie erneuerten die Auffassung von Leitung (leadership): Wie eine wirkungsvolle Führung zu gestalten sei bei gleichzeitiger Aufrechterhaltung der Moral. Und sie berücksichtigten den erweiterten sozialen Kontext – die Makro-Umgebung des Spitals – und untersuchten, wie dies die Arbeit positiv oder negativ beeinflussen könnte. Kurz, sie hatten begonnen systemisch zu denken.

Aufgrund dieser Erfahrung entstand in der Gruppe die Überzeugung, dass es für sie eine nützliche Funktion in der Wiederaufbauphase nach dem Krieg gäbe. Sie argumentierten, dass – in Analogie zur klinischen Forschung – Sozialwissenschaftler nur Zugang zu kritischen Aspekten der Funktionsweise von sozialen Systemen erhalten könnten, wenn sie diesen in ihrer professionellen Rolle helfen könnten, tatsächliche Probleme der Entwicklung und Veränderung anzugehen. Dies war eine Parallele zur Rolle des Psychoanalytikers in der Beziehung zu einem Patienten. Aktionsforschung (action research) wurde zum Mittelpunkt des Auftrags des Tavistock Instituts: Die Sozialwissenschaften weiterentwickeln durch die Beteiligung an lebensnahen Problemen und Sorgen der Menschen. Dieser Auftrag war ein fester Bestandteil während der Nachkriegszeit und ist heute noch immer ein zentraler Teil der Arbeit des Instituts.

Konzeptionelle Arbeit am Modell der Gruppenbeziehungen (group relations)

Miller (1976a) vertrat die Auffassung, dass das Konzept, das er und A.K. Rice für Studien über Organisationen entwickelten, sich auch eignet für eine Aktionsforschungs- und Aktionsberatungs-Beziehung, in der sie mit den Klienten als Akteure zusammenarbeiten, damit diese ihre Rollen in der Organisation verstehen und möglicherweise modifizieren können.

Dieses Konzept bringt mich sich, dass der Berater die Übertragung und Gegenübertragung der Klienten, der Organisation oder Teilen davon nutzt, um Arbeitshypothesen zu entwickeln, die der Klient (über)prüfen kann.

Dies entspricht der psychoanalytischen Deutung für den Patienten. Der Berater ist daher nicht ein neutraler, unbeteiligter Beobachter, sondern ein aktiv am Prozess der Veränderung und Entwicklung Beteiligter. Miller (1993) verstand die Art der Beratung und die Entwicklung der Gruppenbeziehungen als politischen Prozess, unter Miteinbeziehung der Umverteilung der Machtverhältnisse, durch welchen die Individuen mehr Entscheidungsbefugnis (authority) und Verantwortung für sich selbst übernehmen können. Die Abhängigkeit des Klienten gegenüber dem Berater – wieder eine Parallele: die Abhängigkeit des Patienten vom Analytiker – war ein notwendiger Teil des Veränderungsprozesses.

Frühe Überlegungen bezüglich Gruppen wurden bereits von Freud (1913) in seiner Analyse der Urhorde gemacht. Später folgten die Theorien von Kurt Lewin (1947), der auf der Wichtigkeit des Studiums der Gruppe als Ganzes bestand. Dann postulierte Bion – in seiner Annäherung an Gruppenpsychotherapie vom Blickwinkel der Gruppe als Gesamtheit –, dass in jeder Face-to-Face-Gruppe zwei Funktionsebenen zusammenwirken: jene der

Gruppenaufgabe und jene der Grundannahme-Gruppe. Später stellte er die Hypothese auf, dass es drei unbewusste Grundannahmen gibt: Abhängigkeit, Kampf-Flucht und Paarbildung. In Bions Auffassung wird jeweils eine dieser Grundannahmen dominierend sein und die beiden anderen Grundannahmen werden in Schach gehalten. Diese Grundannahmen gehören zum »protomentalen System« und bezeichnen primitive emotionale Gefühlszustände, die gegenüber der offenkundigen Aufgabe der Gruppe schädlich sein können.

Dieser Beitrag Bions war ein Element in der Entwicklung des Konzepts der Gruppenbeziehungen. Ein zweites Element kam von Melanie Klein, indem sie die paranoid-schizoide und die depressive Position als Teil des kindlichen Entwicklungsprozesses entdeckte. Diese Prozesse, die primitive Abwehrmechanismen der Spaltung und der projektiven Identifikation umfassen, sind beobachtbar und können in der Gruppe adressiert werden.

Diese Elemente, die sich aus der Psychoanalyse herleiten, wurden zum zentralen Bestandteil in Gruppenbeziehungen (group relations). Ein markanter zusätzlicher Baustein wurde aus der Theorie offener Systeme hergeleitet (von Bertalanffy 1950) und von Rice weiterentwickelt. Zum selben Zeitpunkt war auch das Konzept des sozio-technischen Systems in der Arbeit über den Kohlebergbau von Trist und Bamforth (1951) aufgetaucht. Es ermöglichte eine Art der Überprüfung der Beziehung zwischen sozialen und technischen Elementen einer Organisation und deren Auswirkung auf die Arbeitsgruppe. Im Weiteren wurden auch Konzepte über System, Sub-System, Begrenzung, Rolle und primäre Aufgabe durch Berater des Tavistock Instituts für die Organisationsberatung mit Klientensystemen entwickelt und angewendet.

Dieses Konzept der Gruppenbeziehungen, welches die Konzepte offener Systeme der Arbeitsorganisation mit psychoanalytischen Sichtweisen von individuellen Erfahrungen und psychischen Prozessen verbindet, ist heute auch bekannt als »Psychodynamischer Ansatz« (system psychodynamics).

Gruppenbeziehungen und die Leicester Konferenz

A.K. Rice (1965) verwendete dieses Konzept, um die erste Leicester Konferenz in den frühen 60er Jahren zu gestalten. Er war sich darüber im Klaren, dass es notwendig sein würde, die Konferenz als Ganzes als primäre Aufgabe wahrzunehmen und die Veranstaltungen als Teile davon. »Grenze« war ein wichtiges Konzept: zeitliche Begrenzung, räumliche Begrenzung und Abgrenzung zwischen den Rollen. Letztere beinhaltete Abgrenzung zwischen der Rolle der Gruppenleiter (staff member) und der Rolle der Teilnehmer sowie der Rollen, die jeder zu jeder Zeit einnehmen konnte (Miller 1989).

Ferner gab es Abgrenzungen zwischen der Person und der Rolle sowie zwischen der inneren Welt des Individuums und der Außenwelt. In den 60er Jahren entstand auch die Idee, dass das Individuum als offenes System konzeptualisiert werden kann – dies war ein weiterer Schritt in Richtung einer einheitlichen Theorie menschlichen Verhaltens.

Gould (2001) fasste das Wesentliche der Gruppenbeziehungskonferenz wie folgt zusammen: »Es handelt sich um eine Konferenz, die als zeitlich begrenzte Bildungsinstitution gestaltet ist, bestehend sowohl aus Teilnehmern als auch aus Leitern. Während der Konferenz kann empirisch erlernt werden, wie sie sich bildet, entwickelt und zu einem Ende gelangt (…). Die Konferenz sieht verschiedene Settings vor für das Studium der Verbindung im »Hier und Jetzt« von Individuum, Gruppe und Organisation. Die primäre Aufgabe der Konferenz fokussiert auf die Themen Autorität, Führung und Organisation. Miller (1989) stellte klar, die generelle Absicht der Konferenz sei, »das Individuum zu befähigen, größere Reife im Verständnis und in der Bewältigung der Grenzen zwischen seiner eigenen inneren Welt und der Realität der Außenwelt zu entwickeln«.

In den Anfängen der Leicester Konferenzen war es zwingend notwendig, dass die Leiter der Studiengruppen Analytiker waren oder auf eine lange Analyse blicken konnten. Es wurde vermutet, dass sie besser in Kontakt sein und besser mit unbewussten Prozessen der Übertragung und der eigenen Gegenübertragung arbeiten konnten. Als sich die Konferenz in der 70er Jahren weiterentwickelte, wurde klar, dass die Fähigkeit, an der Aufgabe und der Rolle festzuhalten, von größter Wichtigkeit war. Als Konsequenz wurde begonnen, auch Nicht-Analytiker in der Leiterrolle auszubilden. Deshalb setzten sich die frühen Trainingsgruppen aus Akademikern, Managern aus der Industrie oder Gefängnisdirektoren zusammen.

Die konzeptionelle Entwicklung dauerte an. Dr. Robert Gosling, ein Psychoanalytiker der Tavistock Klinik, späterer Vorsitzender der Klinik, machte eine Studie über die Ausbildung in und für Kleingruppen – für Hausärzte, angehende Beamte, Zahnärzte sowie Lehrer und Geistliche. Ziel war es, diesen bei der Erkennung und effektiveren Bewältigung alltäglicher psychologischer Probleme, denen sie in der Ausübung ihrer Rollen begegneten, zu helfen. Diese Studie entstand und verband sich mit seiner Arbeit in den

70er Jahren und hatte zur Folge, dass Beraterrollen an den Leicester Konferenzen eingeführt wurden.

Gosling kam zur Erkenntnis, dass viele der Personen, die diese Konferenzen besuchten, die meiste Zeit ihres Arbeitslebens in Gruppen mit Familiengröße verbrachten, bestehend aus fünf oder sechs Personen – eine Gruppengröße, die in jener Zeit, Mitte der 70er Jahre, an den Leistcester Konferenzen nicht studiert werden konnte. Das Studium dieser VSG (very small group) wurde entlang anderer Gruppenmeetings – Kleingruppen, Großgruppen, gruppenübergreifende Meetings usw. – während der Konferenz 1976 eingebaut und das neue Experiment mit der VSG war etwas, worüber die Leitung sehr angeregt war. Goslings Publikation »Studie über sehr kleine Gruppen« (1985) hob einige Aspekte hervor, die im Unterschied zu Gruppen anderer Größe besonders typisch für VSGs waren. Ich habe festgestellt, dass ich diese Arbeit über sehr kleine Gruppen zu einem großen Teil in meiner Beratungstätigkeit nütze und ich werde Ihnen weiter unten mehr darüber berichten.

Heute haben viele unterschiedliche Länder ihre eigenen Programme für Gruppenbeziehungen. Das Tavistock Institut benutzte eine Art Konzessionsmodell, in dem es Personen durch Co-Sponsorenschaft half, ihre eigenen Programme in anderen Ländern zu entwickeln. Die Leicester Konferenz selbst lief viele Jahre entweder gemeinsam oder in Verbindung mit der Tavistock Klinik, heute bekannt als Tavistock und Portman NHS Trust.

Ein sehr wichtiger Aspekt der Erfahrung bei Konferenzen – sei es als Leitungsmitglied oder Teilnehmer – ist die Handhabung der eigenen Angst in einem Setting, das weniger Struktur hat als gewöhnlich. Bion (1961) lenkte die Aufmerksamkeit auf die mächtigen, in Gruppenprozessen inhärenten Gefühle, die uns daran erinnern, dass in jeder Grundannahmen-Gruppe Angst, Furcht, Hass und Liebe existieren.

Im Zusammenhang mit den Konferenzen sprach Rice (1964, S. 44) auch von der Angst im Kontext von Führungsverhalten und Entscheidungsfindung: »Angst über den Umfang und die Qualität der Information, die für eine Entscheidung zur Verfügung steht, Angst bezüglich der Fähigkeit, eine Entscheidung zu treffen und Angst nachdem eine Entscheidung getroffen wurde, in Erwartung der Auswirkungen«. Ähnlich war Jaques' Konzept (1976) der Zeitspanne der Einsicht (time span of discretion), wonach die Kapazität des Leiters, seine Vision zu halten und zu implementieren, abhängig ist von der Fähigkeit, mit der Ungewissheit des Ausgangs einer Entscheidung umzugehen, welche eine Zeitspanne von bis zu 30 Jahren betreffen kann. Als

Organisationspsychologin sehe ich diese Fähigkeit in direktem Zusammenhang mit dem Grad der »emotionalen Intelligenz« des Individuums.

Als Antwort auf Ängste bezüglich Führung und Führungsverhalten auf einer globalen Ebene wurde am Tavistock Institut eine neue Konferenz entwickelt. Sie nennt sich »Führungskräfte in sich verändernden Organisationen« und ich hatte das Privileg, diese Konferenz in den vergangenen zwei Jahren zu planen und zu entwickeln. Gegenwärtig befindet sich das Projekt in einer spannenden Entwicklungsphase. Die neue Konferenz ist experimentell im Entwurf, verfügt aber über mehr Struktur als die Leicester Konferenz. Es werden auch sehr explizite Verknüpfungen zwischen der inneren Welt und der Rolle in der Organsation gemacht. Diese Verknüpfung bietet die intensivste Lernerfahrung, wie Teilnehmer in der Evaluation der Konferenz vermerkten. Ein Teilnehmer meinte: »Insgesamt war die Konferenz die persönlich bedeutsamste Weiterbildung, an der ich je teilgenommen habe«.

Beispiele aus der Praxis

Ich möchte fortfahren mit einigen Beispielen, in denen ich zeige, wie das Modell der Gruppenbeziehungen im Organisationsleben angewandt wird. Ich werde Ihnen drei Beispiele geben: Eines von einem Auftrag in einem Unternehmen, eines von Gruppen und Teamarbeit und ein drittes Beispiel zeigt, wie Familiendynamik – wie sie von Gosling beschrieben wurde – sich auf den Arbeitsplatz auswirkt.

Die Anwendung des Modells der Gruppenbeziehungen in einem Unternehmen

Es handelt sich um einen Auftrag, den ein Kollege und ich vor vielen Jahren als internationale Berater ausführten. Es war damals ungewöhnlich, das Modell der Gruppenbeziehungen direkt auf Veränderungen in Organisationen anzuwenden. Das Klientensystem war ein fusioniertes Unternehmen – beschäftigt mit der Herstellung eines speziellen Produkts – mit zwei Subsystemen, die vorher auf dem Markt in Konkurrenz zueinander standen. Jedes verfügte über einen Marktanteil von 30%, doch nach der Fusion sank der potentielle Marktanteil von 60% markant, die Personalfluktuation stieg und viele Anzeichen wiesen auf eine organisatorische Notlage hin.

Die Verkaufsabteilung wurde aus dem Unternehmen ausgegliedert und mit einer allgemeinen Verkaufsabteilung mit wenig Fachwissen über dieses spezielle Produkt zusammengelegt. Die Diagnose deutete auf ein »Leiden an Identitätsverlust« hin, entstanden durch die Fusion – durch die aufgezwungene Außenwelt – und durch den Verlust einer wichtigen Abgrenzungsfunktion, die durch die Verkaufsabteilung ausgeübt wurde, was zur Folge hatte, dass ein Teil der inneren Welt entfernt worden war. Unsere Hypothese war, dass im Verlust einer der wichtigsten Abgrenzungen – der Verkaufsabteilung – die Organisation unter einer Fragmentierung litt. Die Angestellten der Verkaufsabteilung zogen sich in Innen- und Subgruppen zurück, die Sicherheit und Sinngebung anboten, was ansonsten fehlte.

Mithilfe unseres externen Beraters, Eric Miller, entwarfen wir eine Intervention. Unser Ziel war es, eine Re-Integration des Unternehmens zu versuchen und herbeizuführen, indem wir den Angestellten die Gelegenheit gaben, die Überzeugungen, Grundannahmen, Mythen und Einstellungen zu überprüfen, die den aktuellen Arbeitverhältnissen zugrunde lagen. Das heißt, wir beabsichtigen, Spaltungen, Projektionen und andere Prozesse, die stattfanden, zu verändern und die wesentliche Abgrenzung wiederaufzubauen, indem wir die innere Verbundenheit der Organisation wiederaufrichteten.

Das ganze Management – 126 Angestellte, inklusive des Generaldirektors – nahm am Programm teil, welches in drei Phasen aufgeteilt war. Zuerst fand eine Serie von Gruppenmeetings statt: Neun Gruppen trafen sich während zehn Wochen 1 $^1/_2$ Stunden. Ziele waren, das Verhältnis zwischen den Gruppenmitgliedern zu erforschen und die Prozesse, die in den Gruppen abliefen, zu reflektieren und deren Bedeutung zu befragen. Jede Gruppe bestand aus 14 Mitgliedern aus verschieden Unternehmensebenen. Sie arbeiteten so, wie dies in der Leicester Konferenz üblich ist; mit einem Berater, der eine Hypothese bezüglich der Prozesse in der Gruppe anbot.

Die zweite Phase des Programms fokussierte auf die Prozesse zwischen den Gruppen. An zwei Wochenenden arbeiteten wir mit der Generaldirektion. Die Mitglieder der Generaldirektion untersuchten Intergruppenprozesse. Ein bedeutsames Thema war das Fehlen von Autorität in jeder der Gruppen, die sich gebildet hatten. Viele Gruppen meinten, dass die echte Autorität in einer Gruppe lokalisiert war, in denen sich einige Mitglieder des Topmanagements zusammen fanden. Die wenigen Teilnehmer, die es wagten, diese Meinung zu überprüfen und die nachschauten, was sich in dieser Gruppe wirklich abspielte, fanden diese Gruppe in völliger Verwirrung vor. In der Überzeugung eben dieser Gruppe befand sich die wahre Entscheidungsbefugnis in der Generaldirektion. Obwohl diese Phase des Programms nicht danach fragte, was im System vor sich ging, lieferte das faktische Verhalten der Gruppen einen klaren Spiegel, was tatsächlich vor sich ging und es wurde für die Teilnehmer zunehmend durchschaubar, was sie sowohl ihrem eigenen Topmanagement antaten – dadurch, dass sie eine Wir-und-die-Andern-Situation herstellten –, als auch was das Topmanagement der Generaldirektion antat.

Einsichten, die durch diese Erfahrung der Spaltung und Projektion erlangt wurden, konnten zurück in die Organisation gebracht werden und im Rahmen kleiner Gruppen wurde durchgearbeitet, wie diese Erfahrungen mit der konkreten Mitarbeiterrolle verbunden waren.

Zum Schluss begann eine dritte Phase des Programms. Sie bestand aus einer Serie von Großgruppenversammlungen, in denen sich das gesamte Management traf. Diese Versammlungen waren darauf ausgerichtet, das gesamte System als Einheit in der Beziehung zu seiner Umwelt – Kunden, Lieferanten, die Gesellschaft – zu betrachten. Eine Zwischenbesprechung über den Zustand des Unternehmens schien darauf hinzudeuten, dass es sich in einem Übergangszustand befand: An der Vergangenheit festhaltend, die rosiger erschien als sie eigentlich war, und doch auf eine bessere Gegenwart ausgerichtet, die noch zu erschaffen war.

Daraus entwickelte sich bereits das zukünftige »people programme« – eine Gelegenheit für die Angestellten, das Trauma der Übernahme und Fusion durchzuarbeiten und zu beginnen, die Entscheidungsbefugnis (autorithy), welche auf die Generaldirektion projiziert worden war, wieder zu übernehmen. Innerhalb des »people programmes« fanden Mitglieder der Organisation zusätzliche oder alternative Wege, um sich aufeinander zu beziehen. Neue Gruppen entstanden. Das vielleicht eindrucksvollste Beispiel bezüglich der Nutzung persönlicher Entscheidungsbefugnis waren Lehrlinge, die den Eindruck hatten, dass sie als billige Arbeitskräfte benutzt und keine geeignete Ausbildung erhalten würden. Sie trafen sich und bildeten eine Gruppe, um Maßnahmen zu entwickeln und einzuleiten – und waren erfolgreich.

Eines der Schlüsselerlebnisse dieser Intervention war, dass Mitarbeiter im Unternehmen, welche sich vorher in ihrer Rollengestaltung völlig fremdbestimmt und hilflos fühlten, Wege fanden, ihre eigene Entscheidungsbefugnis aufs Neue zu nutzen. Diese Fähigkeit verstärkte sich, als das Unternehmen als Ganzes allmählich in der Lage war, sich von einem zersplitterten hin zu einem integrierten Zustand zu bewegen. Dabei war die Fähigkeit wichtig, sowohl interne als auch externe Grenzen zu regulieren. Kürzlich wies mich mein Kollege Andrew Szmidla darauf hin, dass dies eines der Schlüsselerkenntnisse des Leicester Konferenz Modells wäre: Über einen Weg zu verfügen, den Prozess in Form von Konzepten – wie dem der Grenze, der Abgrenzungen – symbolisieren zu können. Die Absicht, Grenzen zu übertreten, die Art und Weise, wie man das handhaben kann, die Frage der Durchlässigkeit der Grenzen, ob diese Grenzen überhaupt vorhanden sind etc. – das waren die zentralen Fragen.

Im Rahmen dieser Beratung gab es weitere Entwicklungen, sowohl konzeptuell als auch praktisch. Aus geschäftlicher Sicht vertrat das »people programme« ein gegenüber der Gesamtorganisation alternatives Wertesystem und half, die Beziehung der einzelnen Produktgruppen untereinander zu verändern. Der Betriebsgewinn stieg an, das Vertrauen erhöhte sich, die Personalfluktuation wurde halbiert und es schien, als gäbe es ein besseres Verständnis von Identität und – gemäß einem späteren Gutachten – mehr Realitätssinn gegenüber der Aussenwelt. Unser Kunde hatte sich von einem schwachen Performer zu einem erfolgreichen Unternehmen entwickelt.

Ein Beispiel von Teamentwicklung

Das zweite Beispiel hat mit meiner Beratertätigkeit in einem multinationalen Getränkeunternehmen zu tun. Mein jetziger Arbeitskollege, Ralph Woolf, und ich führten psychologisch orientierte Beurteilungen von Managern verschiedener Länder durch. Es galt, dem Generaldirektor, einem Argentinier, Bericht zu erstatten. Er hatte seinen Sitz in Miami und die Manager – ganz unterschiedlicher nationaler Herkunft – waren in verschiedenen Ländern Südamerikas ansässig: Ecuador, Peru, Kolumbien, Argentinien, Mexiko usw. Sie waren verantwortlich für die Entwicklung des Vertriebsnetzes in den jeweiligen Ländern und im südamerikanischen Markt generell. Der Generaldirektor kam zur Einsicht, dass sein Team effektiver arbeiten müsse. Er war besorgt, dass die Manager eher geneigt waren, gegeneinander in Konkurrenz zu treten, als zusammenzuarbeiten. Es gab Spannungen sowohl unter den Managern als auch zwischen den Managern und dem Generaldirektor, der zudem der Überzeugung war, alle Manager würden um seinen Job als Generaldirektor wetteifern.

Aus diesen Gründen organisierte er für sein Team ein Wochenende am Hauptsitz in Großbritannien und lud Ralph und mich ein, einen Workshop zu gestalten. Die Aufgabe: Wirkungsvollere Arbeitsbeziehungen entwickeln. Mit unserem Wissen und den Erfahrungen mit group relations und den möglichen Problemen der Abhängigkeit und Übertragung, entwickelten wir einen Workshop, während dem der Generaldirektor die Aufgabe hatte, die Grenze zu handhaben – sowohl am Anfang als auch am Ende der Veranstaltung. Dadurch sollte er in der Lage sein, die Grenze um das Ganze, im Sinne des »Containment«, bereitstellen zu können. Unsere Absicht war es, seine Autorität zu stützen, wegen der Kürze dieses Workshops und um die Abhängigkeiten von ihm und seinem Team uns gegenüber gering zu halten.

Der Generaldirektor begann damit, seine Strategie für die nächsten drei Jahre zu präsentieren. Er übertrug uns explizit die Befugnis, dem Team einen Input zu geben. Ich hielt einen Vortrag über Klein, Bion und über Grundannahmeverhalten von Gruppen. Das Team wurde dann gebeten, an den sie betreffenden Themen zu arbeiten und sich zu fragen, wie die Unternehmensstrategie ihre Rollen als verantwortliche Manager der jeweiligen Länder beeinflusst. Zudem stellten wir ihnen die Frage, wie sie – eine multikulturelle Gruppe von Managern – wirksamer zusammenarbeiten könnten. In diese Diskussionsrunde wurde eine Viertelstunde Unterbruch eingebaut, in der sie ihren eigenen Gruppenprozess reflektieren sollten und bei dem Ralph und ich ihnen als Berater zur Verfügung standen.

Zur Überraschung aller Anwesenden stellte sich heraus, dass sie in der Tat stark miteinander konkurrierten, aber nicht in der Art, wie es sich der Generaldirektor vorgestellt hatte. In der Erfahrung der Manager verbrachte der Generaldirektor einen erheblichen Teil seiner Zeit mit dem Management der nächst höheren Führungsebene – im Versuch, mit den Ängsten (bezüglich der Entwicklung des südamerikanischen Marktes) seiner eigenen Vorgesetzten zurecht zu kommen. Deshalb war er regelmäßig am Hauptsitz in London und nicht genügend greifbar für die Manager in Südamerika. Das Konkurrenzdenken stammte also nicht von ihrem Wunsch, seinen Job zu haben, sondern vom Gefühl, von ihm vernachlässigt und verlassen zu sein und führte zu entsprechenden Ängsten ihm gegenüber. Sobald das der Gruppe gedeutet wurde und sie sehen konnten, dass sie ein gemeinsames Gefühl der Unsicherheit und Isolation teilten, waren sie imstande, vertrauensvoll miteinander umzugehen und sehr offen mit ihrem Chef zu sprechen.

Später tauschten sie untereinander die Beurteilungsbogen aus, diskutierten ihre Ähnlichkeiten und Unterschiede, die Auswirkung auf die Kultur ihres Teils des Unternehmens und schließlich trafen sie Entscheidungen hinsichtlich effektiverer Wege der Zusammenarbeit, sowohl horizontal untereinander als auch mit ihrem Chef. Dies war eine sehr erfolgreiche Kurzintervention – unter sowohl theoretischer als auch praktischer Anwendung des Modells der Gruppenbeziehungen –, um bestehende Ängste und Spannungen zu untersuchen und zu verändern.

Familiendynamik und Anwendung am Arbeitsplatz

Auf der Basis von Goslings Ideen zur Dynamik in sehr kleinen Gruppen (very small groups) möchte ich in einem dritten Beispiel zeigen, wie Aspekte des Familienlebens unbewusst in Organisationen bedeutsam werden können. Von besonderem Interesse ist die Frage von Autoritätsbeziehungen und vom Ausmaß, mit dem frühe Erfahrungen mit Autorität – mit unserer Mutter oder unserem Vater – wiederholt oder kompensiert werden können, durch unsere Beziehungen zu Autoritätspersonen am Arbeitsplatz oder durch die Wahl der Art der Arbeit. (Als Beispiel sei die Selbstständigkeit genannt, bei der wir vermeiden, einen Chef zu haben und uns daher nicht mit einer direkten Autorität auseinandersetzen müssen.)

In meiner Rolle als selbstständige Psychologin arbeite ich oft mit Gruppen von drei bis fünf Personen. Ein geläufiges Szenario ist etwa Folgendes: Ein leitender Angestellter, oft geschäftsführender Direktor, ist plötzlich konfrontiert mit dem Verlust seiner Stelle. Der Verwaltungsratspräsident und der Verwaltungsrat haben ihm ihre Unterstützung entzogen. Wie häufig anzutreffen, hat der leitende Angestellte seinen Untergang nicht kommen sehen. Um die Situation zu mildern, bietet das Unternehmen ein Outplacement an – mit dem Auftrag, ihn aufzufangen, zu »containen«, damit er sich besser fühle und damit das Unternehmen, das ihn entlassen hat, weniger Schuldgefühle haben muss. Konkret geht es im Outplacement darum, dem Entlassenen zu ermöglichen, über seine Karrierestrategie nachzudenken und zu entscheiden, was er als nächstes tun könne.

Der erste Kontakt des Ex-Geschäftsführers wird derjenige mit dem Berater der Outplacement-Firma sein, welcher im Wesentlichen die Aufgabe hat, »zusammenzuflicken«. Die Outplacement-Firma stellt eine vorübergehende Struktur und eine »haltende Umwelt« (holding environment) für diesen heimatlosen Geschäftsführer dar, der in dieser turbulenten Zeit eine sehr starke Abhängigkeit zu dieser Outplacement-Firma entwickeln kann. Unter Umständen empfindet er diese Ersatzorganisation als alternatives Zuhause. Berater, welche in solchen Outplacement-Firmen arbeiten, hatten selbst oft hohe Positionen in der Wirtschaft inne und wurden eingestellt, weil sie über ein gutes Fachwissen und über Netzwerke verfügen. Um einer bestimmten Person zu helfen, holen sie sich manchmal die Hilfe eines Kollegen. Diese Unterstützung ist entscheidend, um dem Ex-Geschäftsführer zu helfen, den Prozess als Chance und Übergang zu sehen, um über sich und das zukünftige Arbeitsleben nachzudenken. Für viele Führungskräfte bedeutet dies eine beinahe lebensrettende Gelegenheit, eine Pause einzulegen und die Work-Life-Balance zu überdenken. Um ihre Karrierestrategie zu entwickeln und um sich selbst besser zu verstehen, empfiehlt der Berater, einen Tag mit den Psychologen der Firma zu verbringen.

An diesem Punkt verändert sich die Beziehung zwischen dem Berater und der ehemaligen Führungskraft und die ehemalige Führungskraft wird temporär mir und meinem männlichen Kollegen übergeben. Die Berater stellen uns einen Lebenslauf und einen Entwurf der Karrierestrategie zur Verfügung. Möglicherweise haben sie auch spezifische Fragen an uns, zum Beispiel, ob der Ex-Geschäftsführer entlassen wurde, weil er den Anforderungen nicht genügte oder weil er über seine Kompetenzen hinaus befördert wurde. Oder war es, weil er so stark auf seine Aufgabe konzentriert war, dass seine politischen Antennen versagten und er das Vertrauen des Verwaltungsrates verlor? Die Berater rätseln möglicherweise über die Gründe und brauchen Hilfe oder eine Bestätigung ihrer Gefühle und Vorstellungen, um mit dem Ex-Geschäftsführer arbeiten und die Karrierestrategie verfeinern zu können. Diese Phase muss ergänzt und abgeschlossen werden, damit der Ex-Geschäftsführer gerüstet ist für das Überdenken der Karriere in einem Zustand emotionaler Stabilität. Die Hauptaufgabe ist es, mit Hilfe der Berater einen Zustand von Durchblick und Gewandtheit zu erreichen, sodass der Ex-Geschäftsführer auf den Arbeitsmarkt zurückkehren kann mit einer schlüssigen Begründung, warum er eine neue Rolle für sich sucht, als auch mit ausreichenden Präsentationsfähigkeiten, um mit einer Arbeitsvermittlungsfirma oder den relevanten Netzwerken zu kooperieren.

Wenn das Datum festgelegt ist, bereitet einer von uns – entweder mein Kollege oder ich – den Klienten per Telefon auf den Inhalt und den Grund der Untersuchung vor und lädt den Klienten ein, zu überlegen, was er aus dieser Situation lernen möchte. Da gibt es zum Beispiel Angelegenheiten, die dem Klienten Sorgen bereiten, die er nicht mit dem Berater besprechen wollte und lieber für sich behält. Häufig begleitet der Berater den Klienten und stellt ihn uns vor. Auf diese Weise findet ein Übergang von der Dyade zur Triade statt.

Der Sinn und Zweck der Untersuchung mithilfe der Psychologen besteht darin, die Persönlichkeit und die emotionale Entwicklung des Klienten zu erforschen und zu überlegen, wie sich seine Karriere bis heute entwickelt hat, was in jüngster Zeit passiert ist und welche Implikationen dies für die zukünftige Karrierestrategie haben könnte.

Der Tag setzt sich zusammen aus dem Erfassen von Daten und der Hypothesenbildung im Rahmen der Teilnahme an vier Aufgaben und zwei Diskussionen. Eine der Aufgaben ist ein Familiendiagramm, in dem wir uns das Familiensystem bis zu den Großeltern beider Elternteile ansehen, die Verhaltensmuster des Lebensunterhalts verfolgen und zurückverfolgen, womit die verschiedenen Generationen ihren Lebensunterhalt verdient haben. Wir interessieren uns auch dafür, an welcher Stelle sich das Individuum innerhalb der Geschwisterreihe befindet, ob es das jüngste Kind ist oder das mittlere oder ob es ein Einzelkind ist, wie die Beziehungen zu den Geschwistern zu charakterisieren sind, ob es sich um eine typisch Kernfamilie handelt, ob sich die Eltern getrennt, wieder verheiratet haben, ob es dadurch mehr Kinder gab – und so fort.

Eine andere sehr nützliche Aufgabe, die wir einsetzen, dient der Prüfung der bevorzugten Abwehrmechanismen (defence mechanism test). Dieser Test wurde in den 50er Jahren von Kragh (1970) entwickelt, der Mithilfe eines Tachistoskops in der Lage war, Zugang zu Prozessen unterhalb des Bewusstseins zu finden, durch die Präsentation von Bildern, die in rascher Abfolge aufleuchten und die der Klient kommentieren muss. Diese Technik identifiziert und bemisst die Abwehrmechanismen, die von der Person intuitiv mobilisiert werden, um sich vor Stress zu schützen. Seither wurden viele Untersuchungen (Kragh 1962, Torjussen and Vaernes 1991, Godaert and Ursin 1988, Cooper 1988, Hessle 1990, Khaleelee 1994) durchgeführt, um die Effektivität dieses Tests in verschiedenen Settings zu überprüfen. Im Wesentlichen liefert der Test ein Profil des individuellen Entwicklungsstandes über einen gewissen Zeitraum hinweg und zeigt auffällige Entwicklungsbesonderheiten und wo Abwehrmechanismen entstanden sind.

Anhand dieser Daten bilden wir Hypothesen, ob diese Person etwa ein Früh- oder Spätentwickler ist, wie die Resilienz aussieht und ob sie über viele oder wenige Abwehrmechanismen verfügt. Es werden weitere Hypothesen über die Auswirkung auf die Arbeitsfähigkeit formuliert, die in einer intensiven Diskussion erhoben wurden. Ob jemand ein guter Initiator oder energisch ist, was oft verknüpft ist mit einer schnellen Frühentwicklung. Personen, die mit Konsolidierungsaufgaben besser umgehen können, haben oft eine langsamere und gleichmäßigere emotionale Entwicklung hinter sich. Das Tempo der persönlichen Entwicklung kann auch die Funktionsweise in Zeiten organisatorischer Veränderungen und organisatorischen Wachstums beeinträchtigen. Der persönliche Führungsstil wird diskutiert sowie die Frage, wie sie glauben, von den Vorgesetzten, den Mitarbeitenden und den Gleichgestellten – im Grunde die Repräsentation der Familie am Arbeitsplatz – wahrgenommen zu werden. Dies wird verbunden mit der Frage nach ihren Vorstellungen, wie sie von wichtigen Personen in ihrem Privatleben gesehen werden.

In einer späteren Diskussion kommen wir zum Familiendiagramm zurück und befassen uns gründlicher mit prägenden Erfahrungen. Wir sind interessiert sowohl an der Wirkung jeglicher Veränderungen als auch an der Beziehung zu Autoritätsfiguren in der Familie und in der Schule. Wir versuchen zu erfahren, welche Rolle die Person als Gruppenmitglied innerhalb der Settings der Schule eingenommen hatte. Wir sind auch interessiert an den Auswirkungen von Schulwechseln oder Änderungen der häuslichen Umgebung, mit denen die Person zu Recht kommen musste. Wir versuchen, Beziehungsmuster zu verstehen und Zeichen zu erkennen, die auf eine frühe Ausübung von Führung in prägenden Situationen hinweisen.

Gleichzeit untersuchen mein Kollege und ich während des ganzen Tages, was mit uns – auf bewusster und unbewusster Ebene – passiert, während wir mit dieser Person arbeiten. Als Paar werden wir oft wie Eltern behandelt, die sich um die Person kümmern und ihr helfen sollen, verbunden mit einer gewissen Angst, wie wir sie wohl beurteilen werden. Daher und weil sich die meisten Leute in einer solchen Situation in einem regressiveren Zustand als üblich befinden, sind wir in der Lage, vorläufige Hypothesen aufzustellen über frühe Autoritätsbeziehungen und welchen Einfluss diese auf das spätere Arbeitsleben hatten. Die Körpersprache ist dabei eine unmittelbare und wichtige Quelle von Daten. Oft schenkt die Person dem einen oder anderen von uns mehr Aufmerksamkeit durch Zuwendung des Körpers in die entsprechende Richtung. Manchmal wird der Körper dem einen zugewendet und die Füße dem anderen.

Manchmal kann sich der eine oder andere von uns von einer Unterhaltung ausgeschlossen fühlen, als sei er/sie vollkommen überflüssig. Wir betrachten diese Erfahrung im Lichte der Entwicklung von emotionalen Abhängigkeiten innerhalb der Familie und in der Entwicklung von Autoritätsbeziehungen insgesamt. Wir erhalten ein vertieftes Verständnis über den Umgang mit Beziehungen zu anderen relevanten innerpsychischen Very-small-group-Mitgliedern – wie die Eltern, der Ehemann oder die Ehefrau, der Vorgesetzte, Berater etc. –, indem wir beobachten, wie diese Beziehungen auf uns übertragen wurden. Mit anderen Worten, wir machen oft die Erfahrung, dass sich parallele Prozesse zwischen den intrapsychischen Mitgliedern der Very-Small-Group und der Art, wie diese in der Hier-und-Jetzt-Dynamik des Trios reinszeniert werden, abspielen.

Wenn der Manager zum Beispiel eine liebevolle Beziehung zu seinem Vater hatte, überträgt sich diese Erfahrung auf den Arbeitplatz, in Form einer Erwartungshaltung – und dies mag sich auch an der warmherzigen Art im Umgang mit meinem männlichen Kollegen zeigen. Ebenso kann es in der Beziehung zum Vater oder zur Mutter an Respekt gefehlt haben. In diesem Falle wird die unterschwellige Verachtung zunächst unbewusst kommuniziert und während der psychologischen Untersuchung manchmal auch offener gegenüber dem einen oder anderen von uns. Wir als »Elternpaar« können uns ziemlich gespalten fühlen in unseren Gefühlen gegenüber dem Manager, manchmal bis hin zum Punkt eines privaten hitzigen Gesprächs über ihn oder sie. In anderen Situationen befinden wir uns eher in Harmonie. Unsere Erfahrung im Umgang mit der Gegenübertragung ermöglicht uns nachzudenken, was mit dieser Person in ihren Autoritätsbeziehungen am Arbeitsplatz, im besonderen in der Situation, die sie zu uns geführt hat, wohl geschehen sein könnte. Folglich: Kann es sein, dass die Person in ihrem Verhalten unbewusst Verachtung gegenüber dem Verwaltungsratsvorsitzenden gezeigt hat? Kann das eine Rolle gespielt haben, weshalb sie ihre Arbeitsstelle verloren hat?

Andererseits muss eine schwache Bindung zu einem Elternteil nicht zwangsläufig auf diese direkte Art gezeigt werden. Sie kann auch einen positiven Einfluss auf die Entwicklung von Führungseigenschaften haben. Der Verlust eines Elternteils spielt sicherlich eine Rolle in der Entwicklung von Persönlichkeitseigenschaften. Er führt zur Frage, ob ein Mensch, der in jungen Jahren einen Elternteil verliert, getrieben ist, sich stärker zu beweisen – was in Bezug auf Führungspositionen zu interessanten Schlussfolgerungen führen würde.

Zu unserer Untersuchung. Wir nehmen uns auch Zeit über Peergruppen-Beziehungen nachzudenken und fragen uns, welchen Einfluss das Familienleben und die Existenz von Geschwistern auf die Beziehungen am Arbeitsplatz haben können und wie unbewusst die Möglichkeit fördern, einen zuverlässigen oder erfolgreichen Führungsstil anzuwenden. Zum Beispiel könnte uns der Berater über einen Generaldirektor, der seinen Arbeitsplatz verloren hat, nebenbei mitteilen, dass er sich nicht wirklich als »Nummer Eins« sehen kann. Als unmittelbare Reaktion darauf fragen wir uns, an welcher Position der Generaldirektor innerhalb seiner Herkunftsfamilie steht. Mit dieser Information kann man eine vorläufige Hypothese aufstellen über die Schwierigkeit, eine »Nummer Eins« zu sein, wenn man ein zweit- oder drittgeborenes Kind ist – speziell, wenn ein älterer gleichgeschlechtlicher Geschwisterteil erfolgreich gewesen ist. Die Familiendynamik und die Beziehung zu Gleichaltrigen geben uns wichtige Informationen, um zu verstehen, wie der Klient seine Geschicklichkeit im Umgang mit Führungspositionen entwickelt hat und über welche Kapazität er in der Zukunft verfügen kann.

Solche Informationen, zusammen mit allen anderen Informationen der Testresultate und Diskussionen, ermöglichen es uns, ausreichend abgesicherte Hypothesen zu entwickeln, die die innere Welt und die gemachten Erfahrungen in der Gegenwart verknüpfen und dem Klienten helfen, besser zu verstehen, was mit ihm geschehen ist. Durch die so gewonnenen Erkenntnisse können wir diejenigen Faktoren hervorheben, die in die Karrierestrategie miteinbezogen werden müssen, um die Möglichkeiten eines zukünftigen Erfolgs für den Klienten zu optimieren.

An der Feedbacksitzung, sieben bis zehn Tage später, sind wir zu viert oder gelegentlich zu fünft: Der Berater, mit oder ohne einem Kollegen, wird in die Sitzung miteinbezogen, um an der Diskussion über die Erfahrungen und Empfindungen dieses Tages, um an den gemeinsamen Überlegungen zum Bericht und den Implikationen für die Karrierestrategie teilzuhaben. Der zeitliche Abstand zwischen diesen Treffen ist ein wichtiger Teil des Prozesses – ein Reflexionsraum. Wieder hat sich die Gruppe verändert, sowohl in der Größe als auch in der Ausrichtung. Der Klient ist nun üblicherweise sowohl mit uns als »fürsorgliche Eltern« als auch mit dem Berater als primärem Rückhalt verbunden. Die Berater beachten die Informationen des Psychologenpaars und vergewissern sich, dass sie sich auf der richtigen Fährte befinden. Wir, die Psychologen, sind bemüht zu gewährleisten, dass wir sorgfältige und ausreichende Informationen geliefert haben, die es ermöglichen, die Passung zwischen dem Klienten und seiner nächsten Rolle zu verbessern.

Die Intervention: Ein Fallbeispiel

Zum Schluss möchte ich Ihnen noch kurz anhand eines aktuellen Beispiels zeigen, wie die Very-Small-Group am Arbeitsplatz in Szene gesetzt wird.

Es handelte sich um einen sehr charmanten schottische Manager, mit starkem Glasgower Akzent und ausgestattet mit einer unverblümten Nehmt-mich-wie-ich-bin-Haltung. Er vermittelte den Eindruck eines ungeschliffenen Diamanten voller Energie. Er war ausgebildeter Wirtschaftsprüfer und nachdem er seinen Abschluss gemacht hatte, verbrachte er sein ganzes Arbeitsleben – mit einer kurzen Ausnahme – in der Bekleidungsbranche. Er arbeitete sich schrittweise zum Finanzdirektor und dann zum Geschäftsführer hoch. Seine Wahl der Unternehmen, in denen er arbeitete, schien etwas von einem »teilobjekthaften Niveau« zu repräsentieren: Er verbrachte einige Jahre in einem Unternehmen, das für die Herstellung von Korsetts bekannt ist. Dann stieg er in die BH-Branche um, zu einer Zeit, als wir »Only the ball should bounce« (eine Werbekampagne mit einer russischen Tennisspielerin) hörten. Von da an konzentrierte er sich auf Strümpfe und Strumpfhosen und aus dieser Firma wurde er – ohne etwas davon zu ahnen – hinausgeworfen. Dieser kurze Lebenslauf führte zur Hypothese, dass er ein introvertiertes Abwehrprofil entwickelt hatte, mit einer Tendenz sich auf die Aufgabenstellung zu konzentrieren, um zuviel Kontakt mit den Mitarbeitern zu vermeiden. Kurz, wir erwarteten, dass er über das Profil eines Spezialisten verfügte.

Umso interessanter als wir feststellten, dass unsere Annahme falsch war. Seine Testresultate ergaben, dass er sehr extravertiert war und normalerweise hätte man erwarten können, dass er Marketingexperte geworden wäre. Er nahm Bedrohungen sehr früh war, was ein hohes Maß an Sensibilität voraussetzt. Seine Fähigkeit, fein wahrzunehmen, wurde jedoch durch eine Affektisolierung – durch Abspaltung der Gefühle – und durch Wegsehen bei Bedrohung verhindert. Obwohl er die Bedrohung erkannte, wehrte er sie ab und leugnete sie; er war nicht in der Lage, irgendeine Notiz von ihr zu nehmen.

Er wurde Experte für »Change Management« mit der Fähigkeit, ein schwaches Unternehmen rasch zu ändern. Er war ein Mann voller Leidenschaft und Sendungsbewusstsein. Untergebene und Kollegen unter ihm liebten und idealisierten ihn. Gleichgestellte und Vorgesetzte waren ambivalent. Das schien merkwürdig, da er offensichtlich ausgezeichnete Arbeit leistete. Er gestand, dass er sich selbst als Meister sah, den Tatsachen zu trotzen, das Unternehmen zu retten und ein Held zu werden. Er war der Ritter in glänzender Rüstung, um das in Not geratene Fräulein zu retten. Die Wertschätzung, die ihm von anderen entgegengebracht wurde, und andere positive Projektionen ließen seine Brust anschwellen. Er sprach darüber, wie er etwas größenwahnsinnig wurde, was wiederum beeinflusste, wie er von Gleichgestellten und Vorgesetzten wahrgenommen wurde. Obwohl er die Gefahren schon früh erkannte, verharmloste er diese bewusst, im Glauben, er könne alle Probleme überwinden. Die Abwehrstrategie der Reaktionsbildung, das heißt »Lächeln im Angesicht des Unglücks«, half ihm, diese Art der Leugnung zu mobilisieren. Als Ergebnis kamen wir zur Hypothese, dass er einen destruktiven Neid in anderen auslöste. Auf intellektueller Ebene ein hochbegabter Mann, war seine emotionale Intelligenz weit weniger entwickelt.

Er kam aus sehr interessanten Familienverhältnissen. Er war irischer Abstammung, auf beiden Seiten der Familie; geboren und aufgewachsen in Schottland. Sein Vater, ein Alkoholiker, machte seiner Mutter das Leben sehr schwer. Er war der einzige Sohn, speziell und bevorzugt. Seine drei Jahre ältere Schwester wurde als wild, rücksichtslos, rebellisch und unverantwortlich beschrieben. Er ignorierte sie weitgehend und missbilligte ihr Verhalten aufs Äußerste. Seine Testresultate zeigten eine starke Identifikation mit der Mutter und eine Neigung, sich älter zu geben als er wirklich war, indem er sehr früh in seinem Leben Verantwortung für sich und andere übernahm.

Er beschrieb seine Kindheit als eine, während der er viel Zeit mit sich alleine verbrachte, ohne viel Aufmerksamkeit von seinen Eltern zu erhalten, da beide arbeiteten. Es war ein ärmliches Umfeld, in dem ihm übliche Besitztümer versagt blieben. Er war wütend auf seinen Vater und beschimpfte ihn verbal. Er verhielt sich sehr beschützend gegenüber seiner Mutter, die möglicherweise während diesen prägenden Jahren die »Jungfrau in Not« repräsentierte. Er verließ mit 18 Jahren das Elternhaus, unfähig noch länger dort zu bleiben. (Der Vater, der viele verschiedene Arbeitsstellen hatte und diese regelmäßig verlor, gab das Trinken vor 15 Jahren auf und wurde »trocken«. Er begann eine völlig neue Beziehung mit der Mutter unseres Klienten. Sie machten einen neuen Anfang und scheinen nun miteinander eine glückliche Ehe zu führen.) Wir fragten uns deshalb, ob es nicht einen ungelösten ödipalen Konflikt gibt, der sich in der Arbeit zeigt: Das Unternehmen, welches gerettet werden soll, würde die Mutter repräsentieren und der Vorgesetzte und die Gleichgestellten, die ignoriert werden, den Vater und die Schwester. Es ist nicht schwer sich vorzustellen, wie diese Aspekte von Verachtung und Neid unbewusst auf das Arbeitsleben übertragen werden. Aber im Gegensatz zu den prägenden Jahren seiner Entwicklung, in denen er es war, der wegging, ist es nun eher der »Vater« im Unternehmen, der ihn hinauswirft – wegen seiner offensichtlichen Paarbildung mit Unternehmen, welches die Mutter repräsentiert.

Obwohl es in diesem Fall weniger Hinweise auf eine ödipale Spannung gab, die während des Untersuchungstages selbst auftraten, so waren doch Elemente der familiären Very-Small-Group vorhanden. Zum einen die Empathie, wie sie von Gosling beschrieben wird: Sie war deutlich sichtbar, indem mein Kollege eine starke Identifikation mit unserem Klienten erlebte, auf dem Hintergrund von dessen Lebenserfahrung (welche seine eigene Lebenserfahrung teilweise widerspiegelte), als auch wegen seines Charisma. Deswegen war er vermutlich nicht in der Lage, in der Fantasie eine bestrafende väterliche Autoritätsrolle einzunehmen. Zum anderen verbündete sich der Klient während der ersten Phase des Tages sehr stark mit mir, während er gleichzeitig meinen Kollegen ausgrenzte; später verbündete er sich stark mit meinem Kollegen und ich fühlte mich ausgeschlossen. Auf diese Weise stellten wir die symmetrische Paarbildung, wie sie von Gosling beschrieben wird, dar: Die ursprüngliche Very-Small-Group des Paares plus Eins, wobei die Paare innerhalb der Triade dann oszillieren. Als wir uns für kurze Zeit nicht im selben Raum mit dem Klienten befanden, waren mein Kollege und ich in der Lage, unsere Gefühle, eine Paar zu sein, wiederzuerlangen. Ein harmonisches Paar, nicht wie der Klient soeben seine Eltern beschrieben hatte; wir waren nicht gespalten. Allerdings fühlten wir uns, bis zum Ende unseres Tages mit diesem faszinierenden Mann, wie Verbündete oder möglicherweise Untergebene, die ein gemeinsames Verständnis einer brutalen Außenwelt teilen, als seien wir alle im selben Boot. Die familiäre Intensität der Very-Small-Group absorbierte uns. Die Spaltung befand sich daher mehr zwischen uns und den anderen als untereinander – vielleicht, weil er seine Erfahrung mit uns innerhalb der »vorübergehend haltenden Institution« (transitional holding institution) der Outplacement-Firma machte und uns als fürsorgliche Umgebung wahrnahm. Ob diese Erfahrung in einem anderen Setting über einen längeren Zeitraum angehalten hätte, lässt sich nicht sicher sagen, vor allem wenn man berücksichtigt, dass es zwischen uns keine formalen Rollenbeziehungen gab. Es ist leicht vorstellbar, wie wir ihn idealisiert hätten, wenn wir seine Untergebenen gewesen wären, und selbst ohne diese Rolle hätten wir ihn sicherlich bewundert für seine Tatkraft, sein Charisma, seiner Chuzpe und seine großen Erfolge auf der Basis eines so schwierigen Anfangs! Selbstständige Psychologen können ihre eigenen Rollen frei wählen, denn auch sie haben – bewusst oder unbewusst – Gefühle gegenüber Autoritätsfiguren. Wenn wir in einer direkten Autoritätsbeziehung über ihm gestanden wären, hätten wir in jedem Fall ambivalentere Gefühle gegenüber seinem Verhalten gehabt und hätten uns vielleicht bedroht gefühlt durch die Kraft und Dynamik, die uns das Gefühl vermittelt hätte, ausgeschlossen und missachtet zu sein.

Zusammenfassend. Ich habe versucht darzustellen, wie wir einen Lernprozess von Innen nach Außen vollziehen und wie das Modell der Gruppenbeziehungen – basierend auf dem Psychodynamischen Ansatz (system psychodynamics) – in den Settings von Organisationen angewandt werden kann, auf der Ebene des Einzelnen, der Gruppe und des ganzen Systems.

Literatur

Bertalanffy, von L. (1950b): An outline of general systems theory. In: British Journal of the Philosophy of Science, 1: S. 134–165.

Cooper, C. (1988): Predicting susceptibility to short-term stress with the defence mechanism test. In: Work & Stress Vol. 2, No.1, S. 49–58.

Freud, S. (1913): Totem and Taboo, Standard Edition 13: S. 1–100.

Gould, L. (2001): Introduction to The Systems Psychodynamics of Organizations. Gould, L. Stapley, L.F., Stein, M. (Eds.): New York (Karnac), S. 5–6.

Gosling, R.: A Study of Very Small Groups. In Group Relations Reader 2, Colman, A.D. and Geller, M.H. (Eds.): A.K. Rice Institute, 1985. S. 151–161.

Harrison, T. (2000): Bion, Rickman, Foulkes and the Northfield Experiments. Great Britain (Athenaeum Press).

Hessle, S. (1990): The Defence Mechanism Test: a Personality Test for Studying Changes in Defence Organisation and Self-Identity with Clients in Psychotherapy. In: Interpersonal Development, 6, 1975–6, S. 125–40. In: Journal of Psychology, 1990, 31, S. 81–88.

Jaques, E. (1976): A General Theory of Bureaucracy, Heinemann, S. 106–108.

Khaleelee, O. (1994): The Defence Mechanism Test as an aid for Selection and Development of Staff. In: Therapeutic Communities, Vol. 15, No.1.

Kragh, U. & Smith, G. (1970): Percept-Genetic Analysis. Lund, Sweden (Gleerups).

Kragh, U. (1962): Prediction of success of Danish attack divers by the Defence Mechanism Test (DMT). In: Perceptual and Motor Skills. S. 103–106.

Lewin, K. (1947): Frontiers in Group dynamics. Parts I and II. In: Human Relations 1, S. 5–41, 2, S. 143–153.

Miller, E. (1976a): Introductory essay: role perspectives and the understanding organizational behaviour. In: Task and Organization. Miller E.J. (Ed.): London (Wiley), S. 1–18.

Miller, E. (1993): From Dependency to Autonomy: studies in organization and change. London (Free Association Books), S. xvi.

Miller, E. (1989): The ›Leicester‹ Model: experiential study of group and organizational processes. Occasional Paper No. 10, published by Tavistock Institute of Human Relations.

Rice, A.K. (1965): Learning for Leadership. Tavistock Publications.

Torjussen, T. and Vaernes, R. (1991): The Use of the Defence Mechanism Test (DMT) in Norway for selection and stress research. In. Olff, M., Godaert, G. and Ursin, H. (Eds.): Quantification of Human Defence Mechanisms. (Springer-Verlag).

Trist, E.L. and Bamforth, K.W. (1951): Some social and psychological consequences of the longwall method of coal-getting. In: Human Relations, 4, S. 3–38.

»Führende schaffen Folgende schaffen Führende« (Robert E. Kelley): oder »The Leader-Follower-Loop«

Dimensionen des dynamischen Unbewussten in Gruppen und Institutionen

Ross A. Lazar

Einführung

Was führte das jüdische Volk dazu, dem alten Moses aus der ägyptischen Sklaverei zu folgen und unter seiner Leitung jahrelang durch die Wüste zu wandern, um endlich im gelobten Land – ohne ihn, wohlgemerkt – anzukommen? In den zehn Jahren 334–324 v. Chr. führte Alexander der Große den bisher größten Eroberungsfeldzug der Geschichte, der ihn und sein Heer von Persien bis nach Südindien brachte. Wie hat er das geschafft?[1]

Was bewegte die ersten jungen Leute, Männer wie Frauen, dem Rabbi Jeschua, dem Jesus von Nazareth, Folge zu leisten, obwohl sie am Schicksal ihres Führers und Meisters unmissverständlich vorgeführt bekamen, wie lebensgefährlich dies für sie sein würde?

Wodurch wurden die Kreuzzüge so populär, weshalb sind so viele so unkritisch so weit mitmarschiert, weshalb haben sie so viel unberechtigte Brutalität ausgeübt, so viel Leid und Vernichtung verbreitet? (Solche Fragen könnte man auch heute den Märtyrern der al-Qaida unter der Führerschaft Osama bin Ladens stellen).[2]

Oder betrachten wir die großen Kirchenväter: Augustinus, Franz von

1 [es] »muss auf die Bedeutung von Alexanders Helfern hingewiesen werden, ohne die Alexander niemals so weit gekommen wäre.« (http://de.wikipedia.org/wiki/Alexander_der_grosse#Rezeption)

2 Ein Kreuzzug war zugleich Bußgang und Kriegszug, der nach Auffassung der (nicht orthodoxen, katholisch christlichen) Zeitgenossen direkt von Gott durch das Wort des Papstes verkündet wurde. Dabei legten die Teilnehmer ein rechtsverbindliches Gelübde ab, ähnlich wie bei einer Pilgerfahrt. Die Kreuzzüge waren sehr populär, was auch die große Teilnehmerzahl und die fast nicht vorhandene christliche Kritik daran erklärt. http://de.wikipedia.org/wiki/Kreuzz%C3%BCge

Assisi, Thomas von Aquin. Später die Führer des christlichen »Protestes«: Luther, Calvin – und ihre heutigen Nachfolger, etwa bei den Evangelikalen in USA z. B. Billy Graham oder Pat Robertson; was waren bzw. sind ihre Führungsgeheimnisse? Wie haben sie ihre »Schäfchen« damals hinter sich gebracht? Wie machen sie es heute?

Wie ist es mit den großen Generälen der moderneren Geschichte (Lord Nelson[3], George Washington, Napoleon, Rommel, MacArthur, Eisenhower, de Gaulle) – welche Führungsqualitäten hatten sie, wodurch sind sie – jeder auf seine Art – so erfolgreich gewesen?

Und vergessen wir die großen Frauen der Geschichte nicht: ob Königin Esther, Cleopatra, Königin Elisabeth I, Maria Theresia oder Margaret Thatcher. Wie haben sie es geschafft, in der Zeit vor der Frauenrevolution so viel Macht auszuüben, soviel Gefolgschaft hinter sich zu bringen?

Und die Politiker, Staatsmänner und Revoluzzer jeder Couleur, alt und neu ... Thomas Jefferson, Abraham Lincoln, Bismarck, Trotzki, Che Guevara, Fidel Castro, Mao Tse-tung, Churchill, Adenauer, Willy Brandt. Alle haben die Fähigkeit gehabt, viele loyale Männer und Frauen hinter sich zu scharen.

Und wie sieht es bei den Kämpfern für Recht und Freiheit aus? Mahatma Gandhi, Martin Luther King, Nelson Mandela usw. oder die großen Namen aus der Wirtschaft gestern und heute: die sog. »Industriekapitäne« Henry Ford, Jack Welch, Edzard Reuter, Jürgen Schrempp, die Breuers, Ackermanns, von Pierers, Piëchs und wie sie alle heißen?

Auch nicht zu vergessen die vielen verschiedenen Abenteurer, Expeditionsleiter, Sportler, Künstler, Dirigenten, Regisseure usw., die alle etwas von Führen und Folgen verstehen müssen, um ihre Werke, ihre Projekte und Produkte, ihre Spiele und ihre Kunst zu verwirklichen.

Nicht zuletzt – wie schafften es und schaffen es immer wieder die vielen »Führer des Bösen« ihre Mitmenschen dazu zu bewegen, so viel Unheil, Verwüstung und Leid, meist im Namen des »Guten«, anzurichten? Ich denke hier an die Kirchenväter, Fürsten und Päpste, die für die Inquisition zuständig waren; die vielen durch die Jahrhunderte immer wieder auftauchenden Hexenjäger oder aber Führer wie Adolf Hitler, Josef Stalin, Generalissimo Francisco Franco, Idi Amin, Robert Mugabe, Pol Pot, Pinochet oder Osama bin Laden.

3 Nelson war bekannt dafür, dass er seine Untergebenen mit Ideen inspirierte und aus ihnen das Beste herausholte: Dies bildete den britischen Ausdruck »The Nelson Touch«. http://de.wikipedia.org/wiki/Lord_Nelson

Welche Rolle spielt dabei einfach das Glück? »…im richtigen Moment am richtigen Ort zu sein (just being in the right place at the right time)«? Oder der Glaube und die Hoffnung auf das In-Erfüllung-gehen einer allgemein gehaltenen unbewussten Phantasie oder Prophezeiung? Wie viel eigene Vision muss der- bzw. diejenige haben und ausstrahlen? Welche Rolle spielen persönliche Merkmale und Persönlichkeitsfaktoren? Braucht man Charisma, gutes Aussehen, Sprachgewandtheit, Engagement, Überzeugungskraft, gar Fanatismus? Und wie ist es mit den Helfern und Helfershelfern? Kann man es überhaupt alleine schaffen, oder braucht man immer treue Wegbegleiter, Adjutanten, Sparringspartner und – wie es bei den Bayern so schön heißt – »Wadlbeißer«? (Unter dem berühmt berüchtigten »Bayern Paten« F. J. Strauss hatte diese Rolle Edmund Stoiber inne.) Aaron, der Bruder Moses, z. B. war auch so eine Figur (dabei soll allerdings Gott selbst kräftig mitgewirkt haben!). Wo wäre Christus ohne seine zwölf Jünger gewesen? Und vergessen wir schließlich auch nicht die Vergöttlichung selbst, diese Art von Idealisierung, von der auch Alexander der Große enorm profitierte.

Das Thema »Leadership«: ein Fass ohne Boden

Wie Sie wissen, füllt die Literatur, die Theoriebildung und die Forschung über das Thema »Wie erreicht man wirkungsvolle und erfolgreiche Führerschaft« inzwischen ganze Bibliotheken. Diese zu überblicken ist völlig unmöglich, weshalb ich mir erlaube, mich auf einige wenige Quellen zu stützen, die sich im Laufe meines Studiums und meiner Tätigkeit als Coach und psychoanalytisch orientierter Supervisor und Organisationsberater als die für mich wichtigsten und nützlichsten herausgestellt haben. Ich werde meine Ausführungen in drei Teile gliedern:

- Das Individuum als Führender
- Das Individuum als Folgender
- Die Gruppe als Ort der Führung und der Folgschaft zugleich

und werde dabei versuchen die wesentlichen unbewussten Aspekte des jeweiligen Elements herauszuarbeiten und zu veranschaulichen.

Das Individuum als Führender

Bereits hier begegnet uns ein zentrales Dilemma, und zwar die entscheidende Frage: Ist es der Führer, der die Folgschaft sucht oder ist es die Gruppe, die ihren Führer wählt? Bion behauptet kategorisch, dass – zumindest auf der Ebene der Grundannahmen – es die Gruppe ist, die ihren Führer, ihre Führung aussucht und nicht umgekehrt. Die Gruppe, nicht der Führer sucht sich die nötige Grundannahmenführung für die (unbewußte) Bedürfnisse der Gruppe-als-Ganzes aus. Demnach ist Führung auf der Ebene der Grundannahmegruppe ein Produkt der Gruppendynamik, nicht seine Ursache. Bion schreibt:

> »Auf der Ebene der Grundannahme erschafft der Führer die Gruppe nicht etwa, weil er fanatisch einer Idee anhängt, sondern er ist vielmehr jemand, dessen Persönlichkeit ihn besonders empfänglich macht für die Aufhebung der Individualität durch die Anforderungen der Grundannahmengruppe an ihren Führer.« (1971, S. 176)

Bion verbindet dieses Phänomen mit der kleinianischen Theorie der projektiven Identifizierung, wenn er sagt:

> »... für mich ist der Führer genau so ein Geschöpf der Grundannahme wie jedes andere Mitglied der Gruppe, und dies ist, glaube ich, zu erwarten, wenn wir in Betracht ziehen, dass Identifizierung des Einzelnen mit dem Führer *nicht von Introjektion allein abhängt, sondern von einem gleichzeitigen Prozess der projektiven Identifikation.*« [Betonung d. Verf.]

Dieser »Verlust der individuellen Charakteristika«, so Bion, »trifft auf den Führer ebenso wie auf jeden anderen zu« (Bion 1971, S. 176). Dennoch, ohne dieses Diktum Bions außer Acht zu lassen, möchte ich mit einigen Gedanken die Führungsrolle des Individuums, zunächst in kleinen Gruppen, erörtern. Ich werde einen der großen Gründerfiguren des Tavistock Group Relations Ansatzes zu Rate ziehen, nämlich Pierre Turquet.

Die erste zentrale Funktion zur Rolle der Führung, die Turquet in seinem klassischen Aufsatz »Leadership: the Individual and the Group« (1974) beschreibt, ist die der Grenzkontrolle eines offenen Systems. »Ein grundlegender Aspekt von Führung ... ist die Grenzkontrolle an dieser Schnittstelle«. (A fundamental aspect of leadership ... is boundary control at this interface [d. h. zwischen Gruppe und Umwelt]) (S. 73).

Um diese essentielle Grenzkontrollfunktion auszuüben, muss man in der Lage sein sowohl als »Teilnehmer« wie auch als »Beobachter« zu fungieren –

und seine Aufmerksamkeit januskopfig mit Blick sowohl nach innen wie nach außen zu richten. Turquet warnt vor den Gefahren, sowohl sich zu weit weg vom Gruppengeschehen zu begeben als auch zu sehr »drinnen« zu sein. Wiederum in Anlehnung an die kleinianische Theorie der projektiven Identifizierung erläutert er die Gefahr des Nicht-daran-Teilhabens (non-participation) wie folgt:

> »Gliding above the fray as a nonparticipant, he will deprive himself of certain vital aspects of the group's activities. Hence, he will lose much of his evidence about the state of the group and especially the group's expectations with regard to his leadership. Indeed, there will be times when the *only evidence to him as to the state of the group's health will be his own personal experience of the group, what he feels the group is doing to him and how he feels the group inside himself.*«
>
> »Indem er als Nicht-Teilnehmender über das Geschehen (Gefecht) hinweg ›gleitet‹, d.h. es ignoriert (?), beraubt er sich gewisser lebenswichtiger Aspekte der Gruppenaktivitäten. Deshalb wird er viel von seinem Urteilsvermögen verlieren, was den Zustand der Gruppe betrifft und vor allem, was die Gruppe von seiner Führung erwartet. Es wird in der Tat Zeiten geben, wo er *den Gesundheitszustand der Gruppe nur durch seine eigene persönliche Erfahrung in der Gruppe beurteilen kann, etwa wie die Gruppe nach seiner Meinung mit ihm umgeht und wie er die Gruppe in ihm selbst empfindet.*« (ebd.) [Betonung d. Verf.] [Übers. D. Verf.]

Gleichzeitig betont Turquet, dass eine Führung, die sich zu sehr innerhalb der Grenzen der Gruppe zu verlieren droht, ebenso schädlich für die effektive Ausübung von Führung ist, u.a. weil sie dann außerstande ist, die notwendige Projektionsfläche für die Gruppenmitglieder zu bilden. Denn der Führer muss bereit und in der Lage sein, sich dafür zur Verfügung zu stellen (to act as a receptacle for projections and to bear being used). (ebd.)

Diese zwei Aspekte der Ausübung von Führungsrolle können nicht genug betont werden, zumal sie sich nach meinem Verständnis zunächst weitgehend im Unbewussten abspielen. Für die Projektionen der Gruppe empfänglich zu sein – ohne allerdings von ihnen überwältigt zu werden – und »auf Tuchfühlung« mit dem Gesamtgeschehen in einem selbst zu sein, sind unabdingbare Voraussetzungen für das psychologisch kluge und gekonnte Führen von Gruppen.

Ich werde zu den Ausführungen Turquets zurückkehren, wenn wir die Struktur, die Führung und Dynamik der Grundannahmengruppen besprechen. Vorher aber möchte ich einige Worte zu dem brisanten und viel diskutierten Thema »Die Persönlichkeit des Führenden« hinzufügen.

Einige Persönlichkeitsmerkmale von Führungspersönlichkeiten und ihre Auswirkung auf die Folgschaft

Autoritäre vs. autorisierte Führung

In seinem Klassiker, »Regression in Organisational Leadership« (1979), exploriert Kernberg den Unterschied zwischen einer autoritären Persönlichkeitsstruktur, einer autoritären Organisationsstruktur und zwei Formen von Autorität, »administrative Autorität« (managerial authority) und »Führungsautorität« (leadership authority). Dabei differenziert er zwischen situativem autoritärem Verhalten in Führungsrollen (das aus verschiedenen situativen Quellen entsteht) und der »autoritären Persönlichkeit«, wie sie von Adorno und Kollegen in den 50er Jahren beschrieben wurde.

Er schreibt, »eine autoritäre administrative Struktur ist mit mehr Macht ausgestattet als sie braucht, um ihre Funktionen auszuführen, wohingegen eine funktionelle Struktur, in der Personen und Gruppen in verantwortungsvollen Positionen mit adäquater – aber nicht übermäßiger – Macht ausgestattet sind«. Und weiter: »Autoritäres Verhalten, das die funktionellen Bedürfnisse [der Aufgabe] übersteigt, ist von autoritativem Verhalten, das die funktionell adäquate bzw. notwendige Ausübung von Autorität darstellt, zu unterscheiden. ... In der Praxis stammt Autorität – d. h. das Recht und die Kapazität aufgabenbezogene Führung auszuüben – aus verschiedenen Quellen ...« (S. 95) [Übers d. Verf.]. Als »Management-Autorität« bezeichnet man diejenige Autorität, die der führenden Person durch die Institution delegiert wurde. »Führungsautorität« (leadership authority) bezieht sich auf die Anerkennung, die er von seiner Folgschaft bekommt, die Aufgabe zu erledigen aufgrund seiner entsprechenden Fähigkeiten.

Der Londoner Analytiker und Organisationsberater Anton Obholzer geht einen wesentlichen Schritt weiter, wenn er diese Definition etwa wie folgt ergänzt: »Autorität kommt von oben, von unten und von innen«. Von oben wird sie delegiert, von unten wird sie anerkannt, und von innen muss sie sich aus den Qualitäten und Objektbeziehungen der inneren Objekte (in der inneren Welt) der Persönlichkeit (des Betroffenen) speisen« (Obholzer, persönliche Mitteilung). Eine Schlüsselqualifikation von guter Führung ist für Obholzer die Fähigkeit, die produktiven Qualitäten seiner Folgschaft zu unterstützen und diese fruchtbar zu machen, ohne die Autorität anderer zu untergraben (nach Obholzer, 1996) [Übers d. Verf.].

Schizoide, zwanghafte, paranoide und narzisstische Persönlichkeitsstrukturen

Sie werden selbst alle die Erfahrung gemacht haben, dass Führungspersönlichkeiten in allen möglichen und unmöglichen Farben und Formen schillern – und damit in allen Schattierungen von Psychopathologie und Charakterpathologie. In der Tat können bestimmte Aberrationen der Persönlichkeit die Übernahme bestimmter Führungsrollen begünstigen, vor allem für die Führung von Grundannahmengruppen. Kernberg z.B. analysiert die vier oben genannten Arten von Persönlichkeitspathologie und beschreibt, für welche Aufgaben sie sich besonders gut bzw. besonders schlecht eignen – ein faszinierendes Thema, auf das ich aber nicht weiter eingehen kann. Neben Kernberg hat sich unter den Psychoanalytikern, die sich mit der Persönlichkeitsstruktur von Führungspersönlichkeiten beschäftigen, besonders Manfred Kets de Vries einen Namen gemacht. Mit so brisanten und reizvollen Titeln wie: »Führer, Narren und Hochstapler«, »Das Geheimnis erfolgreicher Manager: Führen mit Charisma und emotionaler Intelligenz« oder »Cheftypen« hat de Vries es bisher am besten verstanden, die klinischen Einsichten der Psychoanalyse auf die Persönlichkeiten von Führenden anzuwenden. Was allerdings weder er noch sonst irgendjemand bzw. irgendein Konzept je wird bewirken können, ist das perfekte Zusammenpassen von Persönlichkeit, Aufgabe und Folgschaft zu realisieren.

Das Individuum als Folgender

Während man in den letzten Jahren sich schier endlos mit dem Thema Führung, mit den notwendigen Qualitäten von Führenden usw. beschäftigt hat, ist dies beim Thema Folgschaft viel weniger der Fall. Was können wir über die Geführten sagen, über die, die dem Führenden Folgschaft zu leisten haben, wenn er ein Führender sein soll? Auf dieses Thema hat sich Robert E. Kelley von der Carnegie Mellon Universität in Pittsburgh spezialisiert und maßgebliche Formulierungen dazu geliefert:

Die Natur von Führerschaft kann vielleicht am besten verstanden werden, wenn wir die Münze umdrehen und Folgschaft studieren. Warum folgen Menschen Führenden? Wenn wir dies verstehen, werden wir ein gutes Stück des Weges geschafft haben, jene Folgschaft zu bilden und damit effektive Führer zu werden.

Die Menschen folgen nicht einfach irgendjemandem. Man kann nicht einfach sagen ›Folgt mir‹ und erwarten, dass die Leute die Güte haben einem deshalb zu folgen. Man muss ihnen guten Grund geben, damit sie folgen.

Kelley nennt einige Schlüsselaspekte, die seiner Meinung nach zur Erschaffung von Folgschaft notwendig sind:

- Führende schaffen Folgende schaffen Führende (in Abwandlung von Bion).
- Man muss vom manipulativen (coercive) Druck weg und hin zum Sog inspirierender Visionen.
- Sowohl der Führer als auch die Lösung sind wichtig.
- Man folgt dem, dem man vertraut.
- Man folgt dem, den man mag/der einem sympathisch ist.
- Man folgt dem, der einen unterstützt.
- Man folgt Ideen, nicht Zielen.

Kelley verfolgt konsequent die These, dass Folgschaft Führung erschafft, und dass Organisationen gut daran täten, mehr darauf zu achten, wie Folgende ihre Führerschaft immer wieder neu erfinden würden, wenn sie Gelegenheit dazu bekämen.

Was ist Folgschaft?

In West Point, der renommierten Militärakademie der U.S. Army, heißt es, »bevor man führen kann, muss man lernen zu folgen« (Before you can lead, you must learn to follow.) und »Fähige Führer entstehen aus den Rängen fähiger Folgender« (Able leaders emerge from the ranks of able followers.).

Welche Arten von Folgschaft gibt es? Genau wie sich Führungsstile unterscheiden, so gibt es auch verschiedene Arten von Folgschaft. Kelley sieht eine Skala von aktiver zu passiver Folgschaft, von unabhängigen, kritisch denkenden Menschen am einen Ende bis hin zu den abhängigen, unkritisch denkenden am anderen Ende der Skala. Allerdings müssen wir meines Erachtens, Bions Beobachtungen eingedenk, noch eine Kategorie jenseits jener unkritisch Denkenden hinzufügen, nämlich diejenigen einbeziehen, die gar nicht denken, sondern blind folgen.

Für Kelley sind die besten »Followers« jene, die für sich denken, die in der Lage sind, konstruktive Kritik zu geben und die innovativ und kreativ sind. Die schlechteste Folgschaft leisten jene, denen man immer genau sagen muss, was sie zu machen haben, die nicht für sich denken, also jene, die, wie er meint, wenn auf sich gestellt, es »nicht einmal schaffen alleine auf's Klo zu gehen«! Irgendwo dazwischen befinden sich die meisten, nämlich jene typischen Folgenden, die Anweisungen folgen und weder die Führung noch die Gruppe in Frage stellen.

Die erste Gruppe, die sog. »guten Folgenden«, ergreift die Initiative, nimmt Besitz an, zeigt aktive Teilnahme, nimmt die Dinge selbst in die Hand und geht über die Grenzen der eigentlichen Aufgabe hinaus.[4] Die schlechtesten Folgenden wiederum sind »passiv«, »faul«, »müssen angeschubst und ständig überwacht werden« und meiden Verantwortung. Diejenigen dazwischen, die »Typischen«, schaffen ihre Aufgaben ohne Überwachung, nachdem man ihnen gesagt hat, was sie zu tun haben, und »drehen sich nach der Windrichtung«.

In seinem Bestseller »The Power of Followership« macht Kelley uns darauf aufmerksam, dass:

- Führende und Folgende meistens die gleichen Personen sind, weil die meisten Manager sowohl Vorgesetze wie auch Untergebene haben, und
- Organisationen zwar sehr viel dafür tun, um Führungsqualitäten zu entwickeln, aber die Möglichkeiten, gute »Followership-Skills« zu entwickeln und zu fördern, vernachlässigen bzw. ignorieren.

Um solche guten »Followership-Skills« besser zu entwickeln, schlägt er vier Schritte vor:

1. Die Rollen von Führerschaft und Folgschaft dahingehend umdefinieren, dass sie als *unterschiedlich, aber gleichwertig* verstanden werden;
2. Die Fähigkeiten, die gute Folgschaft ermöglichen, zu *lehren*;
3. *Leistungsevaluationen auszuführen*, die die Qualitäten guter Folgschaft berücksichtigen, und
4. Organisationsstrukturen zu kreieren (führungslose Gruppen zum Beispiel oder Gruppen, in denen die Führungsaufgaben immer wieder wechseln), die die Entwicklung von guter Folgschaft unterstützen.

Schließlich bietet er uns eine kurze Liste der wünschenswertesten Eigenschaften effektiver Gefolgschaft an:

- Begeisterung (Enthusiasmus), als eine »ansteckende Form von Energie«

4 »take initiative, assume ownership, participate actively, are self-starters, and go above and beyond the job«

- ➢ Initiative ergreifen und Verantwortung übernehmen (taking a proactive stance)
- ➢ Inbesitznahme des Territoriums (ownership of the territory)
- ➢ Vielseitigkeit (versatility) und Flexibilität

Kelleys Fazit ist klar: In Zukunft wird der Fokus vermehrt auf die Qualität der Gefolgschaft gerichtet sein als bisher. Überall wird es zunehmend um Teamarbeit, Kollaboration (oft international) und Kooperationen von Subgruppen gehen, die nur durch eine hoch motivierte und hoch qualifizierte Gefolgschaft geleistet werden kann. Jede Führungskraft, die auf die Gefolgschaft ihres Teams angewiesen ist, wird gut daran tun, sich diese Qualitätsmerkmale guter Gefolgschaft zu merken und sie zu pflegen. Im Endeffekt, sagt Kelley, müssen Führende und Folgende verstehen, dass sie auf Gegenseitigkeit sowohl ihre Verantwortlichkeiten als auch ihre Belohnungen miteinander teilen müssen.

Die Gruppe als Ort der Führung und des Folgens gleichermaßen

Kelleys These »Führung schafft Gefolgschaft schafft Führung« – in Kombination mit Bions Theorie der Gruppe, insbesondere die Interaktion zwischen den Grundannahmen (basic assumptions) und der Arbeitsgruppe – gewinnt damit an Brisanz. Denn die Grundannahmengruppen sind sozusagen Modelle von Führen und Folgen auf der Basis von unbewussten Phantasien und deren Psychodynamik.

Bions Theorie der Gruppendynamik, der Grundannahmen und Führung

Bion geht davon aus, dass Menschen, die als Gruppe zusammenkommen – egal zu welchem Zweck – grundsätzlich bestrebt sind, die Gruppe als solche zu erhalten. (Ibid., S. 63) [Hervorhebung durch Verf.]. Auf der unbewussten, protomentalen Ebene vollzieht sich die Gruppenformation in drei Grundformen, die er als »basic assumptions« bezeichnet:

- ➢ Die ganze Gruppe bleibt für ihr Wohlergehen von einem Führer abhängig (Grundannahme Abhängigkeit – basic assumption Dependency – baD).

- Die Gruppe wählt ein Paar, dessen Aufgabe es ist, ein neues »Etwas« (Person, Idee, Struktur) zu schaffen, das eine scheinbar messianische Funktion hat und die Gruppe glauben macht, sie sei sicher vor Desintegration und Zerstörung (Grundannahme Paarbildung – basic assumption Pairing – baP).
- Eine Form von Gruppenführerschaft wird gebildet, die den Selbsterhalt der Gruppe zu garantieren scheint, indem sie entweder dafür sorgt, dass die Feinde bekämpft werden oder vor ihnen geflohen wird (Grundannahme Kampf/Flucht – basic assumption fight/flight – baF).

Anstatt sich an der Arbeitsaufgabe und ihren Erfordernissen zu orientieren, sich ihr zu stellen und sich entsprechend zu strukturieren, pflegt die von einer Grundannahme beherrschte Gruppe sich immer mehr in die Grundannahmenstruktur zu vertiefen und daran festzuhalten, bis die Aufgabe und ihre Erfordernisse kaum noch zu erkennen sind. Hauptsache, die Gruppe erhält sich dadurch – vermeintlich – am Leben, d. h. die Angst vernichtet zu werden wird dadurch in Schach gehalten.

Die Arbeitsgruppe und ihre Führung

Diese Gruppe wählt sich eine Führung und zeichnet sich durch eine aufgabengemäße Realitätsbezogenheit aus, die Arbeitsfähigkeit und Produktivität ermöglicht. Diesen Gruppenmodus gilt es in jeder Arbeitssituation anzustreben. Gelingt es der Gruppe in einer Arbeitsgruppenmentalität zu arbeiten, so macht sich diese sofort bemerkbar. Jeder kennt die Atmosphäre, die etwa in einem Klassenzimmer vorherrscht und durch ein leises Summen zum Ausdruck bringt, dass hier produktive und befriedigende Arbeit geleistet wird. Ebenso gut kennt man das unangenehme Gefühl in einer Gruppe zu sein, die arbeitsunfähig ist, obwohl jedes einzelne Gruppenmitglied von sich selbst mit Fug und Recht behaupten möchte, dass er oder sie als Individuum um effektive Arbeit bemüht ist. Dies ist mit Sicherheit ein Zeichen dafür, dass die Gruppe unbewusst an einer der Grundannahmen festhält, und, aus welchen Gründen auch immer (z. B. Rivalität, Neid, Faulheit, Angst vor der Aufgabe, Angst zu versagen usw.), nicht imstande ist, sich eine fähige, von der Gruppe autorisierte und daher effektive Arbeitsführung zu geben.

Aber die Grundidee, dass es solche unbewussten Muster sind, die das Leben einer Gruppe maßgeblich beeinflussen, ist nicht bei Bions drei Grundannahmen stehen geblieben. Die Suche nach weiteren Grundannahmenmustern läuft noch quicklebendig bis heute, wie ich demonstrieren werde. Allerdings ist das Feld recht unübersichtlich und widersprüchlich. Und ob alles, was den Anspruch erhebt, als »neue Grundannahme« betrachtet zu werden, gerechtfertigt ist, bleibt eine Frage. Ich möchte versuchen, etwas Licht in diesen theoretischen Dschungel zu bringen, indem ich mehr oder weniger chronologisch die maßgeblichen Beiträge modernerer Autoren vorstelle. Ich beginne mit Pierre Turquets Vorschlag einer neuen Grundannahme, die er mit dem Namen »One-ness« taufte.

Turquets vierte Grundannahme: »One-ness«

In dem bereits zitierten Aufsatz »Leadership: the Individual and the Group« (1974) führt Pierre Turquet eine vierte Grundannahmenkategorie hinzu. Er schreibt:

> »Zu den drei Grundannahmengruppen, die Bion beschreibt, würde ich eine vierte hinzufügen – die Grundannahme ›One-ness‹ (Einheit?) Gruppe (BaO group), deren Mitglieder versuchen sich mit einer mächtigen Einheit, die eine allmächtige, unendlich hohe Kraft besitzt, zu vereinen, sich selbst in passive Partizipation (hin- oder auf-)zugeben und sich dadurch existent, wohlauf und ›ganz‹ zu fühlen.« (Turquet in: Colman and Geller, S. 76) [Übers d. Verf.]

Eigenartigerweise ist das alles, was Turquet selbst zu dieser Ergänzung zur Bionschen Grundannahmen-Theoriebildung zu sagen hat. Er führt keine Beispiele an, führt sein Konzept meines Wissens nirgendwo weiter aus und – obwohl das Thema seines Aufsatzes »Führung, Individuum und Gruppe« ist – sagt er gar nichts darüber, ob bzw. wie eine solche »One-ness«-Grundanahmengruppe geführt wird oder nicht. So bleibt es etwas rätselhaft, was er mit der Einführung einer so grundsätzlich neuen Kategorie des Gruppengeschehens bezwecken wollte. Allerdings zitieren und modifizieren viele andere Autoren seine These, also müssen wir sie konsultieren, um ihre Anwendung weiter zu verfolgen.

Eine interessante Interpretation der baO-Hypothese bildet eine These, die ein anderer ausgewiesener Group-Relations-Experte, David Armstrong, avanciert. Armstrong schreibt, »es wäre möglich die Wirkung dieser Grundannahme als Versuch zu interpretieren, die Gefühle von Trennung und Diskontinuität, die mit der Situation der Geburt assoziiert sind, zu vermeiden bzw. ihnen zu entfliehen« (Armstrong 1992) [Übers. d. Verf.]. Damit wäre dies in der Tat eine radikale Hypothese, aber auch Armstrong führt seine Idee an dieser Stelle nicht weiter aus.

Eine weitere Referenz (Shotter and Gergen 1989) versteht »One-ness« als eine andere Form von Flucht und behauptet, dass jede Gruppe, die sich mit Führung befasst, irgendwie weiß, dass jeglicher Versuch individuelle Unterschiede anzugehen, höchstwahrscheinlich in Konflikt und Chaos enden wird. So bald diese Differenzen ans Licht gebracht werden, kann Flucht vor der Aufgabe vielerlei Formen annehmen, insbesondere eine Organisation, die sozusagen »im Gleichschritt marschiert«.

Und laut Cilliers (2002) ist aus dem »One-ness« inzwischen »We-ness« geworden und bezeichnet eine Gruppendynamik, die – getrieben vom Wunsch nach Zugehörigkeit und im Glauben an die dadurch entstehende Kohäsion und Synergie – meint ihre sämtlichen Probleme durch ihre Stärke und vereinten Kräfte lösen zu können.

Der Vollständigkeit halber erwähne ich schließlich noch die Arbeit des Londoner Gruppenanalytikers Earl Hopper. In seinem 2003 erschienenen Buch »Traumatic Experience in the Unconscious Life of Groups« nennt er Turquets Grundannahme nun »Incohesion: Aggregation/Massification or ba I:A/M«.[5] Hopper entwickelt seine These im Kontext seiner weit reichenden Erfahrungen über das unbewusste Leben von Gruppen und gruppenähnlichen sozialen Systemen innerhalb eines sozialen, kulturellen und politischen, generationsübergreifenden Kontextes. Er argumentiert, dass »Incohesion: Aggregation/Massification oder ba/I:A/M« (Akronym für »I am«, d.h. die persönliche Identität behauptet sich, wenn sie sich bedroht fühlt) auf der Angst vor Vernichtung basiert, die wiederum aus traumatischen Erfahrungen stammt. So weit die Weiterentwicklung dieser vierten Grundannahme Turquets.

W. Gordon Lawrence, Alastair Bain & Laurence Gould: Die fünfte Grundannahme

Ganz anders als Turquets kryptische Einführung von »One-ness« als Grundannahme Nr. 4 sind die Ausführungen von Lawrence, Bain und

5 Incohesion = das Gegenteil von Kohäsion, also ›nichtzusammenhängend‹
Aggregation = Anhäufung
Massification = massiv, schwer, groß

Gould zu ihrem Vorschlag einer fünften Grundannahme historisch, philosophisch und psycho-soziologisch fundiert und mit vielen verschiedenen Beispielen erläutert. Ihre Hypothese wurde 1996 zunächst in der Zeitschrift »Free Associations« veröffentlicht und sollte als besonderes kulturelles Phänomen der Zeit (bezogen auf das letzte Drittel des letzten Jahrhunderts) unter den damals vorherrschenden psycho-sozialen, wirtschaftlichen und ideologischen Zeitströmungen verstanden werden. Die Autoren sehen die Entstehung des Phänomens, das sie im Gegensatz zu Turquets »One-ness« »Me-ness« nennen, einerseits als »den Anfang vom Ende der fortgeschrittenen Industriegesellschaft und den Anfang von Gesellschaften, die es noch zu entdecken gilt« (Lawrence, Bain and Gould 1996, S. 35) [Übers d. Verf.]. Andererseits sprechen sie von einem »temporären kulturellen Phänomen, das sich gerade in dieser historischen Zeit entwickelt habe« (Ibid.). Inwiefern diese so sehr zeitgeschichtlich begründete Qualifizierung der Hypothese sie als echte Grundannahme gewissermaßen in Frage stellt, wird später zu diskutieren sein.

Nun zur Hypothese: Ausgehend von einer psycho-sozialen Entwicklung in Richtung einer »Kultur des Narzissmus« (die Autoren wie Christopher Lasch, Robert N. Bellah oder John Carey Ende des letzten Jahrhunderts beschrieben haben), beobachteten Lawrence, Bain und Gould in den verschiedensten Gruppen- und organisatorischen Settings in ihren Rollen als Direktoren und Berater von Group-Relations-Konferenzen wie auch als Berater von Organisationen und sozialen Systemen eine starke Tendenz zu »Getrenntheit« (separateness) anstelle von »Einheit« (one-ness). Im Begriff einer solchen Grundannahme lehnt das Individuum die »Wir-Idee« ab und ist bestrebt, aus der Gruppe eine »Nicht-Gruppe« zu machen. Etwas überspitzt formuliert heißt das, »Me-ness« ist das Gegenteil von »One-ness«. Unter dem Einfluss von »Me-ness« verhält man sich, als gäbe es keine Gruppe, denn wenn es eine gäbe, wäre sie eine Quelle von Verfolgung und damit von Angst. Jegliche Idee von »Gruppe« ist kontaminiert, tabu, unrein... Mit anderen Worten: ist negativ. Die einzige Realität ist die Realität des Individuums. Die Gruppe hat keine Realität und darf auch nie Realität werden. Die größte Angst in einer »baM«(Grundannahme »Me-ness«)-Kultur ist die Angst, in einer Gruppe verloren zu gehen, sollte sich jemals eine ergeben. Damit fungiert baM als Abwehr sowohl gegen die anderen Grundannahmen als auch gegen die Arbeitsgruppe.

Auf der Ebene der Emotionen wird in baM der Versuch unternommen, sich partout von jeglichem Gefühl zu distanzieren. Alles wird aus der Distanz beobachtet, und es wird darüber berichtet, als sei man ein nicht-involvierter, beobachtender, Notizen machender Wissenschaftler. Anstelle eines Liveberichtes von der Front emotionaler Erfahrungen werden »Photos« vom eigenen Gefühlszustand angeboten.

Anstatt wahrhaftige, produktive, fruchtbare heterosexuelle Beziehungskonstellationen (die in diesem Sinne nicht nur zwischen Mann und Frau, sondern zwischen »männlichen« und »weiblichen« Teilen von Persönlichkeiten zustande kommen können), findet man eine besondere Art von »homosexueller« Objektkonstellation, die die Autoren »Mich-mit-mir-selbst« (me-with-me) nennen.

Sollte man in baM trotzdem etwas lernen, muss dies ein Geheimnis bleiben. Was man lernt, darf nicht mit-geteilt werden, denn es könnte dann von einem anderen gestohlen werden oder, noch schlimmer, es könnte Anlass geben, Dankbarkeit zu fühlen auf Grund der Tatsache, dass man etwas von einem anderen bekommen hat. In diesem Sinne kann man baM als einen unbewussten Angriff auf jegliche Idee oder Person verstehen, auf die man sich evtl. als eine Ressource zum Lernen verlassen könnte. In der Welt der baM ist jeder ein Autodidakt, der immer nur selbst auswählt, was er wie von wem lernen will. Das Individuum kann und muss sein Schicksal alleine in Isolation ausarbeiten. Die Gruppe der Anderen ist eine undifferenzierte Masse. Andere Personen besitzen keine Individualität und es lohnt sich auch nicht sie kennen zu lernen.

Diese verachtende Haltung führt zu einem eklatanten Vitalitätsverlust. Die Atmosphäre einer solchen Gruppe wiegt schwer mit einem Gefühl der Aussichtslosigkeit (futility) und ist charakterisiert durch ein Gefühl von Ausgehungertsein und Verarmung. Logischerweise findet unter diesen Umständen keine echte Kommunikation statt, selbst wenn man glaubt, man kommuniziere. Es herrscht vielmehr die Erwartung, dass Kommunikation nicht nötig sei, d.h. eine unbewusste Annahme, man werde erahnen, was in den anderen vor sich geht, ohne es kommunizieren zu müssen.

Auf der Ebene der Werte und der Moral ist, wie gesagt, Dankbarkeit undenkbar und damit Rücksichtslosigkeit und Egoismus gerechtfertigt. Die Stimmung ist fatalistisch, Hoffnung auf Fortschritt und Lernen aus der Geschichte unmöglich. Die Essenz von baM besteht also darin, dass

> »... jegliche soziale Konfiguration wie eine Gruppe oder die Gesellschaft als Ganzes für ein beschädigtes und beschädigendes Objekt steht. Die Gruppe wird als ein feindseliges Objekt ausgelegt, weil man es als phobisch ein-

> schätzt. Folglich, das ›(m)ich‹ (me), das sich impotent und verletzlich fühlt und reale Auslöschungsängste hat, übernimmt eine ›gegen-abhängige‹ (counter-dependent) Position der Gruppe gegenüber, indem gerade seine Existenz als solche geleugnet wird; nur das ›me‹ ist real.« (Lawrence, Bain and Gould, S. 45) [Übers d. Verf.]

Soviel zur Entstehung und zu den Charakteristika der baM Grundannahme. Nur eine weitere Bemerkung dazu. Wie in baO gibt es in den detaillierten Ausführungen zu baM keinerlei Hinweis auf irgendeine Führungsinstanz. Heißt das, dass diese beiden »modernen« Grundannahmen – wenn sie überhaupt welche sind – Grundannahmen von »führerlosen Gruppen« sind, und so die Vermutung nahe liegt, dass Führung verpönt, verleugnet bzw. »verboten« ist? Oder heißt das, dass die Führung so versteckt bleibt, dass man sie nicht erkennen, nicht benennen kann … oder ist das sogar das Gleiche?

Diane Cano: »One-ness« und »Me-ness« im Rahmen von baG (baGrouping)

Die Hypothese von Lawrence, Bain und Gould wurde 1995 bei der Jahrestagung der ISPSO (International Society for the Psychoanalytic Study of Organisations) in London vorgestellt. Eine amerikanische Kollegin, Diane Cano, fing an, die darin enthaltene These von »Me-ness« mit ihren eigenen Arbeitserfahrungen als Organisationsberaterin abzugleichen. In ihrem 1997 veröffentlichten Aufsatz »One-ness and Me-ness in the baG?« berichtet Cano von einem immer wiederkehrenden Gefühl, das sie mit den Worten »It's something else« titulierte.

In ihrer Arbeit mit Gruppen konnte sie dieses »Etwas andere« wahrnehmen – vermutlich eine bestimmte Angst –, die zu einem ausgeprägten schnellen Oszillieren zwischen verschiedenen Führungsarten und Grundannahmeformen führt. Hauptmerkmal dieser Dynamik schien die *Diskontinuität* selbst zu sein. Muster fielen genau so schnell auseinander wie sie zustande kamen und Unterbrechungen waren die Regel. Sich auf ein Thema zu konzentrieren schien unmöglich, ständig wurde Ort, Zeit und Mitgliedschaft der Gruppen verändert, und anstelle von geordneter, rationaler Tagungsordnung gab es immer wieder Ablenkungen, Belanglosigkeiten und Unterbrechungen. Daneben zeigte sich als gemeinsamer Faktor dieser Gruppen die Tendenz zu hartnäckigen und wiederholten *Angriffen auf Verbindungen.*

Ob als Beraterin eines Schulsystems, einer »virtuellen« Online-Gruppe oder in einer großen Firma, immer wieder beschäftigte sie das Gefühl »Es ist etwas anderes...«. Ihrer Beobachtung nach gibt es vier bestimmte Muster, die zu diesem »Something-else«- Gefühl beitragen:

1. eine übermäßige Beschäftigung mit der Formierung (Bildung), der Reformierung (Umbildung) und/oder dem Zerfall der Gruppe;
2. ein anscheinend willkürlicher Wechsel zwischen »One-ness« und »Meness«, wobei ein und dieselbe Führung sowohl das eine wie das andere (»One-ness« wie auch »Me-ness«) wahllos zu fördern schien, und
3. sowohl Führende wie Folgschaft zeigten in hohem Maße die Tendenz Verbindungen anzugreifen (attacks on linking).

Schließlich formulierte sie ihre Hypothese wie folgt: »baGrouping entsteht«, wo die Formierung, die Re-formierung oder der Zerfall der Gruppe zur Debatte steht, [und ist] eine Grundannahme, in der »One-ness« und »Meness« alternativ zu einander funktionieren, ähnlich wie Kampf und Flucht in der Kampf/Flucht Grundannahme. [Es ist ein Gruppenzustand] in dem Phantasien der völligen Einheit bzw. der völligen Unabhängigkeit das Erreichen eines realistischen Zustandes der Interdependenz ersetzen, und der durch Vermeidung bzw. Vernichtung per Angriffe auf Verbindung bewirkt wird (Cano 1997, S. 5) [Übers d. Verf.] [Ergänzungen d. Übers.]. Schließlich fragt Cano nach dem »Warum«[6] dieser Dynamik. Sie schreibt:

> »Ob in Form einer Phantasie von nahtloser Einheit oder von selbstständigem Individualismus, dieses »Etwas-anderes-Muster« schien der Gruppe-als-Ganzes oft als Vermeidungsstrategie gegen den großen Stress und die praktischen Schwierigkeiten zu dienen, die mit dem bewussten, rationalen, praktischen Ringen um Formierung, Re-formierung oder Auflösung einer realen Gruppe ängstlicher, sich bemühender Individuen verbunden sind. Andererseits schien es den einzelnen Gruppenmitgliedern als Puffer zu dienen gegen das Risiko, Energie und Emotion in einer Gruppe zu investieren, die von den ganz normalen Wechselfällen, die mit der Formierung, Re-formierung oder Auflösung von Gruppen einhergehen, bedroht ist.«

Alles in allem zwar eine spannende Idee, aber ob es für eine allgemein gültige Grundannahmenhypothese reicht, erscheint mir fraglich. Ähnlich den Thesen von »One-ness« und »Me-ness« scheint mir Canos Idee zwar eine

6 Turquets sog. »because clause«

sehr interessante Beobachtung einer aktuellen und eventuell weit verbreiteten Gruppendynamik, die aber eher Anwendungs- und nicht Grundsatzcharakter hat. Canos Versuch ist dennoch sehr wertvoll und für die erweiterte Theoriebildung notwendig. Sie stellt nämlich eine Frage, die mindestens so wichtig ist wie die Entdeckung und Formulierung von neuen Grundannahmen selbst, indem sie versucht, die Dynamik zwischen den Grundannahmepositionen besser zu verstehen und zu erkunden. Diese Frage bleibt im Moment stark unterbelichtet, wenig exploriert. Man darf gespannt sein auf die Antworten darauf, die zukünftige Forscher und Autoren finden werden.

Was denkt man heute über diese Ergänzungen zu Bions Grundannahmen?
Um die Frage »Was denkt man heutzutage über diese Ergänzungen zur Bionschen Grundannnahmentheorie?« besser zu beantworten, habe ich eine E-Mail an verschiedene Autoren geschickt und ihnen die gleiche Frage gestellt. Leider hat nur einer, Alastair Bain aus Melbourne, inhaltlich geantwortet. Ich übersetze und paraphrasiere seine Antwort:

> »…Ich finde ›basic assumption Me-ness‹ nützlich in meinem Versuch, Gruppen-, Organisations- und gesellschaftliches Verhalten sinnvoll zu verstehen. Sowohl in der australischen Gesellschaft wie in den westlichen Kulturen allgemein ist es nach wie vor sehr mächtig …«

Diesen Eindruck erläutert er an Hand seines Aufsatzes »Organisations and How to Survive Them«. Er charakterisiert baM als einen »Überlebensmechanismus«:

> »… Meine Hypothese lautet, die Grundannahme baM spielt eine immer wichtigere Rolle als Überlebensmechanismus für Individuen in großen Organisationen. In baM verhalten sich Gruppenmitglieder so, als gäbe es die Gruppe gar nicht. In baM im Kontext von Organisationen verhalten sie sich so, als gäbe es die Organisation nicht. Mit anderen Worten, Individuen dissoziieren sich von einer emotionalen Investition in der Organisation und ziehen sich in baM zurück, um sich zu schützen. Die Verbindungen, die sich daraus ergeben, neigen dazu brüchig und unter Umständen manipulativ zu sein oder kommen schlicht durch ein ›sich mögen‹ zustande. Persönliche Macht im Dienste des Individuums wird wichtiger als persönliche Macht, die durch die Autorität einer Rolle ausgeübt wird, wenn es darum geht, eine organisatorische Aufgabe zu erfüllen. Auf der gesellschaftlichen Ebene werden Beziehungen und Sinn reduziert auf die Ebene des Konsumenten von Produkten und

Dienstleistungen, die mir das Gefühl eines jungen, nie alternden, Faltenfreien, verwöhnten Selbst verstärken. ›Es steht dir zu‹ (›Man gönnt sich sonst nichts‹) ist die ultimative Devise…«

Bains Hypothese besagt ergänzend, dass die Ausbreitung von baM auf gesellschaftlicher Ebene im Wesentlichen durch zwei weitere ökonomische Faktoren unterstützt wird. Zum einen durch die Aktivitäten des Corporate-Marketings und zum anderen durch die ökonomisch rationalistische Theorie, dass Menschen da sind, um ihr persönliches Vermögen und Verbrauchertum zu maximieren, und dass sie dieses auf Grund von angeblichen rationalen Entscheidungen tun. Die Idee, dass Gruppen, Familien, Gemeinden, Kulturen, Gesellschaften anderweitig verbunden sind, mit anderen Verpflichtungen, durch psychologische und soziale Verbindungen, durch Verantwortung, Moral, Spiritualität und religiösem Glauben, hat, wie er bitter feststellt, in dieser Weltanschauung nichts zu suchen. Soweit Bains etwas pessimistische Sicht der Dinge durch die Brille von baM heute.

Not Leading Followers, Not Following Leaders … oder Are We Like Sheep?

Bevor ich zum Schluss komme, möchte ich Ihnen zwei weitere wichtige Gedanken zum Dilemma des Führens und Folgens in der heutigen Zeit zu bedenken geben. Die eine stammt aus einem Vortrag von Olya Khaleelee mit dem Titel »Not Leading Followers, Not Following Leaders: The Contemporary Erosion of the Traditional Social Contract«, die andere aus Margaret Riochs klassischem Aufsatz »Are We Like Sheep«.

Khaleelee hat jahrelang mit ihrem Ehemann, Eric J. Miller, über das Thema »Versagung der Abhängigkeit« (failed dependency) gearbeitet. Sie hat die These von »failed dependency« in Bezug gesetzt zum weltweit aufkommenden Fundamentalismus und was sie als »evangelikalisch politische Führung« mit Blick auf Tony Blair feststellen konnte. Sie fragt, ob wir Zeugen des Aufkommens einer Art »evangelikalisch politischer Führung« sind, in der der Glaube und das Charisma des Führenden im Mittelpunkt stehen. Ist »evangelikalisch politische Führung« das, was unbewusst vonnöten ist, als Gegengewicht zum islamistischen Fundamentalismus à la bin Laden und al Qaida?

Khaleelee glaubt, dass dies der Fall ist und gibt zwei Gründe dafür. Erstens die Veränderungen in der Beziehung zu Autorität, die sich nach dem Zweiten Weltkrieg ergeben haben; und zweitens der Zusammenbruch der Abhängigkeitsstrukturen (z.B. Gesundheitssystem, soziale und Wohlfahrtssysteme, Pensionssysteme, Arbeit usw.) im Laufe der letzten 50 Jahre. Ihre These und Befürchtung ist, dass die Erfahrung von »failed dependency« dazu führt, dass man eher fundamentalistische Positionen einnimmt als den Versuch, etwas mehr Sinn in einer chaotischen Welt zu finden.

1971 hat Margaret Rioch, die Grande Dame der amerikanischen Group-Relations-Bewegung, einen Aufsatz im »Group Relations Reader 1« veröffentlicht mit dem Titel »All We Like Sheep«, ein Zitat aus dem Buch Jesaja (53,6): »Wir alle waren wie Schafe, die sich verlaufen haben. Jeder ging seinen eigenen Weg«. Ihre Interpretation des Textes besagt, dass es – geht jeder seinen eigenen Weg – gar keine menschliche Gesellschaft geben kann. Eine Gruppe kann nicht funktionieren, wenn jeder Einzelne auf seine eigene Autonomie pocht. Aber – paradoxerweise – kann die Gruppe auch nicht funktionieren, wenn jeder versucht, aus der Verantwortung, die seine Autonomie mit sich bringt, zu entkommen. Die Lösung des Dilemmas, sagt Rioch, besteht aus zwei Faktoren:

1. Jedes Individuum muss seine eigene Freiheit, einer Gruppe anzugehören oder nicht, selbst erkennen;
2. ebenso muss das Individuum die essentielle Einheit zwischen sich selbst und der Gruppe erkennen.

Der Gruppenführer, meint Rioch, trägt sowohl die Ungerechtigkeit als auch die Tugend der Gruppe, da er mehr als jedes andere Gruppenmitglied die Aufgabe der ganzen Gruppe repräsentiert. Meistens versteht man dies so, als sei es der Führende alleine, der sowohl die Sünden wie auch die Rettung der Gruppe trägt. Mit anderen Worten: »der Führende macht's schon«. Deshalb müssen die anderen Gruppenmitglieder es nicht auf ihre Schultern nehmen. Aber muss man dies nicht umgekehrt sehen: Wenn es der Führer macht, heißt es nicht, dass die anderen Gruppenmitglieder es auch können?

Schlusswort

Es war mein Anliegen, gewisse Denkanstöße zu geben über die vielen Dimensionen von Führen und Folgen, die uns in der Arbeit, in der Familie, in der Politik und Wirtschaft, also in jedem Aspekt des Lebens, bewusst und unbewusst begegnen. Darüber hinaus habe ich versucht, anhand der Theorien der Grundannahmen von Bion bis Cano zu zeigen, welch komplizierte und unsichtbare Strömungen im Untergrund jeglicher menschlicher Gruppenkonfiguration laufen, die im Hinter- oder Untergrund – und damit meist unbemerkt und dafür umso nachhaltiger – dieses Geschehen und unsere Beziehungen zueinander auf Gruppen-, Organisations- und Gesellschaftsebene bestimmen.

Schließlich ein kurzes Schlusswort aus der Feder des Wiener Dramaturgen Franz Grillparzer, der in seinem Trauerspiel »König Ottokars Glück und Ende« feststellte: »Ei, gnäd'ge Frau,[7] herrschen ist gar süß; so süß fast als – gehorchen, und man teilt's nicht« (Die Zeit, 28.07.05, Nr. 31, S. 36). Aber ob es so herum wirklich stimmt… oder vielleicht doch gerade umgekehrt?

7 Zitiert von Peter Kümmel während des letzten Bundestagswahlkampfes in Deutschland, der bekanntlich von Angela Merkel gewonnen wurde (Die Zeit, Feuilleton von 28.07.05, S. 36).

Literatur

Armstrong, D. (1992): Names, Thoughts and Lies: The Relevance of Bion's Later Writings to the Understanding of Experiences in Groups, Free Ass. (No. 26) 3: 261–82. Auch in: Armstrong, D., Lawrence, W.G. and Young, R.M. (1997) (Ed.): Group Relations: An Introduction. Und in: http://blue.butler.edu/~dluechau/articles/younggrouprelations.doc

Bion, W.R. (1971): Erfahrungen in Gruppen und andere Schriften. Stuttgart (Klett-Cotta).

Cano, D. (1997): Oneness and Me-ness in the baG? http://www.sicap.it/merciai/bion/papers/cano.htm

Cilliers, F. (2002) A Systems-psychodynamic Interpretation of Coaching Experiences. www.siopsa.org.za/2004%20Conference/Presentations/F%20Cilliers%20Systems%20psychodynamic%20coaching.pdf

Die Gute Nachricht – Die Bibel in heutigen Deutsch (1982). Stuttgart (Deutsche Bibelgesellschaft).

Hopper, E. (2003): Traumatic Experience in the Unconscious Life of Groups The Fourth Basic Assumption: Incohesion:Aggregation/Massification or (ba) I:A/M. London/New York (Jessica Kingsley Publishers).

Kernberg, O. (1979): Regression in Organisation Leadership. In: Colman, A. D. und Geller, M.H. (1985).

Kümmel, P. (2005) Große Koalition. Wahlhilfe [4] Die Zeit, 28.07.05, Nr. 31, S. 36

Lazar, R. A. (2004) Bye George? – America's George W. Bush and Austria's Joerg Haider: Two Examples of Basic Assumption Leadership as opposed to ›Containment‹ Leadership in Contemporary Politics. Organisational and Social Dynamics, Vol. 4, No. 2 London (Karnac).

dt. nicht veröffentlicht: Follow the Leader? (Ver)führen und (Ver)folgen als Faktoren des Container-Contained-Prozesses in Gruppen und Institutionen.

Obholzer, A. (2005). Persönliche Mitteilung.

Obholzer, A. (1996): Psychoanalytic contributions to authority and leadership issues. Leadership & Organization Development Journal 17/6. Bradford (MCB University Press), S. 53–56.

Kelley, R.E. (1988): In Praise of Followers. Harvard Business Review, Nr. 11/12.

Kelley, R. E: (1998): The Power of Followership: How to Create Leaders People Want to Follow and Followers Who Lead Themselves. (Currency/Doubleday).

Kelley, R.E. zit. in: http://changingminds.org/disciplines/leadership/followership/followership.htm

Khaleelee, O. (2004): Not Leading Followers, Not Following Leaders: The Contemporary Erosion of the Traditional Social Contract. Organisational and Social Dynamics Volume 4 No. 2. London (Karnac).

Rioch, M. (1971): All We Like Sheep. Isaiah (53,6): Followers and Leaders. In: Colman, A.D. and Bexton, W.H. (1975) Group Relations Reader. Sausalito (Grex).

Shotter, J. and Gergen, K. (Ed.) (1989): Texts of Identity. London (Sage).

Turquet, P. (1974): Leadership: the Individual and the Group. In: Colman, A.D. und Geller, M.H. (1985) Group Relations Reader 2. Washington (A.K. Rice Institut).

»Entinstitutionalisierung« und ihre Folgen für Personen und soziale Systeme

Kurt Buchinger

Die unkritische Rede von der Entinstitutionalisierung und die Kritik daran

Der vagen alltäglichen Verwendung des Institutionsbegriffs folgend, hätte ich bis vor kurzem den nun einmal gewählten Titel dieser Arbeit bedenkenlos und ohne Anführungszeichen hingeschrieben und etwa Folgendes zu sagen versucht:

Die gesellschaftliche Dynamik begünstigt die Erosion traditioneller Institutionen. Wir beobachten eine Tendenz der inneren Auflösung dessen, was sie bisher charakterisiert hat. Das war vor allem die Art und Weise, in der sie ihren Zweck erfüllt haben, der hauptsächlich darin bestand, die für den Fortbestand der Gesellschaft wichtigen, genauer gesagt, die Gesellschaft konstituierenden Systeme durch bestimmte »Maßnahmen« abzusichern. Man denke an die Institutionen, die auf den verschiedenen Ebenen gesellschaftlichen Lebens angesiedelt (und deshalb als Institutionen kaum miteinander vergleichbar) sind, etwa an die Ehe, an öffentliche Einrichtungen, an Organisationen aller Art, an die subjektive Identität (auch sie ist institutionalisiert, Schülein 1987) – sie alle unterliegen vielfachen, über die Sitte und akzeptierte Gewohnheiten hinausgehenden formellen Regeln und Normierungen, die definieren, wie die jeweilige Institution in ihren Grundzügen und Prozessen auszusehen hat, was als normal gilt, was beachtet werden muss, um als Institution Anerkennung zu finden, ja, welche unter Umständen gesetzlich festgeschriebenen Vorgaben bei Androhung von Sanktionen erfüllt werden müssen.

In der heutigen, einem raschen Wandel unterworfenen dynamischen Gesellschaft können die traditionellen Institutionen ihrer Aufgabe nicht mehr ausreichend gerecht werden. Die herkömmlichen Maßnahmen, die zur Absicherung des Bestandes der institutionalisierten Systeme entwickelt wurden, greifen nicht mehr, vielmehr hindern sie diese Systeme daran, ihren Aufgaben gerecht zu werden.

Man denke nur an die Schwerfälligkeit und Langsamkeit, die mit der Einhaltung des Dienstweges in einer bürokratisch hierarchischen Organisation verbunden ist. Sie erschwert sinnvolle Problemlösungen und treibt Kunden in die Hände einer Konkurrenz, die auf rasche, flexible Vernetzungen setzt, anstatt sich auf einmal festgelegte Abläufe zu verlassen.

Man denke an die Rollenverteilung in der Ehe patriarchalischen Zuschnitts. Er ist Familienoberhaupt und Ernährer, repräsentiert die Außenwelt; sie ist Hausfrau und Mutter, beschränkt in ihrem Aktionsradius auf die Binnenwelt der Familie. Das Modell hat weitestgehend an Attraktivität und Überlebensfähigkeit eingebüßt und allen möglichen anderen Formen des Zusammenlebens Platz gemacht.

Man denke an die Schulen, die in Organisationsform und Selbstverständnis ihrer öffentlichen Aufgabe oft heute noch die gesellschaftliche Situation des 19. Jahrhunderts repräsentieren, denen daher die Schüler davonlaufen und deren Lehrer von Burn-out, Herzinfarkt und dergleichen in überdurchschnittlichem Ausmaß bedroht sind.

Die Reihe der Beispiele ließe sich fortsetzen.

Es findet daher ein Prozess der Entinstitutionalisierung statt. Die fest gefügten und auf Dauer gestellten Strukturen der institutionalisierten Systeme lösen sich langsam auf. Und die Verfügung über ihre systeminternen Prozesse und über die Vernetzung der Systeme mit ihren Umwelten, die bislang via Institutionalisierung der freien Entscheidung der beteiligten Personen entzogen war, fällt wieder an diese zurück. In wachsendem Ausmaß müssen sie nun in Eigenregie das besorgen, wovon sie bisher entlastet waren: Prozesse gestalten, Strukturen miteinander entwickeln, überprüfen, ob beides seinen Sinn erfüllt und der Situation angemessen ist, die es zu bewältigen gilt. Wenn die Überprüfung des Ergebnisses, die nun zur Daueraufgabe wird, zeigt, dass das angestrebte Ziel nicht erreicht wurde, dann gilt es neu zu gestalten und den dazu nötigen Wandel professionell zu managen.

Mit solchen Prozessen der Entinstitutionalisierung hat zwar der Gestaltungsspielraum in den Systemen zugenommen, ihr Bestand ist aber um so mehr gefährdet, als er in viel höherem Ausmaß vom Vorhandensein ausreichender kommunikativer, sozialer und organisatorischer Kompetenz der beteiligten Personen und Subsysteme abhängt als jemals zuvor. Die Anforderungen an die Selbstorganisation der Systeme, an die Kommunikation und an die beteiligten Personen steigen. Der Reflexionsbedarf nimmt ebenso zu wie der Bedarf an Reflexionshilfen (Beratung). Das Gelingen der systemerhaltenden Prozesse wird ohne den institutionellen Schutz unwahrscheinlich, wenn es nicht durch die erhöhte Kompetenz der beteiligten Personen selbst besorgt wird; und daher bleibt das Gelingen in einem solchen Fall unwahrscheinlich. Mit der nötigen Kompetenz kann man nicht so verlässlich rechnen wie mit institutionell festgelegten Prozessen. Die zu erwartende Rate des Scheiterns ist hoch.

Langsam entstehen aber auch neue Werte (Selbstorganisation, Autonomie, Individualität) und entsprechende Basiskompetenzen stehen auf der Tagesordnung.

So etwa hätte ich geschrieben und dann darzustellen versucht, was ich hier angedeutet habe: Die Folgen der Entinstitutionalisierung für Personen und soziale Systeme.

Nun bin ich als Berater sowohl im Kollegenkreis als auch im Kontakt mit Kunden immer wieder konfrontiert mit der vielfältigen und schillernden Verwendung des Begriffs »Institution«. Das eine Mal wird Institution gleichgesetzt mit Organisation, bloß dass sie deren emotional negativ besetzte Charakteristika verstärkt aufweist: Noch starrer, noch unpersönlicher, noch reglementierter. Institution sozusagen als Strafverschärfung von Organisation. (Immerhin wurde auch in unserem Beruf lange Zeit nicht ausreichend unterschieden zwischen Institutionsberatung und Organisationsberatung.)

Das andere Mal bezeichnet Institution staatliche oder kirchliche Einrichtungen. Schließlich wird der Begriff auch für Personen gebraucht, um deren Wichtigkeit und Unersetzlichkeit in einem System zum Ausdruck zu bringen.

Um mir etwas mehr Klarheit zu verschaffen, vertiefte ich mich in die soziologische Literatur, in welcher der Begriff der Institution eine zentrale Rolle spielt. Zu meiner Überraschung fand ich dort die ganze Bandbreite seines Schillerns in wissenschaftlicher Ausführung wieder. Ich fand die Gleichsetzung mit Organisation, ich fand die Auffassung, dass es sich um öffentliche Einrichtungen handelt, in denen bestimmte gesellschaftsrelevante Aufgaben meist in gesetzlich geregelter Form wahrgenommen werden. Ich fand die Vorstellung, dass Institutionen die Trägerinnen sozialer und kultureller Wertvorstellungen seien, die soziales Handeln strukturieren; dass es verhaltensregulierende und Erwartungssicherheit erzeugende soziale Regelsysteme sind – und anderes mehr. Entweder der Begriff wurde so allgemein definiert, dass der Unterschied zwischen den Institutionen nicht sichtbar wurde, oder es wurden einzelne Institutionen so dargestellt, dass das Allgemeine – was sie und andere Systeme als Institutionen verbindet – keine ausreichende Erklärung finden konnte.

Allerdings geschah dies in einer Weise, die es mir weder erlaubte, zu meinem naiven Gebrauch des Begriffs zurückzukehren, noch zu meiner Vorstellung von Entinstitutionalisierung. Es stellte sich heraus, dass gesellschaftliche Prozesse ohne Institutionalisierung überhaupt nicht möglich waren, dass Institutionen einen Grundtatbestand der Gesellschaft darstellen. Dementsprechend würde Entinstitutionalisierung so etwas wie Auflösung der Gesellschaft überhaupt bedeuten. Ich musste daher den Begriff entweder fallen lassen oder sehen, was er angesichts dieser Erkenntnisse für eine Bedeutung haben könnte.

Die unreflektierte Rede von der Entinstitutionalisierung legt, wie ich vorhin angedeutet habe, nahe, dass ein bisher institutionalisiertes System, etwa die Ehe, seine institutionelle Geltung einbüßt und an seiner Stelle die freie Interaktion, die situative Entscheidung der Beteiligten auf den Plan tritt. Anstatt zu heiraten, lebt man dann einfach zusammen, solange und wie man will, und vor allem solange man es schafft, miteinander in Kontakt zu bleiben. Keine klare, vorgegebene Rollenverteilung mehr, keine Pflichten und Rechte, keine besondere Legitimierung des Zusammengehörens, keine erschwerenden Bedingungen des Auseinandergehens.

Nun stellt sich allerdings die Frage, ob ein derart vollkommen entinstitutionalisierter Zustand in einer Beziehung (von öffentlichen Einrichtungen und Organisationen ganz zu schweigen), die über den flüchtigen Moment einer spontanen Begegnung hinaus einen – wie auch immer legitimierten – Bestand haben soll, denkbar ist. Man kann diese Frage mit Nein beantworten. Denn auch im Fall der Entscheidung, zusammen zu leben, wie und solange man will, werden bestimmte Rollen- und Aufgabenverteilungen, bestimmte Regelmäßigkeiten und Verbindlichkeiten entstehen, die so etwas wie eine private, individualisierte Form der Institutionalisierung darstellen: Egal ob dies in der Folge bewusster Kommunikation geschieht, welche Prozesse der Institutionalisierung zum Ziel hat und in einen formalen Konsens mündet, oder ob es unreflektiert und unausgesprochen geschieht – in einem stillen Konsens durch wiederholtes Handeln und daran geknüpfte Erwartungen.

Es erscheint also legitim, auch in einem solchen Fall von Institutionalisierung zu sprechen, wenngleich die so entstehende Institution einen weitgehend anderen Charakter aufweist als eine traditionelle Ehe. Der Schwerpunkt wechselt hier von der Institution als fixer Struktur zum Prozess des Institutionalisierens. Die Institution ist dann nicht mehr so sehr durch ihre jeweiligen Inhalte bestimmt, als vielmehr durch den Prozess ihrer Entstehung und Veränderung. Das soll in der Folge etwas genauer ausgeführt werden.

Bleiben wir aber zunächst bei der Rede von der Entinstitutionalisierung und versuchen wir, ihr dennoch einen Sinn abzugewinnen.

Ein möglicher Sinn der Rede von der Entinstitutionalisierung

Die Rede von der Entinstitutionalisierung, so wie bisher von mir verwendet, legt also die ersatzlose Auflösung von Institution nahe, was – wie angedeutet – nicht gut möglich ist. Wird dennoch in diesem Sinn von Entinstitutionalisierung gesprochen, so ist anzunehmen, dass bestimmte Annahmen zugrunde liegen: In sehr konservativer Weise wird eine Art der Institution als die einzig mögliche angesehen, absolut gesetzt. Es ist die traditionelle Form der Institution, wie sie in der zu Ende gegangenen, dennoch nur partiell überwundenen patriarchalisch-hierarchischen Kultur und Gesellschaft Geltung gehabt hat. Man vermag daher in allem, was davon abweicht, nicht mehr den Charakter der Institution entdecken. Entsprechend wird das Dahinschwinden der fraglosen Geltung dieser Form von Institution als schwerer kultureller Verlust und als Gefahr angesehen, die zur Auflösung der Gesellschaft und zu einer Primitivisierung, ja gar Entmenschlichung des Menschen führt. In diese Richtung geht die Kritik Gehlens (2005), oder etwa neuerdings die Kritik Sennetts (2006) an der Auflösung herkömmlicher Formen individueller Identität.

Bleibt man im Denksystem der Hierarchie, so ist es nahe liegend, dass sich ihre Form der Institution als die einzige mögliche präsentiert. Denn die Hierarchie beansprucht, eine unumstößliche, heilige Wahrheit und Ordnung zu sein und will damit mögliche Alternativen einer Gesellschaftsordnung ausschließen; als stabilitätsgefährende Abweichung von der Wahrheit darstellen, die es zu beseitigen, als Irrtum, den es zu korrigieren, als Verfall, den es aufzuhalten gilt.

Sieht man allerdings die Ordnung der Hierarchie nicht als die einzige mögliche, heilige Wahrheit an, die für Reflexion tabu ist, so kann man herauszufinden versuchen, warum hierarchische Institutionen heute nur mehr sehr bedingt in der Lage sind, den Zweck zu erfüllen, dem sie dienen sollen. Und man kann sehen, was sich an anderen Formen der Institutionalisierung an ihrer Stelle herausbildet.

Man kann dann dem Begriff der Entinstitutionalisierung etwas Sinnvolles abgewinnen: Er bezeichnet nicht mehr die ersatzlose Auflösung von Institutionen. Er bezeichnet vielmehr einerseits den Prozess der Auflösung hierarchisch geprägter Institutionen, andererseits stellen die Vorgänge mittels derer diese Auflösung besorgt wird, die Elemente zur Verfügung, die für eine neue Form der Institutionalisierung von Bedeutung sind.

Entinstitutionalisierung in einem sinnvollen Gebrauch des Wortes beschreibt also den Übergang von den hierarchisch geprägten Institutionen zu einer anderen Form der Institutionalisierung, die deshalb im Begriff ist sich zu etablieren, weil sie in der Lage ist, den veränderten gesellschaftlichen Anforderungen gerecht zu werden. Versuchen wir diesen Prozess zu rekonstruieren.

Die Dynamik der traditionellen Form der Institutionalisierung und ihr Preis: Widerspruchsfreiheit und die Rückkehr des Widerspruchs

Welches sind also die »Maßnahmen«, mit denen eine patriarchalisch-hierarchische Kultur und Gesellschaft die für ihren Fortbestand wichtigen Systeme abgesichert hat? Auf einer formalen Ebene bestanden diese Maßnahmen darin, die Verfügung sowohl über die internen Prozesse, durch die sich das jeweilige System erhält und seinen Zweck erfüllt, als auch über seine Vernetzung mit den relevanten Umwelten *in den besonders heiklen und störanfälligen Bereichen* dem freien Zugriff der handelnden Personen weitgehend zu entziehen.

Das allein wäre allerdings noch keine ausreichende Unterscheidung zu anderen möglichen Formen der Institutionalisierung, denn es gehört zu jeder Form von Institution, dass sie wichtige Prozesse mehr oder weniger außer Streit stellt, wiederholbar macht und somit den dauerhaften Bestand des Systems ermöglicht.

Wichtig zur Unterscheidung ist auf der einen Seite die Charakterisierung der heiklen, störanfälligen Bereiche und auf der anderen Seite die besondere Art, in der sie dem freien Zugriff entzogen und außer Streit gestellt werden – also die besondere Art der Institutionalisierung.

Zur Bestimmung der heiklen, störanfälligen Bereiche folge ich einer Hypothese von Heintel und Götz (2000). Es handelt sich bei den heiklen, störanfälligen Bereichen um unvermeidliche innere Widersprüche, ohne die das System, das einer Institutionalisierung unterzogen wird, einerseits gar nicht als solches zustande kommt und bestehen kann; Widersprüche andererseits, die über eine hohe, den Bestand des Systems gefährdende Sprengkraft verfügen. Die inneren Widersprüche sind also sowohl konstitutiv für das System, als sie auch das Potential seiner Zerstörung enthalten. Eines ist ohne das andere nicht zu haben.

Nehmen wir zur Illustration wieder die Beziehung zwischen Mann und Frau. Sie ist von zentraler Bedeutung für jede Gesellschaft, weil sie durch die Fortpflanzung den biologischen und durch die Erziehung und Integration ihrer Mitglieder den sozialen Fortbestand der Gesellschaft sichert. Alle Gesellschaften haben sie daher einer sorgsam gehüteten Institutionalisierung unterworfen. Den zentralen inneren Widerspruch dieser Beziehung – zumindest wie er sich in unserer Gesellschaft deutlich zeigt – kann man etwa folgendermaßen zu fassen versuchen: Da ist einerseits die auf Dauer und vielleicht auf Treue angelegte, heute würde man sagen, liebevolle menschliche Beziehung. Da ist andererseits die Sexualität, der es nicht so sehr um die Kontinuität einer Beziehung geht, sondern um eine ganz andere Art von Erfüllung, die durchaus in Widerspruch zu den Werten der liebevollen Beziehung geraten kann und dies häufig auch tut. Die Literatur und die Medien führen uns täglich vor Augen, wie unausrottbar dieser Widerspruch ist, und wie er sowohl für den Erhalt der Beziehung als auch für ihre Zerstörung zu sorgen vermag. Man kann versuchen, ihn als eine anthropologische Konstante zu bezeichnen.

Die patriarchalisch-hierarchische Form der Institutionalisierung, durch welche die Beziehung zwischen Mann und Frau zur Ehe wurde, folgt den Werten und der Wahrheit der Hierarchie.

Einer der zentralen Werte der Hierarchie ist die innere Widerspruchsfreiheit des Systems. In soziale Kategorien übersetzt, bedeutet das seine Konfliktfreiheit. Werden dennoch, entgegen der Logik des Systems interne Widersprüche gesichtet, so kann es sich dabei nur um eine illegitime Abweichung von der Wahrheit handeln, die der Korrektur bedarf. Ein Rädchen des Systems ist ausgerastet und muss wieder in seine richtige Stellung gebracht oder einfach ausgetauscht werden. Anders gesagt, ein Mitglied hat nicht den Regeln entsprechend gehandelt, und muss zur Rechenschaft gezogen werden. Man denke an das klassische Spiel der Suche nach dem Schuldigen in allen Organisationen und öffentlichen Einrichtungen, wenn etwas nicht den Zielvorstellungen entsprechend geschieht. Auch wenn für Außenstehende schon längst offenkundig, dass es sich um ein Strukturproblem des Systems handelt, wird intern individualisiert, einen Schuldigen fest gemacht (meist in gehobener, aber nicht oberster Position) und ein Bauernopfer gebracht, damit die gewohnten Prozesse und deren Struktur nicht in Frage gestellt werden müssen.

Lässt sich der Widerspruch auf diese Weise nicht so einfach beseitigen, dämmert so etwas wie die nicht offen einzugestehende Ahnung, dass es sich entgegen den Vorschriften vielleicht doch um einen inneren Widerspruch handelt, dann stehen immer noch die Mittel der Hierarchie für seine Bewältigung zur Verfügung: Die beiden »Teile« des Konfliktes werden in hierarchische Über- und Unterordnung zueinander gebracht und damit ist klar, wer von beiden bestimmt und wer sich den Anordnungen des bestimmenden Teils zu unterwerfen hat. Hilfreich ist dabei in unserem Fall die Tatsache, dass die Hierarchie nicht nur über eine klare Vorstellung von wahr und falsch verfügt, sondern dass nach alter Auffassung das Wahre mit dem Guten und Schönen übereinstimmt. Also nur ein Teil des Widerspruchs kann wahr, gut und schön sein, dem anderen bleibt das Gegenteil.

In der Beziehung zwischen Mann und Frau war in der Tradition unserer Kultur immer klar, welcher Teil des Widerspruchs auf welcher der beiden Seiten steht. Die liebevolle menschliche Beziehung war immer das Wahre, Gute, Schöne (wenn auch manchmal auf Dauer etwas langweilig), das es institutionell abzusichern galt. Die leidenschaftliche Beziehung, die Sexualität in ihrer Eigendynamik war der (zwar sehr lebendige, mit Sehnsucht, Innigkeit, süßer Seligkeit versehene, die Normen der Gesellschaft nicht achtende, aber dennoch und gerade deshalb) auszuschaltende, oder wenn das nicht geht, wenigstens zu unterwerfende und zu disziplinierende Störfaktor. Alle großen Liebesgeschichten unserer Kultur zeugen sowohl von diesem Widerspruch als auch von seiner hierarchischen Lösung. Von Tristan und Isolde über Romeo und Julia, Goethes Wahlverwandtschaften bis Woody Allens »Match Point« steht die freigesetzte leidenschaftliche Liebe immer in einem Gegensatz zum gesellschaftlich Gebotenen und endet mit der radikalsten Unterordnung unter die Norm, mit dem Tod.

Wie gelingt nun der Ehe als Institution die Auflösung des Widerspruchs und die Beseitigung des Störfaktors durch seine Disziplinierung und Unterordnung unter das Wahre, Gute, Schöne der liebevollen, dauerhaften menschlichen Beziehung? Der Kunstgriff ist einfach und folgenreich. Die

Sexualität wird in der Ehe zur Pflicht (Dabei kann sie sogar mehr als bloß diszipliniert, sie kann veredelt werden, wenn man sie darauf beschränkt, dem guten Zweck der Ehe, nämlich der liebevollen Beziehung und vor allem der Fortpflanzung zu dienen).

Nun widerspricht ihr das aber ganz und gar: Sexualität als Pflicht ist irgendwie nicht denkbar. Wenn es in der Ehe gelingt, eine befriedigende sexuelle Beziehung aufrechtzuerhalten, so wahrscheinlich nur dann, wenn man vergisst, dass es sich um eine Pflicht handelt. (Stellen Sie sich, werter männlicher Kollege und Leser, für den allein ich zu sprechen wage, vor, Ihre Ehefrau würde ernsthaft zu Ihnen sagen: »Komm, es ist Pflichttag heute!«, und Sie würden das wirklich ernst nehmen.)

Man kann annehmen, dass diese hierarchische Form der Institutionalisierung dort, wo sie fraglos Geltung besitzt, den Störfaktor, den sie bändigen will, erst recht hervorbringt: Ehe produziert Seitensprung. Denn wenn die Sexualität in der Ehe daran gehindert wird, sich in ihrem eigenen Recht zu entfalten, dann wird sie (wenn man nicht ganz auf sie verzichtet, was, wie man weiß, der ehelichen Beziehung auch nicht gut tut) nach außen gedrängt – und das gefährdet unter den geltenden hierarchischen Normen (und auch ohne sie) erst recht den Bestand der Beziehung.

Das Paradox der traditionellen Institution besteht also darin, dass ihre hierarchische Form der Institutionalisierung den Störfaktor, der die Stabilität des System bedroht und den sie beseitigen will, durch die Art der Beseitigung erst recht produziert – dies allerdings in externalisierter Form, als nicht zum System gehörig, es aber um so mehr von außen bedrohend.

Diese hier am Beispiel der Ehe beschriebene Form und Dynamik hierarchischer Institutionen finden wir auch in anderen für den Fortbestand der Gesellschaft wichtigen Systemen. Dass diese Systeme gekennzeichnet sind durch innere unauflösliche Widersprüche, die es zu bewältigen gilt, scheint ein Sachverhalt zu sein, der unabhängig von der jeweiligen Form der Institutionalisierung nach der Schaffung von Institutionen verlangt. Die traditionelle Form der Institution hingegen, die auf Beseitigung des Widerspruchs abgestellt ist, und die genannten Folgen – die wiederum einer Bewältigung bedürfen – in Kauf nimmt, ist charakteristisch für die hierarchische Gesellschaftsordnung.

Das herkömmliche Gesundheitswesen verwaltet den Widerspruch »gesund und krank«. Das Gute ist die Gesundheit, das Auszuschaltende die Krankheit. Jedes Vorgehen, das die beiden Momente als nicht zusammengehörig anerkennt, also als unauflösbaren Widerspruch, und statt dessen radikal an der Beseitigung der Krankheit (und in der Folge auch des zur Krankheit deklarierten Todes) arbeitet, produziert mit jedem erfolgreichen Schritt der Beseitigung von Krankheit neue Krankheiten (und mit jedem Versuch und Versprechen, den Tod zu beseitigen, wird das Sterben schrecklicher). Der Fortschritt der Schulmedizin produziert (mit der immer genaueren Meßlatte für die Entdeckung von Abweichungen vom als Gesundheit bezeichneten Zustand) jede Menge neuer Krankheiten. Die Behandlung dieser Krankheiten erzeugt mit ihrem Erfolg wiederum neue Krankheiten, die verschämt als unerwünschte Nebenwirkungen bezeichnet werden. In den Krankenhäusern erwirbt man Krankheiten, die man nur schwer wieder los wird. Das Projekt »gesundes Krankenhaus« der WHO ist daher ein Endlosprojekt.

Eine andere wichtige Institution ist die Religion, die den unauflösbaren Widerspruch von Gut und Böse, heilig und sündig – alltagssprachlich: von Himmel und Hölle – verwaltet. Sie produziert mit jedem Schritt, welcher der radikalen Beseitigung des Bösen dienen soll, jede Menge von neuem Bösem.

Die Institution »Subjektive Identität« ist in ihrer inneren Widersprüchlichkeit, die immer schon ins Auge gestochen hat, erst mit der Psychoanalyse – die sich als Konflikttheorie des Seelischen versteht – einer wissenschaftlichen Beschreibung zugeführt worden. Sie muss unter anderem den Widerspruch zwischen Triebnatur (Es), übergeordneten sozialen und moralischen Normen (Über-Ich) und der Fähigkeit, autonom zu entscheiden (Ich), vermitteln und wäre mit dieser Aufgabe ohne Institutionalisierung restlos überfordert. Die hierarchische Form der Institutionalisierung allerdings hatte zur zunehmend einseitigen Unterwerfung der Triebansprüche und der Entscheidungsfähigkeit des Ich unter die Über-Ich-Ansprüche geführt – mit den Folgen der Neurose und anderer seelischer Erkrankungen.

Wie beispielhaft dargestellt, waren die Folgekosten der hierarchischen Art der Institutionalisierung immer hoch. Der Versuch der Auflösung eines unauflösbaren Widerspruchs muss zu neuen unerwünschten Widersprüchen führen. Die beseitigten Störfaktoren kommen in veränderter Form durch die Hintertür wieder herein und bedürfen erneut ihrer Beseitigung. Insofern führen die Folgekosten der Institutionalisierung zu weiterer Institutionalisierung mit weiteren Folgekosten.

Dennoch haben die traditionellen Institutionen in einer hierarchischen Gesellschaftsordnung ihren Ort und ihre Funktion gehabt. Sie haben den Normen und Werten des Gesamtsystems entsprochen und waren daher gut integriert. Dort allerdings, wo diese Institutionen zwar noch existieren, aber ihre fraglose Geltung verloren haben, schlagen die Folgekosten besonders stark zu Buche, weil der Nutzen, der ihnen gegenüberstand und für den man sie in Kauf genommen hatte, dahinschwindet. Die Autorität der Ehe ist, wie gesagt, weithin verloren gegangen. Die Skepsis gegenüber dem Gesundheitswesen wächst und die alternative Medizin erfreut sich eines regen Zuspruchs. Die Rate der Kirchenaustritte ist extrem hoch und Sekten und Formen der Spiritualität blühen.

Aber warum verlieren die traditionellen Institutionen ihre Geltung, was führt zu ihrer Auflösung, was ist das, was an ihre Stelle tritt?

Gründe für die Entinstitutionalisierung und einige Folgen. Ein exemplarisches Beispiel

Ich möchte zunächst am Beispiel einer öffentlichen Einrichtung illustrieren, wie es zum Prozess der Entinstitutionalisierung – wenn wir den Begriff nun im vorher vorgeschlagenen Sinn verwenden – kommen kann, durch den unsere Gesellschaft in vielen Bereichen gekennzeichnet ist. Dabei wird deutlich werden, was an die Stelle der alten Institutionen tritt; es handelt sich um den Beginn der Entstehung neuer – gemessen an den alten nur schwer zu verstehender – Formen von Institution.

Ich wähle als Beispiel das Institut für Tiefenpsychologie (ITP) an der Universität Wien, eine psychotherapeutische Klinik an der ehemaligen Medizinischen Fakultät der Universität Wien, die heute eine eigenständige Medizinuniversität ist. Ich habe das Beispiel in einem anderen Zusammenhang und unter einem anderen Aspekt schon einmal beschrieben (Buchinger 1998, S. 80ff.).

Das abgedroschene Stichwort, das hier mit Anschauungsmaterial versorgt werden soll, lautet: Es ist die Zunahme der Komplexität, welche die hierarchischen Formen der Institution als nicht mehr brauchbar, vielmehr als dysfunktional für die Erfüllung der Aufgaben der Einrichtungen erscheinen lässt. Gemeint ist die Zunahme der Komplexität der Verhältnisse sowohl innerhalb der Institutionen als auch ihres institutionellen Verhältnisses zu den relevanten Umwelten.

Das ITP wurde 1970 als universitäre Einrichtung gegründet – wobei offen gelassen wurde, ob es eine (ausweichend als »Tiefenpsychologie« bezeichnete) psychoanalytische Ausrichtung zum Schwerpunkt haben oder ob es die Psychotherapie in Forschung und Praxis vertreten sollte. Die Auswahl des Leiters, eines psychoanalytisch ausgerichteten anerkannten Sozialpsychiaters (Hans Strotzka), ließ alles offen. Er war vor eine schwierige Entscheidung gestellt, die ihm – wäre die Klinik etwa 70 Jahre früher gegründet worden – erspart geblieben wäre. Es hätte damals keine Entscheidung zwischen Alternativen gebraucht, weil es so etwas wie »die eine Wahrheit« gegeben hätte: Psychotherapie war zu diesem Zeitpunkt, dem Beginn der Entwicklung der Professionalisierung dieses Feldes, mehr oder weniger identisch mit Psychoanalyse. Vielleicht hatte sich in Ansätzen eine zweite Form der Psychotherapie zu entwickeln begonnen, die Verhaltenstherapie. Aber bei einem solchen Stand der fast nicht vorhandenen Differenzierung des Feldes, hätte die Psychoanalyse weiterhin behaupten können, sie vertrete die Wahrheit und die Verhaltenstherapie stelle so etwas wie eine primitive Abweichung von ihr dar, einen Irrtum. Der kleinen, aber wichtigen Nebenaufgabe der Klinik, sich um den Nachweis dieser Behauptung zu kümmern, hätte der Klinikleiter in Forschung und Lehre mit einem Team von lauter Psychoanalytikern gerecht werden können. Außerdem hätte er die Klinik dann in der für alle Kliniken geltenden hierarchischen Form leiten können: Als Vorgesetzter, zu dem er durch seinen Status als bester Experte qualifiziert war, wäre er verantwortlich für alles gewesen, was in der Klinik vorgeht. Er hätte seine Aufgabe, alles fachlich und damit auch organisatorisch unter Kontrolle zu haben, gut erfüllen können. Er hätte also seiner Pflicht, die Aufgaben zu verteilen, ihre Durchführung zu begleiten und anzuleiten, das Ergebnis zu kontrollieren, ausreichend nachkommen können. Im praktischen Teil der Tätigkeiten der Klinik wäre vor allem die Zuteilung der Patienten an die einzelnen Mitarbeiter und die Begleitung und Kontrolle der Behandlungen seine vordringliche Aufgabe gewesen. Damit wäre die geltende offizielle Regelung, dass alle von seinen Mitarbeitern behandelten Patienten seine Privatpatienten sind, gerechtfertigt gewesen. Wäre ein – wie auch immer festzustellender – Kunstfehler in den Behandlungen durch seine Mitarbeiter sichtbar geworden, so hätte er dafür haften müssen und das fachlich auch können. Kommunikation unter den Mitarbeiter über die Arbeit wäre in diesem Fall nicht nötig, weil der fachliche Austausch ohnehin hierarchisch mit dem Chef als der qualifiziertesten Person stattgefunden hätte. Gemeinsame Sitzungen hätten die Funktion der Information und der Verteilung der Arbeit durch den Vorgesetzten gehabt, vielleicht hätten sie sozial und unausgesprochen dazu gedient, den Zusammenhalt der Organisationseinheit zu stärken. Für die Erledigung der fachlichen Tätigkeit der einzelnen Mitarbeiter wären sie jedoch nicht von großer Relevanz gewesen. Kooperation und Reflexion organisatorischer Verhältnisse wären in dieser Struktur nicht vorgesehen, sie wäre vielmehr kontraproduktiv gewesen. Sie würden informell und in den Arbeitspausen als Tratsch stattfinden, den man aus Gründen der Entlastung zulässt, der aber offiziell ohne Bedeutung ist.

Nun wurde die Klinik aber zu einem Zeitpunkt gegründet, als die Psychoanalyse nicht mehr das Feld der Psychotherapie als ganzes repräsentierte, sondern nur mehr eine von vielen Schulen war. Das Feld hatte sich dank der großen Nachfrage und gesellschaftlichen Aufmerksamkeit inzwischen vielfältig ausdifferenziert. Und mindestens einige der vielen hundert Schulen der Psychotherapie wiesen zu diesem Zeitpunkt die wichtigsten Elemente der Professionalisierung auf und waren dadurch mit der Psychoanalyse vergleichbar. Sie verfügten über ein der Praxis zu Grunde gelegtes Theoriegebäude, eine standardisierte methodisch-praktische Ausbildung, wissenschaftliche Diskussionsforen wie Kongresse und eigene Publikationenorgane mit reger Beteiligung, hatten internationale Berufsverbände gegründet usw.

Dieser Zustand der professionellen Ausdifferenzierung des Feldes der Psychotherapie machte nun eine grundsätzliche Entscheidung nötig: Die Auswahl einer aus vielen möglichen Alternativen (und damit der Ausschluss vieler anderer) war unvermeidlich. Statt der früheren Unterordnung unter eine Wahrheit, tritt die Entscheidung für das, was sinnvoll und brauchbar erscheint. Man kann hier von einem Paradigmenwechsel sprechen: Mit der Vervielfältigung von Wahrheiten tritt der Wahrheitsanspruch zurück und der Fokus wechselt von der Wahrheit zur Entscheidung (Buchinger 1999).

Also traf Strotzka, ohne zu wissen, was er sich damit einhandeln würde, die sinnvolle Entscheidung, in der Klinik nicht primär oder ausschließlich die Psychoanalyse, sondern den State-of-the-Art des professionellen Feldes der Psychotherapie, so gut das mit einer beschränkten Anzahl von Mitarbeiten möglich war, zu repräsentieren. Er stellte Mitarbeiter an, welche die wichtigsten Schulen der Psychotherapie in Theorie und Praxis gut vertreten konnten.

Damit allerdings verlor die hierarchische Struktur der Klinik mit ihren skizzierten Elementen ihre Funktionsfähigkeit. Sie büßte diese ein, ohne dass das vorgesehen gewesen wäre und ohne dass sinnvolle und erprobte – geschweige denn institutionalisierte – Alternativen zur Verfügung gestanden hätten. Man musste sich vielmehr durch Versuch und Irrtum und mit hoher reflektierender Aufmerksamkeit für die ablaufenden Prozesse auf institutionell unabgesichertem Terrain bewegen, um überhaupt arbeitsfähig zu sein. Ich hebe die wichtigsten Elemente dieser einschneidenden organisatorischen Veränderung hervor:

Wenn der Leiter der Klinik zwar ein sehr erfahrener Psychoanalytiker klassischer Ausrichtung ist, seine Mitarbeiter aber Gestalttherapie und Psychodrama, systemische Familientherapie, Hypnotherapie, Verhaltens- und Gesprächstherapie, verschiedene Gruppenmethoden usw. vertreten, so kann er die Klinik nicht mehr im oben ausgeführten Sinn hierarchisch leiten. Er kann die Arbeit seiner Mitarbeiter nicht mehr fachgerecht anleiten, begleiten und kontrollieren – denn er kann nicht mehr ausreichend professionell Bescheid wissen über die Details der verschiedenen Schulen. Er kann daher auch nicht mehr fachlich verantworten, was seine Mitarbeiter tun. Er muss stattdessen darauf *vertrauen*, dass sie fachlich kompetent und korrekt arbeiten. Er ist überdies nicht mehr in der Lage, eine sinnvoll Zuteilung der Patienten zu den einzelnen Therapeuten vorzunehmen, weil er weder fachgerecht feststellen kann, welches Verfahren für welchen Patienten das brauchbarste und hilfreichste wäre. Noch kann er diese Entscheidung an einen Stellvertreter oder sonst an jemanden delegieren – denn allen geht es gleich.

Vielmehr muss er eine neue Arbeitsform als konstitutives Element gelingender Zuteilung einführen: Teamarbeit. Die Mitarbeiter können nur mehr miteinander im Versuch, einen Konsens herzustellen, darüber befinden, was für welchen Patienten am besten wäre. D.h. Kommunikation und Kooperation werden wichtige Voraussetzungen gelingender Arbeit. Damit entstehen aber neue, wiederum ungeplante Probleme, zu deren Lösung weder Verfahren, noch Haltungen und Werte zur Verfügung stehen. Denn wie soll ein professioneller, fachlich kompetenter Austausch zwischen den Vertretern der verschiedenen Schulen von statten gehen, wenn jeder im Rahmen professionellen Vorgehens nur über seine Fachsprache und sein Fachwissen verfügt? Zum Erwerb der Kompetenz in jeder der einzelnen Schulen bräuchte es eine vieljährige Ausbildung und anschließend eine mehrjährige Praxis, und natürlich die entsprechende Haltung, die gerade dazu geführt hat, dass man sich zu einer der Schulen mehr hingezogen fühlte und dort die Ausbildung absolvierte.

Einigt man sich in der Teamarbeit nun auf eine der Fachsprachen, so verlässt man den State-of-the-Art und kehrt zurück zu einem Segment des ausdifferenzierten Fachgebietes, dessen andere Segmente man ignoriert. Einigt man sich sozusagen auf gehobene Umgangssprache, so verlässt man überhaupt die vorhandene vielfältige Professionalität und damit auch den schwer zu fassenden und zu koordinierenden State-of-the-Art. Zwischen diesen beiden Extremen »muss man durch« – in Versuch und Irrtum und unter permanenter Reflexion des eigenen Tuns.

Unter der Hand und ohne dass das so recht merkbar wird, verändert sich dabei das, was als professionell gelten kann. Nicht mehr die Beherrschung der eigenen Schule ist ausreichend für professionelles Handeln in schulübergreifender Kooperation, sondern die professionelle Gestaltung des unwahrscheinlichen Prozesses gelingender Kooperation zwischen den Schulen wird zu einem neuen zentralen Bestandteil von Professionalität. Das stellt einen Wechsel im professionellen Selbstverständnis und den dazu nötigen Kompetenzen dar, auf den bis heute die Vertreter der einzelnen professionellen Schulen nicht ausreichend vorbereitet sind. Was zunächst durch Versuch und Irrtum in völlig unabgesicherter Art und Weise getan werden muss, verlangt – weil es eine zentrale Voraussetzung professionellen Handelns geworden ist – der künftigen professionellen Absicherung. Doch wie soll diese aussehen?

Mit dieser, zentrale Bereiche der Arbeit betreffenden, einschneidenden Veränderung der Entscheidungsstrukturen der Klinik ändert sich die Führungsaufgabe des Vorgesetzten noch in anderen Hinsichten als dem genannten Wechsel von Kontrolle zu Vertrauen. Der Vorgesetzte kann nicht mehr von oben steuern, indem er die Richtung inhaltlich vorgibt. Er ist jetzt nur mehr einer von vielen; er ist Teil der Situation, die er steuern muss. Um sie zu steuern, muss er versuchen, die Kommunikation so zu fördern, dass das Team selbst zu einer inhaltlichen Richtung findet, dass das Team entscheidungsfähig wird und entscheidet. Er muss helfen, die Autonomie seiner Mitarbeiter und die Selbstorganisation des Instituts zu fördern. Er hat nicht mehr im Griff, was dabei herauskommt. Aus einem Vorgesetzten in der Hierarchie ist eine Führungskraft geworden: Sie hat eine Aufgabe mit einer eigenen neuen Professionalität erhalten, die genauso wie anderes professionelles Handeln erlernt werden muss. Der zur Führungskraft mutierte Vorgesetzte kann nicht mehr anordnen, er muss hilfreich intervenieren, er kann nicht mehr fachlich beraten (außer die Vertreter der eigenen Schule), er muss den Prozess beraten, der zu einer Entscheidung führen soll, und er braucht dazu die nötige professionelle Kompetenz, die sich von seiner primären fachlichen Kompetenz als erfahrener Psychoanalytiker in hohem Ausmaß unterscheidet.

Doch es geht nicht nur um den vergleichsweise einfachen Wechsel vom Vorgesetzten zur Führungskraft. Was den Übergang noch schwieriger macht, ist die Tatsache, dass es kein eindeutiger Übergang ist. Es wird einerseits immer Aufgaben geben, zu deren Erfüllung die Führungskraft der traditionelle Vorgesetzte bleibt; andererseits werden die Aufgaben, die nur er als Führungskraft erfüllen kann, zunehmen. Vor allem schwebt über der Situation ein Metawiderspruch: Formell bleibt die Struktur der Klinik eine hierarchische, praktisch funktioniert alles anders als hierarchisch, wenn es erfolgreich sein soll. Formell bleibt der Chef verantwortlich für das Ergebnis, auch wenn er es fachlich nicht mehr verantworten kann. Formell trifft der Chef die zentralen Entscheidungen, auch wenn er allein sie praktisch nicht mehr sinnvoll treffen kann, ohne das Ergebnis zu gefährden. Formell muss er alles unter Kontrolle haben, auch wenn vieles Wichtige nicht mehr kontrollierbar ist und es stattdessen darum geht, die Autonomie der Mitarbeiter zu fördern. Bei aller künftigen Institutionalisierung der nicht-hierarchischen Anteile seines Führungshandelns – dieser Metawiderspruch wird nicht institutionalisierbar sein, sondern muss individuell getragen werden. Zu diesem Zweck müssen Fähigkeiten und Kompetenzen der Person institutionalisiert werden, die der Hierarchie immer fremd und verdächtig waren (Buchinger und Schober 2006).

Bevor wir nun für unser Thema die relevanten allgemeinen Schlüsse aus dem vorgestellten Beispiel ziehen, sei eine relativierende Bemerkung zum Wert des Beispiels angebracht. Wir haben eine ganz bestimmte Art von Institution ausgewählt: Eine öffentliche Einrichtung, die als Organisationseinheit ihren Platz in einer größeren, nach eigenen Funktionsgesetzen arbeitenden Expertenorganisation hat. Als solche ist sie in ihren Aufgaben, ihren Strukturelementen und Prozessen nicht vergleichbar mit anderen Institutionen, wie etwa der Ehe oder der Kirche. Wir haben außerdem nur eine ganz bestimmte, für diese Einrichtung typische Form der Zunahme von Komplexität (die fachliche Ausdifferenzierung des Praxisfeldes) vorgestellt, die weder die einzig mögliche ist, noch sich auf andere Institutionen linear übertragen lässt. Was sich auf andere Organisationen übertragen lässt, sind die ausgelösten Prozesse der Entinstitutionalisierung, die in ihrem Verlauf geforderten neuen Vorgehensweisen und die dazu nötigen Kompetenzen und Haltungen.

Traditionelle Institution und Entinstitutionalisierung. Eine Gegenüberstellung

Ich versuche plakativ gegenüberzustellen, was die traditionelle hierarchische Institution fordert, was in ihr beachtet werden muss, welche Aktionen und Haltungen ihr gerecht werden, und worauf man sich demgegenüber im Prozess der Entinstitutionalisierung einzustellen hat.

➢ Heißt traditionelle Institution: »So geht es und nicht anders«, so heißt

Entinstitutionalisierung: »Es geht auch anders«. Es stehen einander also die Auffassungen gegenüber: »Das ist die eine unumstößliche Wahrheit« und: »Das ist nur eine Möglichkeit unter vielen«.

- Heißt traditionelle Institution: »Es gilt auf Übereinstimmung mit der einen Wahrheit zu achten und Abweichungen von ihr zu vermeiden. Wird man dennoch einer Abweichung ansichtig, so ist sie zu beseitigen und zu korrigieren«, so heißt Entinstitutionalisierung: »Wir müssen aus den verschiedenen Möglichkeiten auswählen und uns für eine von ihnen entscheiden«. Diesen Übergang von der Wahrheit zur Entscheidung, von dem die Rede war, kann man sich einschneidender nicht denken. Denn er verlangt völlig entgegensetzte innere Haltungen und Aufmerksamkeiten, die gleich noch genannt werden sollen. Es ist zu erwarten, dass bei einem solchen Übergang die entstehende Unsicherheit groß ist und es entsprechend zu Versuchen kommen wird, zum gewohnten, Sicherheit spendenden Zustand zurückzukehren, ja ihn sogar gegen den drohenden Einbruch besonders zu verteidigen.

- Verlangt traditionelle Institutionalisierung ein immer tieferes Eindringen in die Orientierung spendende eine Wahrheit, immer stärkere Identifikation, die Herstellung einer immer größeren Vertrautheit und Bekanntheit mit ihr, und entsprechend eine Perfektion der dazugehörenden Routine, so verlangt Entinstitutionalisierung vor allem die Schärfung der Wahrnehmung auf das, was man vorfindet, verlangt die Fähigkeit, in unbekannte Regionen vorzustoßen, sich überraschen zu lassen, zu erlernen, sich in der Fremde erfolgreich zu bewegen. Sie ermöglicht deshalb Integration in Gemeinschaft und Gesellschaft, weil das für alle gilt.

- Stellt traditionelle Institution die Stabilität und Dauerhaftigkeit einer – für sie: der einzigen – Form der sozialen und psychischen Realität und der Integration in diese dar, so verlangt Entinstitutionalisierung die Bewältigung von Veränderung und Entwicklung und das Aushalten von Instabilität bzw. das Auffinden einer Basis der Stabilität in der Instabilität. Diese Basis kann allerdings nicht auf derselben Ebene liegen, auf der sich die Instabilität abspielt. Die Basis der Stabilität wird daher weniger in den Inhalten liegen, die jeweils verhandelt werden müssen, sondern in der Fähigkeit, diese immer wieder zu verhandeln –

und im Vertrauen, dabei miteinander in Kontakt zu bleiben. Es ist mehr Prozesssicherheit als Inhaltssicherheit.

- Heißt traditionelle Institution also »Orientierung an dem, was gilt« und ermöglicht sie deshalb Integration in Gemeinschaft und Gesellschaft, weil es für alle gilt, so verlangt Entinstitutionalisierung einerseits, herauszufinden, was man wollen kann und was man will, und andererseits nachzusehen, wie weit man damit anschließen kann, an das, was andere wollen.

- Heißt traditionelle Institution Orientierung am allgemein Gültigen, so verlangt Entinstitutionalisierung auch die Orientierung am Einzelfall.

- Heißt traditionelle Institution Orientierung am festgelegten Resultat und verlangt damit die Gestaltung des Prozesses, der zu ihm führen soll, geringe Aufmerksamkeit, weil auch er festgelegt ist (nur die möglichen Abweichungen verlangen Beachtung), so lenkt die Entinstitutionalisierung die Aufmerksamkeit auf die sorgfältige Gestaltung des Prozesses, der genauso wenig festgelegt ist, wie das inhaltliche Resultat, zu dem er führen soll. Dieser Prozess muss so gestaltet werden, dass er möglichst fortsetzbar bleibt, auch wenn das dabei erstellte Resultat nicht standardisierbar oder auf Dauer ausgelegt ist. (Wenn z.B. die einmal gewählte Rollenverteilung in einer Beziehung nicht mehr passt, muss man in der Lage sein, sich zumindest für eine Weile auf eine neue Rollenverteilung zu einigen. Zu diesem Zweck gilt es, das Augenmerk auf den Prozess der Auflösung der alten und auf den Prozess der Einigung, die zur neuen Rollenverteilung führen soll, zu lenken.) Prozesskompetenz erhält Priorität vor der schlichten Geltung von Inhalten.

- Heißt herkömmliche Institution also Orientierung an einer Tradition, so bedeutet Entinstitutionalisierung die Orientierung an einer möglichen, hervorzubringenden oder zumindest mitzugestaltenden Zukunft.

- Damit verändert sich auch der Charakter der Verlässlichkeit, der für jede Institution von Bedeutung ist. Heißt Verlässlichkeit in herkömmlicher Institution: »Alles weiter so wie bisher«, so bedeutet Verlässlichkeit im Prozess der Entinstitutionalisierung: »Was immer geschieht, wir machen miteinander weiter, so lange es geht«.

- Heißt traditionelle Institution daher Ewigkeit der Institution, so freundet sich Entinstitutionalisierung mit deren Endlichkeit an.

- Heißt traditionelle Institution, wie oben ausgeführt, innere Widerspruchsfreiheit (mit den erwähnten bedenklichen Folgen der Auslagerung eines Teils des Widerspruches und seiner erneuten Rückkehr als Störfaktor), so bedeutet Entinstitutionalisierung Widerspruchstoleranz und Konfliktmanagement (mit anders bedenklichen Folgen, die davon abhängen, wie sehr man ein entsprechend neues Konfliktverständnis entwickelt hat, in dem Konflikt auch als Ressource und nicht bloß als Störfaktor gesehen werden kann und wie sehr man Fähigkeiten erworben hat, Konflikte differenziert zu bewältigen).

- Heißt herkömmliche Institution Gehorsam, so verlangt Entinstitutionalisierung Autonomie – mit den damit verbundenen Risiken. Verbindlichkeit durch eindeutige Vorgaben steht somit einer Verbindlichkeit gegenüber, die durch Einigung erzielt wird. Damit ändert sich der Charakter der Verbindlichkeit mehrfach. Sie gilt auch und vielmehr dem fortsetzbaren Prozess der Einigung als bloß dem, worauf man sich (vorübergehend) geeinigt hat.

- Sind die herkömmlichen Institutionen durch das Tabu ihrer Reflexion (mit der alternative Möglichkeiten ins Blickfeld treten könnten) gekennzeichnet, so verlangt Entinstitutionalisierung nicht nur kritische Reflexion dieser Institutionen und eine Überprüfung der Brauchbarkeit ihrer Prozesse zur Erfüllung des institutionellen Zwecks, sondern darüber hinaus verlangt sie auch die Reflexion des eigenen Prozesses der Entinstitutionalisierung. Entinstitutionalisierung ist ein selbstreflexiver Prozess.

Entinstitutionalisierung als Prozess des Übergangs zur Bildung neuer Institutionen

Nun mag es so aussehen, als hätte ich den Begriff der Entinstitutionalisierung in der voranstehenden Aufzählung wieder in seiner naiven Bedeutung, von der ich doch abgerückt bin, verwendet. Nämlich so, als bedeute er die ersatzlose

Auflösung traditioneller Institutionen, an deren Stelle nun die individuelle, subjektive, autonome Gestaltung immer in Veränderung befindlicher Systeme treten würde. Ich hatte aber behauptet, dass eine sinnvolle Verwendung des Begriffs Entinstitutionalisierung den (über die Auflösung der bisherigen, nicht mehr ausreichend funktionsfähigen Institutionen laufenden) Prozess der Entwicklung neuer veränderter Institutionen bezeichnen sollte, die den veränderten Ansprüchen der Gesellschaft angemessen sind. Wie soll das geschehen? Sollen an die Stelle der aufgelösten Institutionen wiederum Institutionen treten, die nach einer vorübergehenden Phase des Umbaus in gleicher Weise wie jene ewige Geltung beanspruchen?

Das ist aus mehreren Gründen nicht sehr wahrscheinlich. Denn erstens sieht die Dynamik unserer Gesellschaft nicht so aus, als wäre sie durch eine solche neue Art von Institution (welche zwar andere inhaltliche Regelungen hat als die alten Institutionen, aber die gleichen Strukturmerkmale aufweist) in ihrer Veränderungsgeschwindigkeit zu beruhigen. Die Gründe dafür können hier nicht ausgeführt werden.

Zweitens stellen die vorhin als Anforderungen an den Prozess der Entinstitutionalisierung bezeichneten Fähigkeiten und Haltungen neue gesellschaftliche Werte dar, die mit der Entstehung neuer Institutionen nicht verschwinden dürften. In den letzten Jahrzehnten zeigt sich vielmehr, dass es diese neuen Fähigkeiten und Haltungen sind, welche unverzichtbar sind zur kontinuierlichen Bewältigung der anstehenden Aufgaben in den Systemen, die gerade mittels dieser Fähigkeiten und Haltungen einer Entinstitutionalisierung unterzogen werden. In den neu entstehenden Institutionen müssten diese neuen Fähigkeiten und Haltungen, die in den vorangehenden Gegenüberstellungen genannt wurden und die heute immer wieder als Basiskompetenzen bezeichnet werden, eine zentrale Rolle spielen.

Wir befinden uns somit in der paradox erscheinenden Situation, dass es gerade die Fähigkeiten, Qualitäten und Haltungen sind, welche die Entinstitutionalisierung herkömmlicher Institutionen vorantreiben, die zugleich die Grundlage neuer angemessener Formen von Institutionalisierung darstellen. Sie sind es, die institutionalisiert werden müssen.

Damit würde die vorhin vage angedeutete Veränderung dessen, was als Institution angesehen werden kann, deutlichere Konturen bekommen. Um mit Luhmann zu sprechen, wären Institutionen nicht mehr verfestigte Strukturen – das war Kennzeichen vergangener Epochen. Wir würden über einen prozessualen Begriff der Institutionalisierung verfügen: Es ist der Prozess der Institutionalisierung, den es zu institutionalisieren gilt.

Damit könnte man auch etwa folgender, nicht leicht zu nehmender Kritik begegnen: »Eine Institution, die sich ständig ändert, ist keine mehr. Nach ihr wird nicht mehr ›gelebt‹, sondern sie bedarf der aktuellen Abstimmung der Akteure. Dann kann man sich aber nicht mehr auf sie verlassen, sie verliert ihre Fraglosigkeit. Die Aspekte der Dauer und Gewohnheit sprechen klar gegen eine umstandslose Machbarkeit von Institutionen« (Jansen 2000, S. 11).

Man könnte Stabilität und Veränderung miteinander verbinden – wenn man die Dauerhaftigkeit und Verlässlichkeit nicht mehr in den verfestigten Strukturen und gleich bleibenden inhaltlichen Regelungen zu finden versucht, sondern auf einer anderen Ebene, die vorhin schon in den Momenten der Entinstitutionalisierung sichtbar geworden ist. Dauerhaftigkeit und Verlässlichkeit wären nur mehr auf einer prozessualen Ebene anzusiedeln. Nicht mehr in den festgelegten Sachverhalten (also z.B. in der ein für allemal festgelegten Rollenverteilung zwischen Mann und Frau in der Ehe, nicht mehr in der Festlegung der Abläufe in einer hierarchischen Organisation, nicht mehr in den Über-Ich-Vorschriften des Individuums usw.), sondern in den Merkmalen und Elementen des Prozesses, der zur Hervorbringung vorübergehender struktureller Festlegungen und Inhalte führt, und der gewährleistet, dass er selbst, also der Prozess, auch dann fortgesetzt wird, wenn diese Festlegungen wieder aufgelöst und neue entwickelt werden sollen. Dieser Prozess verlangt mehr nach Institutionalisierung als die durch ihn hervorgebrachten Strukturen und Inhalte. Prozesssicherheit statt inhaltlicher Sicherheit ist angesagt.

Auch das oben angedeutete Problem in der Verwendung des Begriffs der Institutionalisierung ließe sich somit lösen. Ich meinte, in der Gegenüberstellung von Charakteristika der traditionellen Institutionen und dem Prozess der Entinstitutionalisierung den Begriff der Entinstitutionalisierung wieder in dem von mir längst zurückgewiesenen Sinn der ersatzlosen Auflösung der Institutionen verwendet zu haben. Tatsächlich ist das so – und doch widerspricht es nicht der von mir als sinnvoll bezeichneten Verwendung des Begriffs, nämlich des Übergangs zu neuen Formen der Institutionalisierung.

Weil der Übergang von den alten Institutionen zu neuen Formen der Institutionalisierung so radikal ist, läuft er tatsächlich über eine Phase der Auflösung dieser Institutionen, ohne dass bereits Ersatz dafür vorhanden wäre. Es wird der Not gehorchend gehandelt und es dauert, bis das, was sich den veränderten gesellschaftlichen Anforderungen als angemessen erweist, auch entsprechende Formen der Institutionalisierung findet.

Da aber ein institutionsloser Zustand in der Gesellschaft nicht denkbar ist, kommt es in solchen Phasen des Übergangs zu problematischen Situationen. Es sieht tatsächlich nach gesellschaftlichem Verfall, Reprimitivisierung und ähnlichem aus – was die konservativen Kritiker einseitig ausschlachten. Die Unsicherheit steigt und ist gemessen an der verloren gegangenen Sicherheit der traditionellen Institutionen ein schwer erträglicher Zustand. Es wird experimentiert, und durch Versuch und Irrtum kommt man einen Schritt voran und muss dann vielleicht wieder zwei zurückgehen. Dennoch befindet man sich – auch bevor sich neue Formen der Institutionalisierung abzeichnen – nicht in einem institutionslosen Zustand. Denn wie vorhin anhand des Klinikbeispiels angeführt, bleiben in dieser Übergangszeit die alten Institutionen formell intakt, auch wenn nach ihren Regeln nichts mehr so recht funktioniert. Tatsächlich gehorchen die Abläufe nicht mehr den Regeln (es sei denn als Boykott sinnvollen Vorgehens), sondern folgen den noch keinen Regelungen unterworfenen Formen des Prozessierens, das es erlaubt, den Zweck der Institution in veränderter Form zu erfüllen. Der Erfolg des Vorgehens ist dabei aber in keiner Weise abgesichert.

Kommt es zum Scheitern, dann ist es in solchen schwierigen Übergangsphasen noch nicht üblich, den Misserfolg als Lernprozess zu nehmen, an den man unter Nutzung der dabei generierten Informationen mit einem neuen Versuch anschließt. Man greift in einem solchen Fall vielmehr auf die hierarchischen Regelungen zurück, setzt die entsprechenden Sanktionen in Kraft und brandmarkt das Vorgehen, weil es nicht von Erfolg gesegnet war, als Abweichung von der einen Wahrheit. Natürlich hilft das nichts, aber solange die entinstitutionalisierten Formen des Vorgehens selbst nicht institutionell abgesichert sind, bleibt die alte Institution der einzige Sicherheitsgarant und steht für den Fall des Scheiterns eines solchen Vorgehens sozusagen als Rute im Fenster. Erst wenn jenes neue Vorgehen sich schrittweise seiner Institutionalisierung annähert, werden die alten institutionellen Regelungen ebenso schrittweise aufgelöst. Eher geschieht das noch etwas langsamer und mit entsprechenden Verzögerungen.

Aber lassen sich die genannten Momente des Prozesses der Entinstitutionalisierung und damit des Prozesses der neuen Institutionalisierung ihrerseits überhaupt institutionalisieren? Lässt sich kommunikatives Verhalten, Kooperation und Teamarbeit, Konfliktmanagement, Prozesskompetenz und Prozessreflexion, Verlässlichkeit als auf Anschlussfähigkeit bedachte Interaktion, lassen sich Autonomie, Entscheidungsfähigkeit, das Denken in

Alternativen, lässt sich persönliche Identität, die nicht auf Inhalte festgelegt ist, sondern sich als Prozess des immer wieder Hervorbringens von Identität versteht – lässt sich das alles institutionalisieren?

Zumindest nicht in der gewohnten Form der Institution, also mit normativem Anspruch und vielleicht auch rechtlichen Regelungen. Man kann in diesem Prozess der Entinstitutionalisierung, der gleichzeitig der Prozess der neuen Institutionalisierung ist, zunächst die alten Normen und Regeln lockern, versuchen, den neuen Basiskompetenzen in der Öffentlichkeit Ansehen zu verleihen, und alles daran setzen, dass sie in den Institutionen, die sich im Prozess der Entinstitutionalisierung befinden, ausreichend verankert werden. Wenn man sich die Trainings-, Ausbildungs- und Beratungslandschaft ansieht, die Unmenge von Literatur und Öffentlichkeitsarbeit, die an diesen Zielen arbeitet, so kann man trotz vielen Unsinns, der dabei geschieht, guter Dinge sein.

Auch die Geltung der neuen Institutionen wird sich wesentlich unterscheiden von der Geltung der Institutionen einer hierarchischen Kultur. Die Sanktionen werden hauptsächlich darin bestehen, dass diejenigen Systeme, die sich den »weich« institutionalisierten Prozessen nicht fügen, einfach nicht von Erfolg gesegnet sein werden und sich entweder auflösen oder in große Schwierigkeiten geraten werden. Diejenigen Personen, die nicht über die nötigen Basiskompetenzen verfügen, riskieren ihre Integration in den Systemen.

Literatur

Buchinger, K. (1998): Supervision in Organisationen. 2. Auflage. Heidelberg (Auer).

Buchinger, K. (1999): Die Zukunft der Supervision. Die Zukunft der Arbeit. Heidelberg (Auer).

Buchinger, K. und Schober, H. (2006): Das Odysseusprinzip. Leadership revisited. Stuttgart (Klett-Cotta).

Gehlen, A. (2005): Urmensch und Spätkultur. 6. Auflage. Frankfurt am Main (Klostermann).

Heintel, P. und Götz, K. (2000): Das Verhältnis von Institution und Organisation. Zur Dialektik von Abhängigkeit und Zwang. Mering (Hampp).

Jansen, D. (2000): Der neue Institutionalismus. Antrittsvorlesung an der Hochschule für Verwaltungswissenschaften Speyer.

http://www.hfv-speyer.de/jansen/download

Schülein, J.A. (1987): Theorie der Institution. Eine dogmengeschichtliche und konzeptionelle Analyse. Wiesbaden (VS Verlag für Sozialwissenschaften).

Sennett, R.(2006): Der flexible Mensch. Berlin (Berlin Verlag).

Autorinnen und Autoren

Kurt Buchinger
Leiter der Abteilung Organisationsberatung und Supervision am Fachbereich 4 der Universität Kassel. Vormals Klinik für Tiefenpsychologie und Psychotherapie der Universität Wien. Psychoanalytiker (WPV) und systemischer Organisationsberater.

Rolf Haubl
Direktor des SFI Sigmund Freud Instituts in Frankfurt am Main, Leiter des Schwerpunktes Psychoanalyse und Gesellschaft. Gruppenlehranalytiker, Gruppenanalytischer Supervisor und Organisationsberater (DAGG). Zahlreiche Forschungsprojekte und Publikationen in den Bereichen Kulturgeschichte und Sozialisationstheorie, Symbol- und Medientheorie, Gruppensoziologie und -psychologie, Psychoanalyse alltagsökonomischer Sachverhalte (u.a. Psychodynamik des Geldes, Neid).

Olya Khaleelee
Arbeitet vor allem als Organisationspsychologin und Organisationsberaterin bei Pintab Associates, unterstützt Führungskräfte bei Personalselektion und -entwicklung und in der Laufbahnberatung. Ausgebildete Psychotherapeutin und ehemals Vorsitzende des Vorstandes des London Center for Psychotherapy. Von 1980–1994 Direktorin von OPUS (Organisation for Promoting the Understanding of Society). Über 20 Jahre Arbeit für das Tavistock Institute im Bereich der Entwicklung der Arbeit mit Gruppen und Gruppenbeziehungen sowohl in England als auch im Ausland. Beteiligung an der Leitung vieler Konferenzen und erste weibliche Direktorin einer Leicester-Konferenz (jährlich stattfindende, zweiwöchige Gruppenbeziehungsveranstaltung mit den Themen: Autorität, Führung und Organisation).

Ross A. Lazar
B.A., M.A., Studium der Kunstgeschichte und der Früh- und Sonderpädagogik in USA und München. Anschließend Ausbildung zum analytischen Psychotherapeuten für Kinder und Jugendliche und Paar- und Familientherapeuten an der Tavistock Klinik und am Marlborough Hospital in London. Seit 1978 lebt und arbeitet er in München und ist als Psychotherapeut, Supervisor und selbstständiger Berater im Profit- und Non-profit-Bereich tätig. Er ist u. a. Mitbegründer des Arbeitskreises zur Förderung des Lernens von Menschen und Organisationen (MundO) und vom Wilfried R. Bion Forum zur Förderung der Psychoanalyse (Bion Forum) gewesen.

Burkard Sievers
Professor für Organisationsentwicklung im Fachbereich Wirtschafts- und Sozialwissenschaften der Bergischen Universität Wuppertal; Lehre und Forschung über Management- und Organisationstheorie aus einer sozioanalytischen Sicht. Mitherausgeber von ›Freie Assoziation – Zeitschrift für das Unbewusste in Organisation und Kultur‹, President der ISPSO International Society for the Psychoanalytic Study of Organizations (2005–2007) und Co-director des International Professional Development Program ›Organizational Psychodynamics and Transformation‹ in Coesfeld. Veröffentlichungen u. a.: Sievers (1994) Work, Death, and Life Itself. Essays on Management and Organization. Berlin (de Gruyter); Sievers u. a.(Hg.) (2003) Das Unbewusste in Organisationen. Gießen (Psychosozial-Verlag); Newton, Long & Sievers (Hg.) (2005) Coaching In-Depth. The Organizational Role Analysis Approach. London (Karnac)

Beate West-Leuer
Dr., Psychologische Psychotherapeutin, Coach (DBVC), Supervisorin (DGSv), Lehrbeauftragte der Heinrich-Heine-Universität Düsseldorf, Leiterin der Fortbildung »Psychodynamische Organisationsentwicklung und Coaching« am Institut für Psychodynamische Organisationsentwicklung und Personalmanagement e.V. (P.O.P.), Vorstandsmitglied der Akademie für Psychoanalyse und Psychosomatik Düsseldorf e.V., Publikationen im Bereich Coaching und Beratung.

Herausgeberin und Herausgeber

Franziska Lang
Psychologin FH, Organisationsberaterin/Supervisorin BSO, Psychotherapeutin SBAP, Psychoanalytikerin PSZ, Erwachsenenbildnerin AEB. Ursprünglich Hauswirtschaftliche Betriebsleiterin, arbeitete etliche Jahre in der Personalentwicklung eines Unternehmens. Heute selbstständig tätig als Organisationsberaterin, Supervisorin, Coach in Unternehmen, Verwaltungen, sozialen Institutionen, Schulen und als Psychotherapeutin. Lehrbeauftragte/Dozentin an verschiedenen Bildungsinstitutionen. Seit 1995 Teilnehmerin am Psychoanalytischen Seminar Zürich.

Andreas Sidler
Psychologe FH, Organisationsberater/Supervisor BSO, Psychotherapeut SBAP, Dozent und Supervisor am Psychoanalytischen Seminar Zürich, Lehrbeauftragter an der Hochschule für Soziale Arbeit, Zürich. Arbeitete mehrere Jahre als klinischer Psychologe in einer Kantonalen Psychiatrischen Klinik. Seit 11 Jahren selbständig als Psychotherapeut, Supervisor, Coach und Organisationsberater in Unternehmen, Kliniken, sozialen Institutionen, kulturellen Organisationen und Schulen.

Mitherausgeber (2002): Koordinaten der Männlichkeit. Tübingen (edition diskord); Mitherausgeber (1997): Zur Theorie und Praxis der operativen Gruppe. Zürich (Journal Psychoanalytisches Seminar).

2003 · 562 Seiten · Broschur
EUR (D) 38,– · SFr 65,30
ISBN 3-89806-284-8 · 978-3-89806-284-8

Anlässlich des fünfjährigen Jubiläums der Zeitschrift *Freie Assoziation* haben die Herausgeber der Zeitschrift diesen Sonderband dem Unbewussten in Organisationen gewidmet. Die international renommierten Autoren Alastair Bain, Hansjörg Becker, Ullrich Beumer, Martin Bowles, Douglas Kirsner, W. Gordon Lawrence, Susan Long, Rose R. Mersky, Dieter Ohlmeier, Burkard Sievers und Howard F. Stein fokussieren einerseits das Verstehen irrationalen Verhaltens in Organisationen und untersuchen andererseits soziale Mechanismen der Angstabwehr sowie subjektive Aspekte wie Träume, Gefühle oder Phantasien.

2005 · 210 Seiten · Broschur
EUR (D) 22,– · SFr 38,60
ISBN 3-89806-396-8 · 978-3-89806-396-8

Supervision hat sich in den letzten 100 Jahren als eigenständige Form berufsbezogener Beratung im deutschsprachigen Raum etabliert. Sie blieb von der psychoanalytischen Bewegung, die sich parallel entwickelte, nicht unbeeinflusst. Aus historischer und professionstheoretischer Perspektive arbeitet Steinhardt heraus, in welchem Verhältnis Supervision und Psychoanalyse standen und stehen.

PsV
Psychosozial-Verlag

Goethestr. 29 · 35390 Gießen · Tel. 0641/9716903 · Fax 77742
bestellung@psychosozial-verlag.de
www.psychosozial-verlag.de

www.ingramcontent.com/pod-product-compliance
Ingram Content Group UK Ltd.
Pitfield, Milton Keynes, MK11 3LW, UK
UKHW040025200726
13854UKWH00001B/364

9 783898 065801